20년 차 웨딩플래너의 완벽한 결혼준비 A to Z

결혼대백과

· 정주희 지음 ·

한 그루의 나무가 모여 푸른 숲을 이루듯이
청림의 책들은 삶을 풍요롭게 합니다.

20년 차 웨딩플래너의 완벽한 결혼준비 A to Z

결혼대백과

· 정주희 지음 ·

ℓ 청림Life

이제 막 험난한 결혼준비를 시작한 예비부부에게

사람이 태어나 겪는 첫, 작은 사회는 '가족' 그리고 그 가족의 시작은 '결혼'이다. 이것은 우리가 결혼을 잘해야 하는 중요한 이유이다. 낯선 결혼준비 앞에서 당황하고, 상처를 숨긴 채 갈등을 참고 결혼하는 경우가 많이 있다. 하지만 상처와 갈등은 사라지지 않는다. 내 몸 어딘가, 내 마음 어딘가, 깊숙이 숨어 있다가 언젠가 어느 날 갑자기 툭 튀어나온다.

그러니까 우리는 결혼에 대해 따로 고민하고 공부할 필요가 있다. 결혼을 제대로 배워야 결혼준비 중 만나는 힘든 고비들을 무사히 잘 넘길 수 있다. 예비부부 간의 오해, 실수, 돈 문제, 가족 간 다툼 등 힘든 고비들이 참 많다. 결혼을 준비하는 예비부부라면 이런 모든 것들에 대해 배워서, 감정의 앙금 없이 건강한 결혼을 했으면 좋겠다. 이것이 바로 이 책을 통해 내가 가장 하고 싶은 이야기이다.

서운한 마음을 풀면, 더 크고 깊게 사랑을 할 수가 있다. 그렇게 결혼을 한 예비부부들은 사랑이 넘치는 가정을 만들 수 있을 것이고, "우리 남편, 아내만 잘 되면 된다. 우리 아이만 잘 되면 된다." 식의 가족이기주의 없이 사회의 빛과 소금이 될 것이라 믿는다.

이 세상 모든 예비신랑, 예비신부가 덜 상처 받고, 덜 피로하게 결혼하기를!
두 사람이 이 책을 함께 읽고, 오해는 없애고 사랑은 더 깊어지기를 진심으로 바란다.

웨딩플래너 정주희

CONTENTS

프롤로그 5

AMAZING · 사랑이라는 놀라운 힘

나, 결혼할 수 있을까? 13
남사친남자사람친구이 필요해 | 넌 좋은 사람이지만, 결혼은 아닌 것 같아 | 시간낭비인 연애는 없다

사랑은 개나 소나 다한다지만 15
제발 사랑 앞에 무기력해지지마 | 썸 말고, 올인해줘 | 연애, 그 구질구질함에 대하여

그럼에도 불구하고, 사랑이야 18
실패한 연애는 없다 | 받는 것보다 주는 것에 집중하자

결혼의 어마어마한 장점 19
소통하지 않으면 외로워진다 | 결혼이 주는 최고의 선물

BEST · 이 사람이 최선입니까?

결혼했다가 후회하면 어떡하지 23
상대방의 로망 탐구하기 | 돈보다는 대화가 필요해

최고의 배우자는 누구인가 25
재고 따지면 좋은 사람 한 명도 없다 | 나는 어떤 배우자가 될 것인가

CUT · 남의 시선, 과감히 잘라내자

주변인들에게 휘둘리지 않기 29
누구를 위한 렌트카인가 | 결혼식의 진짜 주인공은 누구인가

쓸데없는 시선, 가차 없이 컷 30
나를 슬프게 하는 사람들 | 해로우면 버려라

세상에 뿌려진 청첩장만큼 31
나만의 축의금 기준 세우기 | 결혼, '진짜 내 사람'을 찾는 기회

나를 있는 그대로 사랑해주는 사람 33
서로에게 길들여진다는 것 | 안 싸우는 커플이 더 위험하다 | 가장 현명해져야 할 때, 결혼
커플 인터뷰 결혼식 대신 배낭여행을 떠난 프라이즐 부부 이야기 36

DESTINY · 나의 사랑, 나의 운명

왜 프로포즈를 해야 하는가? 41
미래를 약속한다는 것의 의미 | 당신은 준비된 남자인가 | 나랑 결혼해줄래, 나에게 장가와줄래

프로포즈, 어떻게 해야 좋을까 43
남들과 똑같은 프로포즈는 거절한다 | 감동적인 프로포즈의 3요소 | 프로포즈의 4단계
예비신부라면 누구나 꿈꾸는 프로포즈 반지 46 **예비신랑들이 자주 물어보는 프로포즈 Q&A** 48

ENGAGEMENT · 두 가족의 약속, 상견례

상견례 당일 진행 요령 51
무슨 이야기를 어떻게 해야 할까? | 상석은 있지만 너무 연연하지 말 것 | 어떻게 입을까? | 상견례 후 후속 조치

상견례 시 고려사항 52
상견례 장소 선정하기 | 양가 취향 고려하기 | 상견례 날짜 정하기 | 예산 세우기 | 예약 담당자 확인하기 | 하루 전 최종 확인하기 | 인터넷 정보 맹신금지

예비부부들이 뽑은 상견례 명소 54 상견례 의상 팁 55

FIND 'DREAM HALL' · 꿈의 예식장 찾기

결혼식 변천사 59
결혼식 트렌드 | 애틋함을 더하고 싶다면, 스몰웨딩

예식장 고르는 5가지 기준 62
결혼식 날짜 정하기 | 선호 지역 찾기 | 결혼식 타입 정하기 | 양가 하객 수 고려하기 | 식대 및 메뉴 정하기

예식장 찾기 63
지금 가장 핫한 예식장 스타일 | 지방에서 가장 핫한 예식장 찾기 | 최종적으로 따져볼 것들

뷔페가 맛있는 예식장 64 한정식이 맛있는 예식장 65 감각적인 소규모 예식장 66 화려한 호텔 예식장 67 예식장 상담 시 체크리스트 68

GO HONEYMOON · 결혼여독의 해결사, 허니문

신혼여행, 이렇게 계획하자 71
어디로 갈까? | 어떻게 갈까? | 얼마에 갈까?

자유여행 VS 패키지여행 비교 73 동남아 주요 여행지 평가 74 그 외 여행지 평가 76

HOUSE · 신혼집 장만하기

신혼집 위치, 어디가 좋을까? 81
이동하기 편한 곳을 찾자 | 난생 처음으로 느낀 현실의 벽 | 좋은 집 고르는 기준

INFORMATION OF WEDDING · 나에게 꼭 맞는 스드메 정보

스드메, 어떻게 준비할까 87
업체 정하기 | 대행업체 찾기 | 플래너 이용 시 | 비동행 다이렉트 이용 시 | 업체를 통하지 않고 준비할 때 (워크인)

웨딩컨설팅업체 고르는 기준 88
재정이 탄탄한가? | 내 취향에 맞는 업체와 제휴하고 있는가? | 박람회를 많이 하는가? | 프리랜서·소규모 업체도 괜찮을까? | 웨딩플래너와의 궁합이 좋은가?

스 : 스튜디오 촬영 89
스튜디오 고르기 | 셀프 웨딩사진을 위한 5가지 준비 | 웨딩사진 액자의 종류와 활용법 | 스튜디오에서 추가 액자를 권할 때

전문 웨딩사진 스튜디오 소개 94 세미 웨딩사진 스튜디오 소개 100 셀프 웨딩사진 스튜디오 소개 102

드 : 드레스 예약 106
드레스, 얼마나 필요할까? | 비용 문제 | 헬퍼가 꼭 필요할까? | 드레스 고르는 순서 | 예약 방법 | 플래너 동행 시 유의사항 | 플래너 비동행 시 유의사항 | 청담동 전문 업체 VS 셀프웨딩드레스 업체 | 드레스 피팅을 대비한 운동 | 스킨케어
얼굴형, 체형별 드레스 고르는 팁 110 신부에게 선사하는 최고의 드레스숍 소개 112

메 : 메이크업 + 헤어스타일링 115
나에게 어울리는 숍 찾기 | 담당 디자이너 찾기 | 절대로 망하지 않는 헤어메이크업 | 스타일링, 한 곳 차이다
만족도가 가장 높은 메이크업숍 소개 117

본식스냅 고르기 121
본식스냅 고르는 4가지 기준 | 본식스냅 가격과 구성의 예시 | 웨딩촬영 안 한 경우 본식스냅 활용하기 | 본식사진 도우미 활용법

스드메 외 신경 쓸 것 123
동영상식 전 영상) | 반드시 피해야 할 동영상 업체 | 청첩장 | 한복 | 예복 | 예물
영화인들이 운영하는 동영상 업체 126 바른컴퍼니 청첩장 소개 129 페이퍼블랑 청첩장 소개 134 맞춤 한복숍 소개 136 맞춤 예복숍 소개 138 맞춤 예물숍 소개 140 저렴한 스드메 VS 고가의 스드메 141

JOY OF WEDDING · 싸우지 않고 즐겁게 준비하는 법

결혼준비는 선택의 연속 143
남자는 무엇이 그렇게 피곤한가? | 여자는 무엇이 그렇게 서운한가? | 싸우지 않는 결혼준비 방법

KING OR QUEEN · 슬슬 시작되는 주도권 싸움

세기의 대결, 주도권 싸움 147
속 시원하게 싸우자 | 이 결혼, 사기야! | 사랑을 더 많이 주는 쪽이 승자다 | 절대 말로 상처 주지 말자 | 현명하게 싸우는 5가지 방법

LATE? NOT LATE! · 드레스 입기에 나는 너무 늦었을까?

만혼의 신부가 알아야 할 결혼준비 151
걱정만 하지 말고, 관리하자 | 만혼의 신부를 위한 스드메 조언 | 결혼 전 최고의 관리법은 '자신감' | 만혼의 시대가 도래했다 | 만혼의 신부를 위한 실질적인 스타일링 팁

MONEY · 얼마가 있어야 결혼할 수 있을까?

0원만 있어도 결혼할 수 있다 155
지금 당장도 결혼할 수 있다 | 알뜰하게 결혼하는 방법 | 축의금으로 예식장 빌리는 계산법

예산 세우는 방법 156
세부 예산 세우기 전 고려할 것들 | 예식 비용 : 식대+사용료 | 비수기를 노리면 비용을 줄일 수 있다 | 허니문 비용 : 항공+숙소+체류비 | 허니문 주요 여행지별 비용 | 스드메 비용 | 한복 비용 | 예물 비용 | 예복 비용 | 청첩장 비용 | 본식 동영상 촬영법과 비용
결혼준비 항목별 예산 161

CONTENTS

NAVIGATION · 결혼준비를 위한 지름길

빠르고 즐겁게 결혼준비하는 방법 165
결혼준비할 때 반드시 지켜야 할 세 가지 | 제일 먼저 준비해야 할 네 가지
예단 드릴 때 지켜야 할 예절 166 | 예단 편지 쓰는 방법 167 | 결혼준비 순서도 168

ONLY MY WEDDING · 나만의 특별한 스몰웨딩

누구나 결혼식에 대한 로망이 있다 171
하우스웨딩, 스몰웨딩의 불편한 진실 | 결혼에 대한 인식 변화 | 다른 장소, 다른 의미

결혼식은 언제, 어디서든 올릴 수 있다 172
공간 정하기 | 공간 구역 나누기 | 식사 준비 | 꽃, 조명 등 데코레이션 | 전문가의 도움 받기 | 배경음악 | 식순 짜기

우리만의 특별한 웨딩촬영 174
부케 준비하기 | 커플룩 준비하기 | 따로 스냅사진 찍기

우리만의 특별한 허니문 175
목적지 정하기 | 이동수단 정하기 | 숙소 정하기

셀프청첩장 177
이미지 수집하기 | 디자인 시안 결정하기 | 인쇄하기 | 종이 고르고 인쇄하기 | 흙손도 특별한 청첩장을 만들 수 있다

업체 도움 없이 직접 스타일링하기 179
오프라인 피팅용 매장 찾기 | 액세서리 대여하기 | 드레스 코디하기
신부에게 사랑 받는 부케숍 180 | 직접 입어보고 구매, 대여할 수 있는 드레스숍 182

PARTY! BIG DAY! 드디어 결혼식 날이 왔다

우리 결혼했어요 187
결혼식 날 일정, 이렇게 진행된다
결혼식 전 미리 결정해야 할 사항 188 | 주례 없는 결혼 식순 및 멘트 190

QUESTION · 결혼준비에 대한 Q&A

결혼준비 비용을 각각 어떻게 분담해야 하나요? 193 | 결혼준비, 돈이 얼마나 들어요? 193 | 언제부터 준비해야 할지 모르겠어요. 193 | 드레스투어 할 때 노하우를 알려주세요. 193 | 전문가가 알아서 해주면 좋겠어요. 194 | 워킹, 플래너, 예식장 패키지 중 어떤 것을 해야 할지 모르겠어요. 194 | 해외에 살지만 결혼식은 한국에서 하려고 하는데 어떻게 준비할까요? 194 | 드레스숍, 메이크업숍 예약만 해도 될까요? 195 | 예식장 예약, 꼭 플래너를 거쳐서 해야 할까요? 195 | 드레스 입고 화장실 갈 수 있어요? 195 | 임신 중에 헤어 스타일링파마, 염색을 해도 될까요? 195 | 임신 중에 신부 마사지를 받아도 될까요? 195

RELATIONSHIP · 가깝고도 먼 사이, 부부관계

지금, 사랑하는 사람과 살고 있습니까? 199
책임은 부부에게 있다 | 상대의 잘못만 따지지 마라

우리 부부, 어떻게 살아야 할까? 199
정서적인 커뮤니케이션이 필요하다 | 참지 말고 싸우자 | 상처 주는 말을 하지 말자 | 마음에 오래 담아 두지 말자 | 빨리 화해하자 | 서로의 감정을 느끼고 집중하자 | 적극적으로 애정을 표현하자 | 소소한 부분을 세심하게 공략하자 | 은근한 애정 표현, 이렇게 하자

사위, 며느리라는 새로운 이름 202
이래라 저래라 하지 말자 | 상대방의 가족에 대해 비판하지 말자 | 성급하게 판단하지 말자 | 돈 문제, 정확하게 선을 긋자 | 중간 역할을 잘하자 | 남편들은 아내를 도와주자

SCHEDULE · 허니문 다녀온 후 해야 할 일

부부로서 해야할 첫 번째 스케줄 207
양가 부모님께 인사 드리기 | 주례 선생님께 인사 드리기 | 전입신고와 혼인신고 | 신혼집으로 짐 옮기기 | 살림살이 마련하기 | 동네 주변 살피기 | 양가 기념일 계획 세우기 | 서로의 마음 챙겨주기 | 편하게 생각하기

TEAM PLAY · 이제 우리는 한 팀, 한 주머니

신혼부부 돈 관리, 어떻게 할까? 211
전세살이라면, 항상 이사준비를 하자 | 부부 사이에 일방적인 과실은 없다 | 남편, 아내를 믿어주자

재정전문가가 말하는 신혼부부 재정 관리 규칙 212

U'RE NOT SINGLE · 가사 분담 기싸움에서 탈출하는 방법

가사 분담 요령 217
내가 하기 싫으면 상대방도 하기 싫다 | 두 사람만의 규칙을 정하자 | 초반에 공들이기 | 나는 당신의 엄마, 아빠가 아니야 | 가사 분담은 감정의 문제 | 가사 분담의 착한 예

부부 대화의 중요성 219
커뮤니케이션이 없는 노년은 쓸쓸하다 | 가족 소통의 첫 단추, 부부 대화 | 부부 대화, 어떻게 해야 할까? | 대화할 때 지켜야 할 마음가짐 | 행복한 가정을 만들기 위한 7가지 행동

VALUE PROPOSITION · 결혼 후 인생관 설계

독립, 일찍 할수록 좋다 225
하루라도 더 빨리 독립하자 | 내가 직접 설계하는 내 인생

결혼 후에 찾아온 삶의 변화 225
연애, 결혼, 그 다음은? | 빛의 속도로 흐르는 유부의 시간 | 경제적 소유에 많은 가치를 두는 부부라면 | 현재 직업이 불만족스러운 부부라면

멀리 내다보는 인생관을 갖고 살기 227
서로에게 트라우마로 남지 말자 | 부부는 무조건 한 편이다

WEDDING INSIDE · 인터넷에도 나오지 않는 결혼준비

드레스숍에 방문했을 때 231
발렛박스 이용 | 드레스숍 입구와 대기 장소 | 피팅룸 | 드레스투어 후

CONTENTS

스튜디오에 방문했을 때 232
발렛박스 이용 | 대기 장소와 피팅룸 | 본격 세트장 | 셀릭팅룸 | 입구 안내 | 보관함 이용 | 소품 소개

메이크업숍에 방문했을 때 233
발렛박스 | 입구 안내데스크 | 락커룸 | 메이크업실 | 헤어존 | 기본 헤어 스타일링 후 | 헤어, 메이크업 수정 | 피팅룸 | 네일존 | 메이크업숍에 갈 때 예비신랑이 챙겨야 할 준비물

예복, 한복 맞출 때 235
예복 맞추는 순서 | 한복 맞추는 순서

XOXO "HUGS AND KISSES" 우리의 밤은 당신의 낮보다 아름답다

원더풀 섹스라이프는 저절로 생기지 않는다 237
섹스, 즐겁게 하고 계십니까? | 화려하지 않아도 괜찮아 | 노력은 쓰지만, 섹스는 달다

섹스도 물론 감정의 문제 238
서로의 능력을 발휘할 수 있도록 도와주자 | 사소한 것까지 공유하자 | 낮져밤이를 얻고자 한다면 | 거절할 수도 있고, 거절당할 수도 있다 | 대화로 하는 섹스 | 섹스보다 중요한 일상의 스킨십 | 더없이 아름다운 우리의 밤을 위해

YOU RAISE ME UP 나를 다시 일어서게 하는 당신

특별한 스몰웨딩 스토리 243
우리 결혼식은 특별해야 해 | 무조건 내 짝을 믿고 따르기 | 우린 너무 달라 | 결국 진심은 같다 | 두 사람만의 갈등 극복법 | 꿈은 이루어진다 | 소박하지만 예쁜 웨딩사진 | 1분1초 빠짐없이 행복했던 결혼식 | '진짜 내 사람'을 발견하다 | 최고의 하이라이트, 성혼선언 | 세심한 배려, 자리배치도 | 언제나 해피엔딩

스몰웨딩 공간, 보통드로제 소개 257

ZERO POINT 부부로서 시작하는 새로운 인생

이제 다시 시작이다 261
결혼은 기회다 | 결혼은 편안함이다 | 결혼은 관계다 | 남들보다는 우리가 중요하다 | 부부 인생의 가장 큰 실적은 사랑

부모가 꿈꾸는 세상, 아이가 원하는 세상 262
부모님 세대와 우리는 달라야 한다 | 좋은 인간이 좋은 부모가 된다

에필로그 266

부록 결혼대백과 체크리스트 267
1. 결혼준비 순서도 2. 예식장 상담 시 체크리스트 3. 예식장 비교표 4. 스튜디오 비교표 5. 드레스숍 비교표 6. 메이크업숍 비교표 7. 준비항목별 예산표 8. 업체 및 계약 리스트 9. 신혼여행 계획 짜기 10. 신혼여행 준비 체크리스트 11. 결혼식 전 미리 결정해야 할 사항 12. 허니문 다녀온 후 해야 할 일 13. 신혼부부가 알아야 할 가족호칭표 14. 양가 기념일 및 연락처 리스트

Amazing

사랑이라는 놀라운 힘

"진짜 결혼할 줄 몰랐어요."
웨딩플래너로서 수많은 커플들을 만나왔는데, 대부분 이렇게 말한다. 썸 타고, 연애하고, 어찌어찌하다 보니 결혼까지 하게 되었다는 것. 아니 도대체, 어떻게 결혼을 결심하게 되는 거지? 그 계기가 궁금했다.

웨딩플래너

를 하면서 정말 많은 커플을 만난다. 나는 가끔 첫 만남에 대해 묻는다. 재미있게도 거의 모든 커플이 "처음에는 정말 내 스타일이 아니었어요.", "처음에는 정말 너무 싫었어요."라고 말한다는 것이다. 처음에는 별로였는데, 어찌어찌 만나다 보니까 결혼까지 하게 되었다는 스토리가 대부분이다.

분명 어제까지는 그가 '너무 싫은 사람'이었는데, 우리는 어떤 계기로 결혼을 결심하게 되는 걸까? 언제, 어떤 순간에 둘 사이의 '경계선'을 넘게 되는 걸까? 이 경계선, 내가 직접 무너뜨릴 수는 없는 걸까?

나, 결혼할 수 있을까?

첫 만남 이후 몇 번의 기회를 더 주는 사람이 있는 반면, 첫 만남에서 끌리지 않으면 두 번 다시 만나지 않는 사람도 있다. 나 역시 정확히 그런 사람이었다. 특별히 내가 잘났다거나 눈이 높아서가 아니다. 그냥 다시 만날 마음이 들지 않을 뿐이다. 그래서 싱글일 때 나는 소개팅을 누구보다도 열정적으로 했지만, 성공률은 0%. 소개팅으로는 연애를 단 한 번도 하지 못했다. 소개팅에서 마음에 드는 사람이 나온 적도 있고 애프터도 꽤 있었지만 뭔가 확 끌리지는 않았던 것 같다. 바로 내가 만든 '틀' 때문이다.

내가 말하는 '틀'이란, '연인이란 이래야 해.' '연애는 이렇게 해야 해.' 등의 각자의 선입견을 의미한다. 보통 까칠한 노총각, 노처녀들에게 주변 사람들은 "눈이 높아서 그래." "눈이 높으니까 결혼을 못하지." 하며 혀를 차고는 한다. 하지만 이건 눈이 높고 낮고의 문제가 아니다. 나만의 '틀'이 강하게 서 있기 때문에 마음속에 쑥 들어오는 사람이 별로 없는 것이다. 상대방이 마음에 들지 않으면 까칠할 수도 있지, 뭐. 당연한 일이다. 절대 이상하지 않다.

남사친(남자사람친구)이 필요해

그렇다면 이 틀은 어떻게 없앨 수 있을까? 구태의연한 결론이지만, 이성을 많이 만나야 한다. 그리고 이성친구를 많이 사귀는 것이 도움이 된다. 결혼으로 이어지지 않더라도 우정을 나누고 함께 식사를 하고 차를 마실

수 있는 이성친구. 함께 일을 하거나 가식 없이 진솔한 대화를 나눌 수 있는 속 깊고 허물없는 이성친구 말이다. 이성친구와 자연스럽게 교류하면 내가 가진 틀 자체가 선입견일 수 있다는 깨달음을 얻게 된다. 이를 위해서는 소개팅 말고 다른 경로로 이성을 만날 기회를 만들어야 하는데, 동호회 활동을 하거나 친구들이 모이는 자리에 귀찮더라도 참석하는 것도 좋은 방법이다.

자기만의 틀이 강한 사람은 소개팅처럼 딱딱한 자리에서는 온갖 더듬이를 세우고 상대의 외모, 말투, 관심사 등을 총체적으로 판단하기 마련이다. 연애를 시작하기가 쉽지 않다. 그렇다면 지금까지 내가 짜놓은 틀에서 완전히 벗어나 있는 의외의 인물과 꽤 깊은 연애를 해보는 것도 좋은 방법이 될 수 있겠다. 물론 어렵지. 안 하던 일을 하면 누구나 어렵고 힘들다. 하지만 일단은 연애를 하고 결혼을 하고자 한다면, 시도해볼 만하다.

넌 좋은 사람이지만, 결혼은 아닌 것 같아

이 사람 저 사람 부지런히 만나다 보면, 결국엔 '끌리는 이성'을 만나게 된다. 하지만 여기서 또 다른 문제가 발생한다. 마음을 여는 것도 힘들었는데, 이 단계만 지나면 알콩달콩한 연애를 할 줄 알았는데, 웬걸! 상대방에 대해 더 꼼꼼하게 체크하고 점수를 매기기 시작한 것이다!

나이가 많아, 어려, 연봉이 적어, 성격이 급해, 나를 많이 안 좋아하는 것 같아…. 이런 이유들로 연애를 시작도 하지 못한다면 너무나 슬프다. 특히 마음의 문을 닫게 만드는 이유 중 가장 절망적인 것은 '저 사람하고 결혼까지 못 갈 것 같아.'이다.

이렇게 해서는 절대로 틀을 깰 수 없다. 따뜻하고 달콤한 연애의 맛을 느낄 수가 없다. 몇 번 만나보지도 않고 이 사람하고는 결혼 못할 것 같아서, 혹은 결혼하기에는 좀 아닌 것 같아서 마음에 철벽을 치고, 다시 운명의

상대를 기다린다고? 그 운명의 상대가 몇 개월, 몇 년 뒤에 나타날지 알 수가 없는 노릇이다.

시간낭비인 연애는 없다

수많은 커플들을 만나온 웨딩플래너로서, 나는 여러분에게 "끌리면 연애하라!"고 강력하게 말하고 싶다. 연애할 때는 아낌없이 사랑하길 바란다. 처음부터 '결혼'이라는 목표를 정하고 불안하게 달려가지 말고 연애 그 자체, 사랑 그 자체를 깊이 느끼고 보듬고 포용하라고 말하고 싶다. 연애가 또 나를 할퀴고 지나가더라도, 그만큼 마음은 성장할 것이며 군건한 틀도 허물어질 것이다. 그럼 곧 전생부터 빨간 실로 이어져 있던 인연이 나타났을 때 놓치지 않고 붙잡을 수 있는 '연애최적화' 상태로 바뀐다. 시간낭비인 연애는 없다. 모든 연애는 스스로를 돌아보고 다양한 관계를 경험해보며 성숙해질 수 있는 시간이라고 말하고 싶다.

만약 오랜 기간 연애를 하고 있는데, 불현듯 결혼을 하고 싶다는 생각이 든다면? 그때는 과감히 프러포즈를 하고 빠른 시간 내에 양가 어른들을 만나야 한다. 양가 중 어디라도 어른들이 개입하는 순간, 갑자기 결혼은 확, 진행이 되기 마련이니 말이다.

사랑은 개나 소나 다한다지만

90년대와 2000년대, 20대를 부르는 호칭은 지금 생각해보면 참 발랄했다. 규정할 수 없다고 'X세대', 인터넷 세대라고 'N세대'. 그런데 어느 날 눈물 없이는 부르기 힘든 '88만원 세대'가 등장했다. 뒤이어 '3포세대', '4포세대'까지 나왔다.
3포세대란 연애, 결혼, 출산 포기. 여기에 4포세대는 인

간관계까지 포기하는 세대라고 한다. 연애, 결혼, 출산이야 이성과의 진지한 관계와 가족설계에 국한되는 것들이지만, 인간관계를 포기한다는 것은 그야말로 '소통' 자체를 포기한다는 말이 아닌가? 4포세대, 참으로 심각하다.

제발 사랑 앞에 무기력해지지마

포기란, 어차피 아무리 노력하고 안간힘을 쓰고 애를 써도 안 될 것이 자명하기 때문에 시도조차 하지 않는 상태를 말한다. 활력이나 의욕이 없는 무기력한 상태, 더 나아질 수 있다는 희망을 품지 못하는 것이다.

요즘 청년들은 대체적으로 사랑에 있어서도 무기력한 태도를 보인다. 마음에 드는 사람에게 잘 보이기 위해 멋을 부린다거나, 그, 혹은 그녀가 좋아할 만한 것들을 애써 찾아다니는 '저돌적 에너지'가 덜하다. 젊을 때는 끓는 피로 쇠도 소화시킬 수 있다고 말하는 옛 시절과는 다르게 현재 청년들은 자신을 '극한 상황'에 내몰려고 하지 않는다. 타인에게 먼저 관심을 갖고, 밤새 그 사람 생각 때문에 잠 못 이루는 시간들을 피곤하게 여기는 것이다. 현실이 고단하니까.

혹시 지금 핑계를 대고 있는 것은 아닌지 생각해보자. 성공할 수 없을 것 같으니까, 차일 것 같으니까, 혹은 연

애에 돈이 많이 들 것 같으니까 지레 겁먹고 피하는 것은 아닐까? 내 마음의 문제를 '우린 4포세대니까 그래. 남들에게 관심 가질 시간 따윈 없어.'라고 합리화하고 있는 것은 아닐까? 그럼 잠시라도 위안 받을 수 있으니까. 4포세대 뒤에 숨어 진정한 관계 맺기를 모른 척하고 있는 것은 아닌지 스스로 생각해볼 필요가 있다. 이건 삶의 행복을 위해 아주 중요한 문제다.

썸 말고, 올인해줘

상대방에게 올인하지 않고 설렘 정도만 즐기는 관계를 '썸'이라고 부른다. 눈에 띄는 이성에게 '작업'을 거는 도중 작은 장애물이라도 눈에 띄면, 금방 마음이 식어 버리는 것이다. 호기롭게 한 사람에게 올인하지 못 하고 '썸 타기'를 하게 된다. 썸은 여러 명과 동시에 '타도' 되고, 책임을 지지 않아도 되는 아주 너그러운 관계이기 때문에 지치고 힘든 4포세대가 선호하는 새로운 인간관계일 수밖에 없다. 썸에는 설레는 감정만 있겠지만 연애에는 훨씬 더 복잡하고 다양한 희노애락의 감정들이 존재한다. 이런 감정마저도 버거운 4포세대는 연애를 통해 깊이 있는 인간으로 성장하는 것까지도 포기했을지도 모른다.

연애, 그 구질구질함에 대하여

서로의 마음을 확인한 후 고백을 하고, 눈물을 흘리며 포옹을 하고, 로맨틱하게 키스를 나누며 연애는 시작된다. 물론 드라마에서! 현실에서는 혼자 끙끙 앓다가 술에 취해 고백하고, 또 그 사실이 괴로워 폭음하고, 필름 끊기고, 다음 날 휴대전화에는 '오늘부터 우리 1일'이라는 수신기록이 있다. 민망하지만 이렇게 연애가 시작되기도 한다. 물론 예쁜 손 편지로 고백하거나 가랑비에 옷 젖듯 자연스럽게 관계가 발전한 연인들도 있겠지.

영화의 연애와 현실의 연애의 가장 큰 차이점은 이거다. 영화 속 연애는 고백과 동시에 그동안의 마음고생이 끝나버리지만, 현실의 연애는 그때부터 더 징글징글한 마음고생이 시작될 수도 있다는 점이다. '오늘부터 1일'이라고 영원한 애정을 호언장담하지만, 시간이 지나면 여자는 남자의 연락 빈도, 말투, 표현이 툭 하면 마음에 안 들고, 남자는 여자의 징징거림과 잔소리, 소유욕에 진절머리가 나기도 한다. 물론 남녀가 바뀌는 경우도 허다하다. 이렇듯 연애의 이면은 결코 영화처럼 화려하지 않다. 구질구질할 때가 얼마나 많은가.

그러나 성숙한 인간이 되고 싶다면, 나잇값을 제대로 하는 어른으로 늙고 싶다면, 상처 받을 것이 두렵더라도 연애를 해야 한다. 연애의 구질구질함을 인정하고 극복하려고 한다면, 반드시 내적으로 성장할 수 있다. 연애할 때 말고 한 인간에 대해, 또 나에 대해 지독하게 탐구할 때가 또 있을까? 인간관계 개선, 혹은 자기계발 강연에 쫓아다닐 때가 아니다. 핑크빛 결말이 아니더라도, 우리는 연애를 죽어라 해야 한다.

그럼에도 불구하고, 사랑이야

외롭지도 않고 불안하지도 않은 싱글이라면 이 책을 읽을 필요도 없다. 비연애, 비혼 나름의 인생이 있고, 어느 쪽이 옳고 그른지 판단할 수도 없다. 비단길만 있는 인생은 존재하지 않기 때문이다. 하지만 만약 지금 결혼하고 싶고 결혼하지 못하는 자기 자신이 불안하게 느껴지는 사람이라면, 지금 이 순간 가장 시급한 일은 바로 연애다.

실패한 연애는 없다

돌이켜 보면 연애할 때 나는 실수 투성이었다. 좋아하는 사람이 생기면 그 들뜬 마음을 어쩌지 못해 밤새 사랑 노래를 듣기도 하고, 울면서 편지를 쓰기도 했다. 거침없이 마음을 표현했다가 망신을 당하기도 수십 번. 남자친구가 바람을 피우는 내내 눈 뜬 봉사 노릇을 한 적도 있다. 괴팍한 성격의 남자친구를 만날 때는 순둥이처럼 굴다가 된통 당하기도 했다. 내 젊은 날의 연애들은 그렇게 좌충우돌 파란만장 소동극의 연속이었다. 그럼에도 불구하고, 마음에 상처를 잔뜩 입고 패잔병처럼 쓰러져 있을 때 나를 다시 꽃밭 위에 올려놓는 것은 연애였다. 자신감을 잃고 지쳐 있을 때 '나는 사랑 받을 수 있는 존재'임을 알려주는 것도, 나를 다시 매력적인 사람으로 만들어주는 것도, 무기력한 사람에서 밝고 건강한 사람으로 변화하고 싶다고 마음먹게 만들어주는 것도 바로 연애였.

실패한 연애는 없다. 진솔한 마음으로 서로를 위하고 이해하기 위해 노력했던 연애라면, 앞으로 더 나은 사람, 더 좋은 사람이 되고 싶은 원동력을 심어준다.

받는 것보다 주는 것에 집중하자

'다시 연애해도 상처만 받을 거야, 나는 못난 사람이야.'라고 생각하면 어떤 변화도 일어나지 않는다. 모험처럼 들리겠지만, 생각의 기준을 조금 바꿔서 내가 받는 상처보다 내가 상대에게 줄 수 있는 기쁨이나 편안함에 집중해보는 것은 어떨까? 여기서 반드시 주의할 점은 '내가 주고 싶은 것' 말고 상대의 입장에서 '상대가 좋아할 만한 것'에 집중해야 한다는 것이다.

상대에게 기쁨을 줄 수 있는 사람은 자존심 상할까봐 전전긍긍하지 않는다. 상처 받을까봐 손해 볼까봐 계산하지 않는다. 우리 모두는 어릴 때 그렇게 연애했었다. 연륜이 생긴 지금도 그렇게 할 수 있다. 나이가 든 만큼 더욱 세련되고 편안하게 할 수 있지 않을까? 내가 손해 보는 것 같더라도 일단 할 수 있을 때 더 많이 안아주고 쓰다듬어주고 눈 맞춰주고 얘기 들어주고 웃어주자. 그렇게 일상을 나누며 거침없이 사랑하고 사랑받도록 하자.

외로운데, 누군가와 연애하고 싶은데, 결혼도 하고 싶은데, 상처 받는 것이 두려워 지금처럼 마음의 방문을 닫고 숨어만 있다면? 어쩔 수 없다. 그 방 안에 언제까지고 갇혀 있게 될 뿐이다. 이 타이밍을 지나치면, 당신의 마음은 더 넓어지지 못한 채로 나이만 먹을 수도 있다.

결혼의 어마어마한 장점

연애 이야기하다가 결혼이라는 단어를 꺼내려니, 가슴이 답답해지는 건 나뿐일까? 아니다. 사실이 그렇다. 결혼하고 나서 이벤트는 해주려나? 선물은 뭐 해줄까? 동창회 나가지 말라고 어떻게 자연스럽게 말하지? 전셋값은? 대출은? 제사는? 시댁이랑 처가는 얼마나 자주 가야 하지? 퍼밍은? 임신, 출산, 육아는? 아, 정말 고민이 끝도 없다. 현실에 결박 당하는 느낌이랄까?

소통하지 않으면 외로워진다

결혼의 엄청난 장점은 야근 후 피곤이 덕지덕지 묻어 있을 때, 집에서 부부끼리 편한 옷 입고 시원한 캔맥주 한 잔에 〈무한도전〉을 볼 수 있다는 것이다. 이럴 땐 짝이 있다는 사실이 참 좋기도 하다. 대부분의 싱글들은 집에 가기 싫을 때 같이 놀 친구를 찾는 일에 지쳐 있고, 결혼은 외로움으로부터 도망치다 마지막에 도착하는 종착역과 같다고 생각하니까.

하지만 결혼도 외롭다. 육체적으로 붙어 있다고 해서 외로움이 없어지는 것은 아니다. 소통에 게으른 부부들은 함께 살면서도 지독하게 외롭다. 결혼생활이란 극기훈련 같은 연애를 하며 쌓은 기술을 가지고 본격적으로 참가한 실전경기와도 같다. 분쟁이 일어나 경기를 중단하는 콜드게임, 즉 이혼도 요즘은 많아지고 있다. 어쨌든 결혼은 실전이고, 이 실전의 오묘함은 한 30년쯤 살아보고 제대로 말할 수 있지 않을까 싶다.

결혼이 주는 최고의 선물

그러나 나는 기혼이자, 수많은 커플들의 결혼을 돕는 웨딩플래너다. 내가 느낀 결혼의 좋은 점을 또 하나 더 이야기해보자면, 싱글일 때는 처해지는 상황대로 살았다면 결혼을 하면 자의 반 타의 반으로 '건설적'으로 인생을 설계할 수밖에 없다는 것이다. 집을 사거나 빌려야 하고, 그것 때문에 둘이 함께 빚을 지기도 하며, 한 인간을 책임져야 하는 부모가 되기도 한다. 부부가 된 두 사람은 이런 숙제들을 해결해내기 위해서 함께 머리를 모으고, 협동할 수밖에 없는 것이다. 힘든 일일수록 그 일을 해결할 때 더 큰 성취감을 얻듯이, 결혼도 그런 긍정적인 의미에서 시련과 좌절, 발전과 성취감을 배우자와 공유하는 과정이라고 할 수 있다.

Best

이 사람이 최선입니까?

"결혼하면 이렇게 살겠지. 결혼한다고 설마 이렇게 되진 않겠지."
당신, 결혼은 하고 싶었으나 결혼생활은 하고 싶은 게 아니었을 수도 있다.

결혼했다가
후회하면 어떡하지

그렇게 바라고 바랐던 결혼인데, 식 올리고 불과 3개월 만에 싱글로 돌아오는 사람들도 많다. 1년 후 혹은 신혼여행 후에도 헤어지는 커플도 많다. 대부분의 결혼선배들은 초반 1, 2년만 견디면 10년은 무사히 결혼생활을 유지할 수 있다고 말한다. 그 이유는 무엇일까?
남이 시켜서 한 결혼(물론 그런 결혼도 있다!)도 아니고 둘이 좋아서 결혼했는데, 왜 후회하고 헤어지는 일이 생길까? 여기에서 나는 A파트에서 이야기한 '틀'에 대해 한 번 더 이야기하고 싶다. 나이를 먹으면서 상대 이성에 대한 틀도 견고해지지만 '결혼생활 이상향'에 대한 틀도 더욱 견고해지기 때문이다.

상대방의 로망 탐구하기

일주일에 한두 번 만나서 맛집 투어하고, 공연 보고, 차 마시고…. 이런 데이트만 하던 커플이라면 결혼생활이 어떻게 될지는 반반의 가능성이 있다. 무엇을 먹을지, 어디를 갈지, 어떤 것을 볼지에 대한 갈등을 잘 해결해 왔다고 해서 치졸한 돈 문제, 민감한 섹스라이프, 도무지 이해할 수 없는 가족 문화 차이 등을 뛰어넘으리라는 보장은 없기 때문이다.
행복한 결혼생활을 위해서는 허니문은 어디로 갈지, 예식은 어떻게 할지 등에 대한 합의도 분명히 이루어져야겠지만, 무엇보다 가장 중요한 것은 상대방이 갖고 있는 결혼생활의 '로망'에 대해 알아보는 것이다.
예를 들어 결혼하고 나면 예쁜 식기에 음식을 담아 식사를 하고, 식사 후에는 함께 산책하거나 각자의 소파에서 책을 읽기를 바라는 사람과 아무 때나 화끈한 섹스라이프를 즐기고 찌개와 생선구이에 반주를 한 잔 하며, 가끔은 친구들을 집에 불러 술판을 벌일 생각을 하는 사람이 결혼했다면? 서로 박 터지게 싸울 것이 뻔하다. 그러다 서로 길들여지거나 혹은 헤어지게 될 수도 있고.
그러므로 서로의 '로망'을 맞춰가는 시간이 필요하다. 연인과 이것에 대해 대화를 나눠보자. 모르고 겪는 것과 알고 겪는 것은 다를 테니까. 두 사람이 서로 생각하는 결혼생활이 너무 다르다고? 그렇다고 좌절하지는 말자. 결혼에 대한 이상이 완벽하게 똑같은 커플은 별로 없다. 미리 조금씩 대비하고, 배려해서 이겨낸다면 훨씬 평화롭고 달달한 신혼생활을 즐길 수 있을 것이다.

돈보다는 대화가 필요해

다들 알다시피 결혼할 때는 돈이 많이 필요하다. 결혼이 낭만이 아닌 생활이 되고 나면, 돈은 더 중요해진다. 주 수입을 담당할 배우자의 수입이나 연봉이 중요하다고 하는 이유가 여기 있다. 크고 작은 갈등이 폭발할 수밖에 없는 결혼생활에 생활고까지 더해지면 이겨내기가 쉽지 않기 때문이다. 하지만 돈 쓰는 재미를 보려고 결혼하는 것은 아니지 않나? 상대가 배우자에게 돈을 무한제공하는 보람을 느끼고 싶어 결혼을 하는 경우가 아니라면, 그 관계는 곪을 수밖에 없다. 경제적인 조건만 보고 결혼을 했는데 부부 간에 대화는 단절된 채 서로 무시하고 각자 바람이 나는 경우는 너무나 많다. 돈이 많다고 행복할까? '그래도 돈은 많았으면 좋겠다.'고 생각하는 것은 자기 자신을 너무 얕보는 것이다. 당신은 그저 돈으로 따질 수 있는 가치의 인간이 아니기 때문이다.
장애물을 하나씩 이겨내면서 두 사람은 더욱 향기로운 부부가 될 수 있다. 돈은 물론 중요한 요소지만, 부부의 관계를 결정할 최후의 조건은 절대로 아니다. 돈으로

이겨낼 수 없는 장애물은 많다. 어떤 시련에도 두 사람이 함께 잡은 손을 놓지 않는지가 가장 중요하다.

최고의 배우자는 누구인가

내 친구는 항상 습관처럼 "결혼하고 싶다."고 말했다. 결혼한 친구가 배우자 흉이라도 볼 때면 "넌 그래도 결혼했잖아. 있는 것들이 더 그러더라." 하며 무시했다. 그러면서 이렇게 덧붙였다.
"그 정도 고민은 어느 부부에게나 있는 거 아니야? 그래도 너희는 평소에 사이가 좋잖아."
이 친구와의 대화는 항상 투명한 벽에 부딪히는 느낌이었다. 그만큼 그녀는 결혼을 열렬히 갈망했다.

재고 따지면 좋은 사람 한 명도 없다

그러던 친구에게 황금 같은 연애 기회가 왔다. "결혼하고 싶다."고 노래를 불렀기 때문에, 뜨거운 연애를 하리라 믿었다. 하지만, 친구는 뇌 주름 사이에 깊이 숨겨두었던 줄자를 꺼내 상대방의 구석구석을 재기 시작했다! 수입, 성격, 대인관계, 집안 환경 등…. 이 모든 것들을 재고 난 후, 결과를 놓고 결혼을 하면 어떨지에 대해 심각하게 고민했다.
이 순간부터 상대의 성실함은 지루함으로 둔갑한다. 상대의 화끈함은 경망함으로 바뀌어버린다. 상대의 어떤 점이 행여 나를 힘들게 할까봐, 결혼을 후회하게 만들까봐 스스로 전전긍긍하도록 만들어버린다. "뭘 해줄까? 함께 뭘 하며 즐길까?" 두 사람의 시간을 잘 설계하는 연인들은 연애도 잘한다. 그만큼 깊은 사랑에 빠진다. 하지만 반면에 내 친구처럼 연애를 시작하는 순간 '저 사람은 어떤 사람? 지금 내가 한 말은 무슨 의미? 누가 더 많이 좋아하나?' 하고 재기만 하는 사람들은 예상대로 금방 헤어지고 만다.

나는 어떤 배우자가 될 것인가

우리는 모두 조립형이다. 잘 조립하면 완성도 높은 가구가 될 수 있지만 나사 하나 잘못 꽂으면 언제 망가질지 모르는 엉성한 가구가 되어 버린다. 따라서 누구와 결혼할지 고민하기 전에, '내가 그 사람을 어떻게 조립할 것인가?' 그러니까 '내가 상대방에게 어떤 배우자가 될 것인가?'를 먼저 고민해야 하겠다. 물론 정확한 순서와 방법으로 완벽하게 조립했어도 불량품은 나온다. 그런 가구를 만났더라도 자책은 금지이다. 당신 잘못이 아니다. 그리고 그런 일을 겪었다 해도 그건 당신 인생의 재앙은 아니다. 가구는 많으니까.
결혼을 원하는 친구들이 언제나 답을 구하는 질문들이 있다. 성격을 먼저 보는가? 조건을 먼저 보는가? 인생의 모든 일들처럼 정답은 없다. 자기 자신이 무엇을 더 중요하게 생각하는지를 파악해야 현명한 결정을 내릴 수 있다. 내가 외부적인 조건이 갖춰지지 않았을 때 더 못 견디는 사람인지, 아니면 조건보다 성격이 더 안 맞을 때 참을 수 없는 사람인지 스스로를 탐구하는 시간이 필요하다. 어느 순간에라도 자기 인생에 던지는 질문에 대한 대답은 자신 안에 있음을 기억하자.

Cut

남의 시선, 과감히 잘라내자

"남들은 호텔에서 한다는데, 나만 예식장에서 해도 괜찮을까?"
"웨딩촬영 안 하면 후회할까?"
가슴에 손을 얹고 생각해보자. 내가 진짜로 원하는 게 무엇인지를.

주변인들에게 휘둘리지 않기

청담동 거리는 패션잡지와 핫한 패션채널에서 연일 소개되는, 그야말로 핫플레이스다. BMW나 벤츠는 너무 흔해서 그게 그렇게 비싼 차였던가 싶게 감흥이 덜한 곳. 낡고 구멍난 티셔츠가 몇십만 원에 판매되는 곳. 이런 청담동 구석구석에는 드레스숍들이 숨어 있다. 여기에 처음 드레스를 보러 오는 예비부부들은 자신이 초라하게 보일까봐 위축된 모습을 보이기도 한다.

누구를 위한 렌트카인가

예전에 만났던 커플 이야기를 먼저 하고 싶다. 신부는 청담동에 드레스를 보러 오는 날 신랑이 차를 못 가지고 온다며 매우 풀이 죽어 있었다. 나는 전혀 상관없다고, 오히려 걷거나 택시 타는 것이 더 좋을 거라고 말했다. 하지만 그녀는 드레스를 보러 온 날에도 표정이 좋지 않았다. 차가 없다는 이유로 이동할 때마다 신랑을 못마땅하게 바라보았고, 드레스숍 직원이 차를 가지고 왔냐고 물어봤을 때(주차장에서 차를 빼달라는 다른 방문객의 요청 때문에 물어본 것이었다.) 얼굴을 붉히며 과장된 몸짓으로 아니라고 말하기도 했다. 시간이 흘러 웨딩촬영 때 입을 드레스를 고르기 위해 다시 만났을 때, 그들은 학생 같은 외모와 어울리지 않게 커다란 중형차를 몰고 당당하게 등장했다. 헤어질 때 인사를 나누다 우연히 번호판을 보게 되었는데, '허'라고 적혀 있었다. 렌트카라는 뜻이다.

렌트까지 할 필요가 있었을까? 아마 그 둘은 처음 차 없이 드레스를 본 날 엄청 다퉜을 것이다. 헤어질 때 둘의 분위기가 그랬다. 차가 없어도 대중교통 타고 걸어 다니며 재미있게 드레스 구경하는 커플도 많다. 재활용품을 잔뜩 실은 트럭을 몰고 드레스숍에 와서도 당당하고 행복한 모습을 보여준 커플도 있다. 렌트카 커플을 보며 나는 뭔가 씁쓸한 기분을 느꼈다.

결혼식의 진짜 주인공은 누구인가

다행히 요즘 젊은 커플들은 전 세대들에 비해 다른 사람 눈치를 많이 보지 않는다. '나만의 개성과 확신만 있다면, 남의 시선쯤이야!' 하는 것이다.

그렇지만 아직도 결혼식을 준비할 때 형식을 강조하고 허례허식이 없어지지 않는 이유는 무엇일까? 바로 양가 어른들 영향이 크다. "이 정도는 해야지. 남들은 이렇게 했다더라." 등등 어른들이 오히려 더 나서는 것이 문제다. 실제로 작고 소박한 결혼식을 보시고는 "너무 초라하더라."고 말씀하시기도 하고, 주례 없는 결혼식을 보시고는 "너무 가볍더라."고 말씀하시는 경우가 많으니 말이다.

결혼식에서 가장 중요한 것은 크게 상관도 없는 사람들의 수군거림이 아니라, 가족 간, 그리고 커플 당사자 간의 소통이다. 짝꿍과 가장 많은 대화를 나눠야 하고, 양가 부모님들과도 마음을 열고 소통하도록 노력하자.

결혼식은 신랑, 신부와 그 가족이 주인공임을 잊어서는 안 된다.

쓸데없는 시선, 가차 없이 컷

지금까지 학교 혹은 직장에서 맺어진 인연들로 인간관계가 만들어져 왔다면, 진짜 어른이 되는 첫 관문인 결혼식 이후부터는 '내가 스스로 만드는 관계'가 펼쳐진다. 따라서 관계를 주도적으로 만들고 이끌 필요가 있다. 이것은 한마디로 나와 맞지 않는 타인에게 끌려다닐 필요가 없다는 것, 나와 세계관이 다른 친구라면 과감히 멀리할 줄도 알아야 한다는 것이다. 나랑 맞지 않는다면 거리를 두면 된다. 그뿐이다. 그 친구를 미워할 필요도 없고 욕할 필요도 없다.

나를 슬프게 하는 사람들

결혼준비를 하면서 주변의 잣대에 맞춰 자신을 재단하거나, 혹은 나는 아무렇지도 않은데 남들의 시선에 의해 불편해지는 경우가 많다. 단순히 금전적인 것뿐만이 아니다. 남의 기준에 맞춰 결혼을 준비하면 무엇보다 본인이 불행해진다. 남들은 남일 뿐이다.

상담을 해보면 단골로 나오는 이야기들은 이렇다.

"나는 평범한 예식장도 괜찮은데 주변에서 보기에 좀 그렇지 않을까요?"

"나는 심플한 드레스가 좋은데 주변에서 보기에 좀 초라하지 않을까요?"

"웨딩촬영 원래 안 하려고 했는데 주변에서 그러면 후회한다고 해서요"

주변에서 보기에 좋든 나쁘든 부부의 생각이 더 중요하다. 평범한 예식장이든 화려한 호텔이든 축하할 사람은 하고 뒷말할 사람은 한다. 그리고 솔직히 말해서 결혼식 당일에는 모두들 정신이 없고 바빠서 하객 마음 신경 쓸 틈도 없다. 허니문 다녀오면 신혼생활에 빠져 더욱 기억도 안 나는 일이고.

드레스? 개인의 취향이다. 심플한 드레스가 초라하다고 말하는 사람들은 본인들 취향이 그런 것이다. 화려한 옷은 촌스러울 수 있다. 반면 심플한 옷은 수수해보일지 몰라도 세련된 느낌을 줄 수는 있다. 각각 장단점이

있는 것이다.

웨딩촬영은 언제나 해도 후회, 안 해도 후회, 반반의 선택이다. 웨딩촬영을 생략해서 100만 원 정도를 줄이고 그 돈을 허니문, 면세점 쇼핑이나 가구, 가전 쪽에 쓴다면 어떨까? 혹은 전문 사진작가가 제대로 찍어준 인생샷을 만난다면, 100만 원이 과연 아까울까? 다른 사람들의 조언을 듣지 말라는 것이 아니다. 하지만 '남들이 어떻게 생각할까?'라는 이유 말고 본인이 직접 선택을 해야 한다는 것이다.

해로우면 버려라

1캐럿짜리 반지를 끼고 200만 원짜리 예복, 500만 원짜리 수입드레스를 입고 매일매일 너무 행복해 심장이 터질 것 같으면서 친구들에게는 "그냥 대충 골랐어. 이 정도는 기본이라고 해서…."라고 이야기하는 친구, 꼭 있다. 그런 친구는 "시험공부 안 하고 잠들었어."라고 이야기하던 고등학교 때 얄미운 친구보다 훨씬 나쁘다. 괜히 그런 친구들을 부러워하고 자신의 상황을 원망하며 애꿎은 애인 잡지 말자. 이제 그런 친구를 당신의 인생에서 컷 오프 해버릴 시기다. 정신 건강에 해로운 친구, 붙잡을 필요 없다. 정말 나를 위해주고 나에게 도움이 되는 그런 친구가 당신의 인생을 풍요롭게 할 것이다.

세상에 뿌려진 청첩장만큼

인맥이 화려하기로 유명한 이사님이 있었다. 10년 전부터 자기가 결혼식을 하면 자기 손님만 몇백 명이 될 거라고 했다. 봄, 가을이면 주말마다 한 손에 청첩장을 쥐고 전국의 예식장을 다녔다. 결국은 다 돌아오게 될 거라고, 저축이라고 하면서. 하지만 인생은 한 치 앞을 알 수가 없는 것 아닌가?

현재, 이사님은 아직 결혼을 하지 않았다. 이렇게 말하기 그렇지만 아직 수금을 하지 못했다. 그 이사님이 만약 결혼을 한다면, 10년 전에 결혼해서 지방에 내려간 친구에게 그동안 한 번도 연락하지 않았음에도 청첩을 해야 할까? 정말 뿌린 만큼 거둘 수 있을까? 모든 신혼부부가 고민하는 문제다.

나만의 축의금 기준 세우기

나는 웨딩플래너라는 직업의 특성상 회사에 여자들이 수두룩 빽빽했다. 거의 다 결혼적령기였고, 결혼식이 많을 수밖에 없었다. 특별히 친한 몇 명의 무리가 있긴 했지만, 두루두루 웃는 낯으로 모두와 좋은 관계를 유지하며 지냈다.

그러다 보니 그들의 청첩장을 거의 다 받게 되었다. 어느 날 나는 결혼을 안 할지도 모르겠다는 생각을 하게 되었고, 축의금으로 낼 돈이 좀 아깝다는 생각이 들었다. 뜨거운 축하의 마음으로 건네야 하는 축의금이 아깝다니, 이건 좀 아니라는 생각이 들었다. 그래서 나는 내 나름의 기준을 세웠다.

청첩에 응하는 기준

```
        ┌─────────────────────┐
        │   이 사람 결혼식,    │
        │ 가야 할까? 말아야 할까? │
        └─────────────────────┘
           ↓                ↓
┌───────────────────┐  ┌───────────────────────┐
│ 친한 사이임을 확신할 경우 │  │ 친한지, 안 친한지 헷갈리는 경우 │
└───────────────────┘  └───────────────────────┘
           ↓                ↓
┌───────────────────┐  ┌───────────────────────┐
│    내 결혼식에     │  │     친하진 않지만,     │
│ 꼭 초대하고 싶은 사람이다! │  │ 모른 척 넘어가기는 힘들다! │
└───────────────────┘  └───────────────────────┘
           ↓                ↓
┌───────────────────┐  ┌───────────────────────────┐
│ 청첩에 응하고, 5~10만 원 정도의 │  │      결혼식은 가지 말고,      │
│    축의금을 준비한다.    │  │ 3만 원 정도로 최소한의 축의금만 한다. │
│                   │  │      아깝지 않을 정도로!      │
└───────────────────┘  └───────────────────────────┘
```

관계에 따른 축의금 금액 기준
친구가 아닌 그냥 지인이 결혼할 때 : 3~5만 원
절친이 결혼할 때 : 10~20만 원

장소에 따른 축의금 금액 기준
예식장에서 결혼할 때 : 5만 원
호텔에서 결혼할 때 : 10만 원

*축의금은 벌금이 아니다. 정답이 따로 있지도 않다. 위 내용은 참고만 하고, 본인 소신껏 하기를 바란다.

난 이 기준을 칼 같이 지켰고, 그 결과 회사생활하는 동안 경조사 때문에 큰 스트레스를 받지 않았다. 내가 결혼식에 가지 않은 사람들도 자기도 내 결혼식에 안 오면 된다는 생각을 하게 되어 크게 서운해하지 않았다. 물론 너무 친한 사람이면 가는 게 맞겠지만. 기준대로 하다 보니 나는 '내 결혼식에 누구는 왜 안 왔지? 누구는 왜 얼마밖에 안 했지?' 이런 생각이 없었다. 그야말로 정말 가까운 친구들이 결혼식에 와주었다. 물론 의외의 사람들에게는 정말 너무 고마웠지만 말이다.

결혼, '진짜 내 사람'을 찾는 기회

결혼식은 어른이 되는 첫 시작이다. 이제부터 당신의 인간관계를 어디에도 휘둘리지 말고 스스로 만들어가야 한다. 친구는 스페이드 에이스부터 킹까지 숫자를 채워야만 효력을 발휘하는 트럼프 카드 같은 것이 아니다. 단 한 장뿐이어도 나를 안심하게 한다면, 또 내가 계산 없이 달려갈 수 있는 친구라면 일당백이라 하지 않을 수 없다. 결혼 후 만나는 인생은 꽃길만은 아니다. 아무에게나 두루두루 쏟을 에너지를 오히려 가족과 진짜 내 친구에게만 집중하는 것도 좋은 선택이 될 것이다. 외로워지라는 이야기는 아니다. 타인에 대한 기본적인 존중과 배려를 가지고 살아가다 보면 언제든 좋은 친구는 반드시 생긴다. 외로워질까봐, 따돌림 당할까봐 두려워하며 스트레스 받고, 쓸데없는 관계에 끌려 다닐 필요는 없다는 뜻이다.

나를 있는 그대로 사랑해주는 사람

최근 만난 커플은 연애 8년 차였다. 두 사람은 서로 너무나 다른 사람이었다. 홀쭉한 신부와 통통한 신랑의 외모만큼이나. 결혼을 준비할 때도 신랑은 웬만한 신부들보다도 훨씬 적극적이고 세심했다. 반대로 신부는 웬만한 신랑들만큼 무심하고 항상 귀찮아했다. 나는 속으로 '이러다 정말 싸우는 거 아니야?' 하며 불안했다. 그렇게 몇 달이 지나 본식드레스를 고르는 날이 왔다. 시간이 잠시 남아 나는 두 사람에게 허니문 준비는 다했냐고 물었다. 이때 나는 두 사람에 대한 걱정이 한 순간에 사라졌다. 적극적인 신랑이 디테일한 부분들을 이야기하면, 신부는 아주 큰 그릇으로 흔쾌히 "오케이. 그렇게 하자. 그거 좋겠네."라며 신랑을 포용했다. 그리고 둘 다 먹는 스타일, 편안함을 추구하는 여행 스타일이 아주 비슷했다! 그렇게 서로 주거니 받거니 하는 모습을 보니 안심이 되었다. 두 사람은 처음 만났을 때부터 잘 맞지는 않았겠지만, 지금은 무엇보다도 잘 맞춰진 퍼즐처럼 보였다. 오랜 시간 연애하는 동안 서로에게 길들여진 느낌. 지루하지 않게 다정한 느낌이어서 좋았다.

서로에게 길들여진다는 것

"오래 연애하면서 많이 다투고 화해하고, 결국 서로가 무엇을 바라는지 정확히 알게 되었어요. 있는 그대로 각자를 존중하게 되었죠. 처음엔 싸울 때마다 주변 이야기도 많이 듣고 했는데, 이제는 그러지 않아요. 싸우더라도 솔직히 자신의 감정을 털어놓고 서로에게 어떻게 맞춰야 할지 고민하죠."

나를 있는 그대로 사랑해주는 애인! 꾸미지 않아도 나를 알아주는 애인! 누구라도 갖고 싶은 '애정템'이지 않을 수 없다. 이런 사람, 어떻게 만날 수 있을까? 우선 내가 나를 정확히 알아야 한다. 내가 나에 대해 잘 알고 있어야 본 모습을 솔직하게 내보일 수 있다. 그래야 상대방도 나를 제대로 이해하고 맞출 수 있다. 이 커플의 말

대로 숱한 다툼과 화해는 두 사람의 평생 부부생활을 생각했을 때 더할 나위 없는 최고의 영양제였던 것이다.

안 싸우는 커플이 더 위험하다

겉으로는 다정하기 그지없고 절대 싸울 일 없어 보이는 커플들도 있다. 그런 커플들이 더 위험하다. 각자의 본 모습을 보여주지 않으면, 서로의 퍼즐을 딱 맞춰볼 기회가 없기 때문이다. 드러내지 않는 사람들은 사실, 자기가 언제 기쁘고 화가 나고 쓸쓸한지, 어떤 부분에서 내가 양보가 가능하고 불가능한지 스스로 잘 알지 못한다. 한 사람의 양보와 희생으로 유지되는 커플은 절대 오래갈 수가 없다.

연애 초반에 얼마든지 자신을 어필해도 좋다. 싸우기도 하고 화해도 하면서 진실된 모습을 보여주는 것이 무엇보다 중요하다. 그리고 결혼을 앞둔 커플들은 결혼에 대해, 결혼생활에 대해 서로의 생각과 이상을 많이 나눠야 한다.

'허니문 계획'이 가장 좋은 대화 재료가 될 수 있다. 연인이 아닌 부부로서 만나는 삶의 첫 시작이기 때문이다. "여행이니까 현지 음식도 먹어보자." "근데 난 사실 결혼 후에도 가끔 특별한 외식을 즐기고 싶어!" "도착해서 부모님께 전화드려야 하는데 어느 집 먼저 할까?" "자기네 집에 먼저 하자! 그리고 바로 우리 집에 하면 되지!" "난 결혼 후에도 최대한 양쪽 집에 공평하게 잘하고 싶어." 이런 대화들 말이다.

아주 자연스럽고 부담스럽지 않게 결혼 후 생활에 대해 서로의 생각을 들어보는 것은 아주 중요하다. 그러다가 싸우면 어떻게 하냐고? 어쩔 수 없다. 싸우더라도 결혼 전에 싸우는 게 낫다. 뜨겁게 싸우고 뜨겁게 화해한다면 사랑은 깊어질 것이다. 그리고 결혼 전에 많이 싸울수록 허니문은 즐거우니 기대해도 좋다. 싸움을 두려워하지 말고 많이 대화할 것을 권한다. 결혼준비 기간에 이런 식으로 자신들의 솔직한 감정을 많이 나누는 것은 너무나 중요한 일이다.

가장 현명해져야 할 때, 결혼

다른 신부들은 이런다는데, 보통 결혼 전에는 이렇다더라 하는 이야기들로 배우자를 평가하는 것처럼 무의미한 짓이 없다. 앞서 말했듯 타인의 시선, 타인의 기준은 과감히 잘라버리자. 예물을 화려하게 하지 않아도 내가 괜찮다면 그렇게 안 해도 된다. "남들도 다 이렇게 하던데!" 이런 말은 필요 없다. 물론 내가 어떤 것을 좋아하고 싫어하는지 파악하기 위해 주변 사람들은 어떻게 하는지 많이 알아보면 좋지만, 그건 자료 조사 정도에서 그쳐야 한다.

절대 다른 사람과 나의 배우자를, 나의 상황을 비교하지 말자. 우리가 자라면서 남의 집 자식들 이야기하는 엄마가 어떻게 보였었는지 기억해보면 답이 나온다. 인생에 있어서 결혼할 때야말로 가장 현명해져야 할 때다.

커플 인터뷰

결혼식 대신 배낭여행을 떠난
프라이즐 부부 이야기

소신 있고 당당한 '노웨딩(No wedding)' 사례를 찾고 싶었다. 귀찮아서, 시간이 없어서가 아니라 본인들의 강한 의지로 결혼'식'만 생략한 커플의 실제 결혼준비 이야기 말이다. 그래서 나는 온갖 SNS, 블로그, 포털사이트 등을 '노웨딩' 관련 검색어를 입력하며 샅샅이 뒤졌다. 그러다 발견한 보석 같은 커플, 프라이즐 부부. 이 부부의 유쾌하면서도 진지한 노웨딩 스토리를 소개한다.

💬 국적이 다른 두 사람, 어떻게 만났는지 궁금해요.

저희 커플은 2012년, 남편이 한국에서 외국인 영어 강사로 일하고 있을 때 제 친구의 친구 생일파티에서 만났어요. 제가 처음에 남편을 봤을 때, "옆모습이 정말 멋있네…"라고 생각했죠. 자꾸 어깨너머로 은근슬쩍 보게 되었고, 말 안 걸면 후회하겠다 싶어 남편에게 먼저 호구 조사를 하듯 이것저것 물어봤어요. 그때 남편이 제 손바닥에 이름과 전화번호를 적어주었고, 지금까지 총 4년 가까이 함께 하게 되었네요. 그다음 날 알게 된 사실은 생일파티의 주인공이 남편이 저를 만나기 전 잠시 썸을 탔던 여자라고 하더군요.(웃음)

💬 장거리 연애를 했다고 들었어요.

4년의 연애 기간 동안 3분의 1은 장거리 연애를 했어요. 남편이 저와 만나고 1년이 조금 넘었을 때 미국으로 다시 돌아갔죠. 그 이후에 1년 반 정도 장거리 연애를 지속했어요. 그래서 그런지 아직까지 함께 해본 것보다는 못 해본 것들이 더 많죠. 하지만 다행히 톱니바퀴처럼 잘 맞아떨어지는 서로의 성향이나 관심사 덕분에 저희 부부는 끈끈하게 관계를 지속할 수 있었어요. 남편은 제가 늘 도전하고 싶었던 활동, 취미생활을 이미 하고 있었어요. 저는 가끔씩 간 큰 짓을 저지르고 싶은 충동이 있거든요? 그런데 남편은 그런 행동들을 이미 즐기고 있더라고요. 저는 늘 스쿠버 다이빙에 관심이 있었지만 어떻게 도전해야 할지 모르고 있었는데, 남편은 이미 스쿠버다이빙 자격증만 세 개 가지고 있더군요. 나중에 계기가 되면 꼭 해야지 하고 다짐만 했던 활동들을 남편은 이미 즐기고 있다는 것, 이런 부분들이 잘 맞았어요. 그래서 필리핀 여행을 함께 떠났죠. 저는 남편의 지지에 힘을 얻어 새로운 것을 도전해볼 수 있어서 좋았고, 남편은 자신이 좋아하는 활동을 저와 함께 할 수 있어서 즐거웠다고 해요. 엇박자인 듯, 정박자인 듯 다양한 활동들에 두 사람의 관심이 쏠리면서, 함께 이것저것 저지르며 시간을 보낸 것 같네요.

💬 프러포즈는 누가 먼저 했어요?

제가 외국인을 만나서 미국으로 이주를 하게 된 가장 큰 이유는 한국 사회에서 선호하는 여성상이 불편했기 때문이었어요. 저는 여성이 자신의 목소리를 크게 낼 수 있어야 한다고 늘 생각해요. 저는 명품가방을 사주는 남자를 매력

남편이 먼저 프러포즈를 했던 날

적으로 느끼지 않아요. 데이트 비용은 남자가 내야 한다고 생각하지도 않죠. 이는 공정거래에 어긋나는 관계라고 생각해요. 반면에, 남편도 성형 및 다이어트에 늘 관심을 갖거나, 가녀린 스타일의 여성보다는 운동에 관심이 많고, 근육이 있는 튼튼한 여성을 선호했죠. 또한 남자가 주도하는 연애나 결혼보다는 서로가 동등한 권리를 유지할 수 있는 관계를 원했어요. 저 또한 여자도 남자를 선택할 수 있어야 한다고 생각했고요. 그래서 제가 프러포즈를 해도 이를 불쾌하게 생각하지 않을 남자를 만나고 싶었어요. 평생을 함께 하자고 약속하는데, 여자도 남자의 의사를 물어봐야 하는 거 아닌가요? 그래서 저희 커플은 서로 프러포즈를 했어요. 남편이 먼저 저에게 프러포즈를 하고, 저도 남편 생일날에 깜짝 프러포즈를 했죠. 무릎을 꿇는 것은 생략했어요.(웃음)

Q. 결혼식 대신 배낭여행을 가자는 것도 두 사람의 공통적인 생각이었나요?

프러포즈 이후에 결혼식을 어떻게 진행할지 자연스럽게 이야기가 나왔어요. 우리는 항상 생각이 비슷해서, "결혼식은 정말 필요한 일일까?" 하고 서로 질문을 던졌죠. 그러면서 결혼식에 대한 단점이 저희 두 사람의 입에서 쏟아지기 시작했고, "차라리 그 돈으로 배낭여행을 가는 건 어떨까?"라는 결론이 나왔어요(웃음). 둘이서 하고 싶은 것, 아직도 밟지 못한 땅덩어리도 너무 많기에 하루만 주인공이 되는 '결혼식'이란 이벤트에 큰돈을 쓰는 것이 무의미해 보였어요. 남편은 이를 'Opportunity cost(기회비용)'라고 했어요. 이렇게 해서 자연스럽게 결혼식 없는 결혼을 계획하게 된 거예요.

필리핀에서 스쿠버다이빙을 즐기며

미국에서 배낭여행을 다닐 때

스포츠를 좋아하는 프라이즐 부부. 종종 함께 미식축구를 하기도 한다.

Q. 천생연분이네요. 아시다시피, 한국에서는 결혼식이 굉장히 중요해요. 주변 사람들 눈치는 안 보였어요?

가족들보다는 친구들이 더 난리였어요. 친구들이 던지는 온갖 질문에 마음이 무거워지더군요. 결혼 5년 차인 친한 언니가 그러더군요. "결혼식은 사람들에게 우리가 부부가 되었음을 알리는 자리야. 별것 아닌 것 같아도 사실은 중요한 거야."라고요. 저도 언니의 의견에 반대하지는 않아요. 결혼식은 부부의 첫 시작을 의미하잖아요. 하지만 '내가 어색한 미소를 지으며 다소곳하게 결혼식장에서 입장할 수 있을까?' 하고 생각해봤는데, 조금 힘들겠다 싶었어요. 저는 가족, 친구들과 맛있는 음식을 먹으며 노래 부르며 춤추는 파티가 좋았거든요.

Q. 웨딩촬영을 하고 싶거나, 웨딩드레스가 입고 싶지는 않았어요?

웨딩드레스에 대한 환상은 어릴 때부터 없었어요. 웨딩촬영에도 큰 의미를 두지 않았죠. 친구들의 웨딩사진을 보면서 실은 너무 어색하고 비용이 아깝다는 생각을 했어요. 물론 겉으로 표현하진 않았지만. 스튜디오라는 인위적인 공간에서 우아하게 사진을 촬영하는 게 저에게는 큰 의미가 없다는 걸 알게 되었죠. 저에게는 압구정, 청담동 스튜디오에서 촬영한 사진보다는 여행 때 함께 찍은 사진들, 특히 배낭여행을 다니면서 힘들고 재미있었던 순간들을 찍은 사진들이 더 큰 의미가 있어요. 여행사진은 시간이 지나 딱 한 장만 봐도, 모든 여행 일정을 떠올리게 만드는 신비로운 마법이 있어요.

Q. 혼인신고한 날에는 무엇을 하며 보냈어요?

혼인신고를 하기 전에 남편과 함께 "어떻게 하면 우리가 부부가 되는 날을 더 의미 있게 보낼 수 있을까?" 하고 상의를 했어요. 둘이서 하고 싶은 것들을 일일이 나열해보았죠. 놀이동산도 생각했지만 복장이 불편할 것 같았어요. 우리는 혼인신고할 때 진짜 결혼식처럼 정장, 원피스를 입으려고 했거든요. 그래서 포기! 우리는 뭘 좋아하지 생각하다가 떠오른 것이 스시 뷔페, 마사지, 그리고 파티였어요. 그래서 점심으로 스시를 먹고, 혼인신고 후에는 커플 마사지를 받으러 갔죠. 저녁에는 친구들과 함께 간단하게 파티를 했어요.

Q. 혼인신고할 때 정장, 드레스를 입었다고요?

네, 맞아요. 혼인신고를 하러 지방 법원에 갔는데, 누가 봐도 우리는 결혼식을 하다가 도망친 부부였어요. 부케, 샴페인, 빨간 드레스, 정장까지! 법원에서 업무를 보러 온 시민들이 저희와 눈을 마주치며 미소를 지어줬어요. 조금 부끄러웠지만 오로지 우리를 위한 날이니 신경 쓰지 않고 성혼선언문도 읽었어요. 법원에 있던 모든 이들이 자리에서 일어나서 박수를 쳐주고 축하해주었답니다. 낯선 이들에게서 받은 큰 축복은 정말 감동적이었죠. 그리고 밖에 나와서, 증인으로 참석한 친구가 사진을 찍어주었어요.

Q. 남들과 똑같은 결혼식을 거부하는 예비부부에게 응원 한마디 해주세요.

결혼식은 선택의 문제이고, 두 사람의 고유성이 반영되어야 한다고 생각해요. 네델란드의 사회학자 홉스티드는 인간이 자신의 삶에 더 큰 자율성과 권한을 지닐 때 행복도 또한 높아진다고 했죠. 그런 의미에서 저희 부부에게는 형식적인 결혼식보다 싱글벙글 웃으며 지내는 일상이 더 중요하더라고요. 부부가 될 두 사람의 믿음과 사랑을 온갖 조명과 꽃 장식으로 포장한 결혼식은 그다지 내키지 않았어요. 특정한 하루에만 이 세상의 주인공이 될 필요는 없잖아요? 사랑하는 가족들, 친구들과 그날 하루 격식 없이 소탈하게 웃으며 보낼 수 있다면, 그것으로 충분해요.

혼인신고 끝나고 친구가 찍어준 사진

Destiny

나의 사랑, 나의 운명

결혼하고 싶은 운명의 상대를 만났다면, 청혼해야지. 그런데 예식장 잡고 집 구하고 청첩장 찍고 나서 청혼을 한다고? 청혼은 결혼하자고 청하는 것 아닌가? 순서가 바뀌었다. 청혼, 순서 지켜서 미리미리 하자.

결혼식

을 마친 다음 신랑, 신부는 곧바로 피로연을 하게 된다. 장소에 따라 다르겠지만, 호텔 같은 경우에는 피로연도 식순을 갖춰 진행한다. 사회자의 사회에 맞춰 화려한 드레스와 턱시도를 입고 등장한 신랑, 신부는 하객들 앞에서 3단 혹은 5단 케이크를 직접 자르는 모습을 보인다. 요즘이야 로맨틱한 의식이지만, 불과 10년 전만 해도 우스꽝스럽기 짝이 없었다. 왜냐하면 케이크를 플라스틱 모형으로 썼기 때문. 게다가 주도면밀하게 모형 케이크에서 칼이 닿을 법한 부분 1㎝ 정도만 생크림을 채워서 칼에 크림이 묻도록 했다. 한마디로 케익을 자르는 시늉만 하는 것.

냉정하게 말해서 내 눈에는 식장 잡고 청첩장 돌리고 나서 하는 청혼이 일종의 '시늉'처럼만 보인다. 식장 예약, 허니문 예약, 예물 주문까지 모두 마친 시점에, 이제 거의 며느리, 사위 대접을 받고 있는 시점에 갑자기 방 안을 요란하게 장식하고 명품가방까지 사서 무릎을 꿇고는 "나와 결혼해줄래?"라고 말하는 것. 이게 플라스틱 케이크에 칼을 대고 자르는 시늉을 하는 것과 무슨 차이가 있을까? 프러포즈를 아예 안 하는 것보다는 훨씬 낫지만, 기왕이면 결혼을 결심한 순간에 프로포즈를 하면 더 좋겠다.

왜 프러포즈를 해야 하는가?

이제 연인을 넘어 더욱 끈끈하고 징글징글한 사이가 되기로 마음먹었다면, "나와 결혼해줘."라고 이야기하고 시작점을 찍는 일은 무척 중요하다. 거창한 이벤트를 말하는 것이 아니다. 어쩌다 보니 어른들에게 인사를 드리고, 어쩌다 보니 연애는 길어지고, 어쩌다 보니 결혼해야 하는 무드로 흐르면서 어느새 결혼식장에 와 있는 것. 이런 거 말고 다르게 해보자.

"나는 너와 평생 헤어지고 싶지 않아. 함께 가정을 꾸리고 싶어! 네 생각은 어때?"

이렇게 결혼 전 상대의 생각을 물어보는 것은 묻지 않고 시작하는 것과 확연히 다르다.

미래를 약속한다는 것의 의미

회사에서 근무를 하다 보면 유난히 배가 고파지는 시간이 있다. 오후 4~5시쯤. 그때 누군가 간식을 사오면 나도 모르게 손이 가고 어느새 배가 부를 때까지 먹게 된다. 하지만 배가 불러도, 간식을 식사라고 부르지는 않는다. 누군가에게 "오늘 저녁 함께 먹을래?"라고 묻고 "좋아."라는 답변을 들은 다음 무엇을 어떻게 먹을지 상의해서 정하는 것은 바로 '저녁 식사'다. '만찬' 말이다. 프러포즈도 '약속'과 마찬가지다. 정식으로 프러포즈를 하고 의견을 합쳐서 시작하는 결혼. 반대로 식장, 신혼집 알아보고 입주 날짜 때문에 결혼식 날짜 당기고 부랴부랴 진행하는 결혼. 이 두 결혼이 서로 다른 것도 이와 같은 맥락이다.

물론 정식으로 둘이 머리 맞대고 고민해서 먹은 정찬도 엉망이 될 수 있다. 또 누군가 배달시킨 간식을 우연히 먹었지만 의외로 배부르고 맛있는 식사가 될 수도 있다. 정답은 없다. 하지만 두 사람이 함께 가정을 꾸리는 시점, 그 시작을 어떻게 하고 싶은지에 대해 생각해볼 필요가 반드시 있다. 진중하게 시작할수록 책임감과 노력은 커진다.

당신은 준비된 남자인가

남자와 여자의 기질에 대한 이야기를 해보자. 모든 남자와 여자가 이렇다는 것은 절대로 아니다. 지금까지의 사례를 통해 일반화한 이야기임을 밝힌다. 앞으로는 분명 달라질 것이다.

우선 대부분의 여자아이들은 좋아하는 놀이가 소꿉놀이. 엄마와 아빠 역할을 정해서 노는 것을 좋아한다. 또 대부분의 남자아이들은 칼싸움, 공놀이 등 활동적인 놀이를 좋아한다. 여자아이들이 "네가 아빠해!" 해도 남자아이들은 10초도 되기 전에 자리를 떠 버린다.

기질상 여자들은 안정된 가정, 행복한 결혼생활에 대한 로망이 있고, 가정에 대한 큰 거부감이 없다. 어느 정도는 결혼을 할 마음의 준비가 되어 있는 것이다. 남자들은 가정보다는 직업, 장래 등에 대해 더 생각이 많다. 결혼 전까지는 그다지 결혼에 관심이 없다. 물론 그렇지 않은 남자, 여자도 많다. 가정보다는 자신의 커리어가 우선인 여자, 일보다는 가정이 더 우선인 남자들은 지금도 많고, 앞으로도 더욱 많아질 것이다. 지금까지는 대체적으로 이러하다는 이야기다.

정리하자면 보통의 여자들은 결혼을 할 마음의 준비가 어느 정도 되어 있지만 남자들은 그런 경우가 드물다는 것. 바꿔 이야기하자면 일반적인 인식으로 비추어볼 때, 남자가 결혼 의지가 생기고 마음의 준비를 모두 마치고 나서야 비로소 연인의 결혼은 자연스럽게 진행이 된다는 의미이다.

따라서 함께 가정을 이루자는 제안, 프러포즈는 남자 쪽에서 먼저 하는 것이 더 자연스럽다는 인식이 생기게 된 것이다. 아마 남녀가 처음 사귀기 시작할 때 어느 쪽이 먼저 사귀자고 제안하느냐 이 문제에 대한 인식과 비슷할 것이다.

지금까지는 여자가 기다려준 것이 아닐까? 내 남자가 가정을 꾸릴 마음이 스스로 생겨날 때까지. 나와 평생을 함께 할 마음의 준비를 마칠 때까지.

나랑 결혼해줄래, 나에게 장가와줄래

이제 좀 더 현대적인 이야기를 해보자. 왜 프러포즈는 남자만 해야 하는가? 자, 이제 여자가 먼저 프러포즈해 보자. 세상이 어렵고 살기가 팍팍해지자 남자들은 새가슴이 되어 버렸다. 그가 쭈뼛쭈뼛거리고 있다면, "이 남자가 내 남자다!"라는 확신이 든다면 날씨가 좋은 어느 날 야외 파전집에라도 그를 불러서 막걸리 한 사발 따라주고 프라모델(이걸 좋아하는 남자에게만 해당된다.)이라도 한 상자 턱 안겨주면서 이렇게 말해보는 것이 어떨까?

"휴일에 방구석에 콕 박혀서 이거 조립만 하고 있어도 크게 뭐라고 안 하고 봐줄게. 나한테 장가와주라."

비록 나는 이렇게 하지 못했지만… 남자친구가 프러포즈 안 한다고 불만만 쏟아놓지 말고 이효리처럼, 드라마 〈커피프린스〉의 채정안처럼, 여자가 먼저 프러포즈해 보자.

〈그녀는 예뻤다〉라는 드라마에서도 황정음이 반지 두 개를 가지고 남자친구의 집에 가서 프러포즈하는 장면이 나온다. 그녀는 남자친구에게 결혼해달라고, 그런데 1년만 있다가 결혼하자고 말한다. 예뻤다. 두 사람이 사랑한다면 누가 먼저 프러포즈할지, 어떤 선물을 하거나 어떤 이벤트를 할지 이런 것들은 크게 중요하지 않다.

프러포즈,
어떻게 해야 좋을까

사전을 찾아보면 프러포즈(Propose)는 '제안하다. 청혼하다.'라는 뜻이다. 사전적 의미를 보니 더욱 명확하다. 청혼은 말 그대로 '결혼하자고 청하는 것'. 그런데 요즘은 결혼준비 다 해놓고, 그제서야 결혼하자고 청하는 커플들이 많이 보인다. 이게 말이나 되는가? 만약 결혼식 직전, 예를 들어 일주일 전에 이벤트를 꼭 하고 싶다면 프러포즈라는 말 대신 '결혼 셀프 자축'이라고 부르는 것이 어떨까? 프러포즈라는 말 쓰지 말고, 외국인들이 보면 프러포즈라는 단어 뜻을 국민적으로 모르는 줄 알지 않겠냐 말이다.

남들과 똑같은 프러포즈는 거절한다

남자들은 무조건 거대한 것을 좋아한다. 군대에서의 무용담을 말하길 좋아하고 커다란 차를 좋아한다. 이런 성향들이 만들어낸 프러포즈들은 보통 스케일이 크고 화려하다. 얼마 전 크게 이슈가 된 해외의 실제 프러포즈 동영상을 봤다. 극장 하나를 통째로 빌리거나 친구, 가족들, 심지어는 헬기까지 총동원해서 몰래카메라를 찍는 프러포즈였다.

남들에게 자랑할 수 있는 비싸고 화려한 프러포즈는 어쩌면 쉽다. 검색창에 '프러포즈' 네 글자만 쓰면 온갖 프러포즈 이벤트 대행사와 카페, 레스토랑 등이 쏟아진다. 그럼에도 불구하고 각종 커뮤니티에서는 많은 사람들이 프러포즈를 어떻게 해야 하는지, 어디서 해야 하는지를 끊임없이 묻고 있다. 그만큼 프러포즈라는 것은 받는 사람도, 하는 사람도 많은 기대와 부담이 생기는 일임에 틀림없다.

최근 가장 감동적이면서 진심으로 마음을 울린 프러포즈는 영화 〈어바웃 타임〉에서 주인공 팀이 했던 프러포즈이다. 전 여친을 우연히 만난 팀은 전 여친이 유혹하자 더욱 현재 여친 메리에 대한 애정에 확신이 들어 그녀에게로 달려간다. 그리고 잠든 메리를 깨워 아주 중요한 것을 물어보겠다고 말한다.

"결혼해줄래?"

"그래."라고 대답한 메리는 떠들썩하게 사람들 많은 데서 요란하게 물어봐주지 않아서 고맙다고 덧붙인다. 물론 사실은 메리가 잠들어 있는 집에 연주자들이 이미 와 있었다는, 다분히 개연성이 부족한 비하인드 스토리가 있긴 했지만, 이것은 영화 속 이야기이므로 넘어가자.

〈응답하라 1994〉에서는 정우가 고아라에게 당직실에서 미리 준비한 반지를 건네며 결혼해달라고 이야기한다. 개그맨 유세윤은 만취가 된 채로 여자친구를 찾아가 발가벗고는 "이렇게 아무것도 없어도 나를 사랑할 수 있겠냐."며 프러포즈했다고 한다. 둘 다 멋지다고 생각했다. 한 사람이 어떤 사람에게 모든 것을 다 벗어던지고 진심을 보일 수 있다면, 그리고 그 진심을 받아줄 수 있다면 그 둘은 결혼해 마땅하다고 느꼈다. 얼마 전 친한 여자후배는 포장마차에서 곱창을 먹다가 갑자기 남자친구가 반지를 건네며 프러포즈했다고 말했다. 그 둘은 빨간색 포장마차 테이블 위에 반지를 놓고 활짝 웃으며 셀카를 찍어 SNS에 올렸다. 정말 행복해보였다.

감동적인 프러포즈의 3요소

"평생 난 당신만을 사랑하겠노라. 다른 사람 말고 당신과 영원히 살겠노라. 아들, 딸 낳고 함께 늙어가겠노라."

청혼은 청혼이라는 것만으로도 충분히 '핵낭만적'이다. 어떤 장소에서 어떤 방식으로 할지는 각자의 상황과 취향에 따라 달라지겠지만, 비용과 방법보다는 그 '진심'에 집중해야 한다. 그리고 이 진심을 제대로 표현하고 전달하기 위해서는, 최고의 방법을 찾아야 한다. 상대방에게 감동을 주고 인생 최고의 프러포즈를 선사하고자 한다면 아래의 3요소를 꼭 기억하길 바란다.

프러포즈의 3요소

1. **딱 맞는 타이밍**
   결혼식 일주일 전은 제발 NO!
2. **딱 맞는 취향저격**
   심사숙고 필수! 상대가 좋아하는 것과 내가 줄 수 있는 것을 반드시 고려하자.
3. **진심**
   제일 중요하다. 진심이 없다면, 지금이라도 관두자.

프러포즈의 4단계

1단계	책임감을 가지고 결혼을 결심한다.
2단계	그동안 두 사람이 보내온 시간에 대해 곱씹어보기로 하자.
3단계	상대방이 좋아하는 것을 심사숙고하여 뽑아본다. • 실전 ① : 연인이 저축을 좋아한다면 → 한 달에 5만 원씩 넣는 적금통장을 선물해보는 것도 좋겠다. "평생 너를 위해 저축을 할게, 지금은 5만 원이지만 앞으로는 더 큰돈을 모을게, 나랑 결혼해줄래?" • 실전 ② : 여행을 좋아한다면 → '전국먹방일주 5개년 계획표'를 선물해보자. "이렇게 세계일주까지 너와 함께 하고 싶다. 평생 여행하듯 그렇게 나와 함께 살자."
4단계	상대가 좋아하는 나의 장점이 무엇인지 고민해보자. 내가 해줄 수 있는 것은 무엇일까? • 실전 ① : 내가 요리를 잘한다면 → 큰 맘 먹고 연인에게 한 상 크게 차려주자. • 실전 ② : 내가 담배 끊기를 연인이 원한다면 → 갑자기 금연하고 운동한 다음 "너는 나를 더 좋은 사람이 되고 싶게 만드는 사람이야."라고 말해보는 것은 어떨까?

예비신부라면 누구나 꿈꾸는 프러포즈 반지

프러포즈 선물로는 여러 가지가 있지만, '반지'를 빼놓을 수 없다. 연인이 직접 손가락에 끼워주는 그 '고리'가 없다면, 뭔가 서운하고 허전하다. 프러포즈가 아직 덜 끝난 느낌이랄까?

비싸고 희귀한 보석이 박힌 반지도 좋겠지만, 만약 공장에서 찍어낸 것처럼 획일화된 디자인이 싫다면, 혹은 둘만의 추억을 담아 반지를 디자인하고 싶다면 지금부터 소개하는 브랜드들을 기억해두길 바란다. 자연의 느낌을 반지에 담고 있어 오래 보아도 질리지 않는 '누니주얼리', 커플링을 내가 직접 디자인하고 만들어볼 수 있는 체험 은공방 '뮤제데쟈네70'는 프러포즈를 더욱 감동적으로 만들어줄 것이다.

누니주얼리

2011년 삼청동에서 시작된 디자이너 주얼리 브랜드. 자연의 텍스쳐에서 영감을 얻어 전통과 현대, 실용과 개성 사이의 조화와 균형을 중요하게 생각한다. 미적인 부분만이 아니라 고객이 반지를 착용하는 의미를 소중하게 여기고 이를 디자인에 반영한다.

● 위치 : 서울시 종로구 팔판동 90
● 문의 : www.nooneejewelry.com / 02-732-5540

뮤제데쟈네70

연인들의 커플링뿐만이 아니라 가족, 친구들에게 선물할 반지, 미아방지 액세서리를 직접 만드는 것도 가능하다. 금속공예 전문 작가가 옆에서 친절하게 도와주기 때문에 누구나 어렵지 않게 즐기면서 반지를 만들 수 있다. 특별한 소재(금, 은, 다이아몬드 등)와 디자인을 원한다면 얼마든지 따로 문의해도 좋다.

- 소요시간 : 1시간 정도(상황별로 조절 가능)
- 신청 자격 : 2인 이상 성인, 어린이, 단체 모두 가능(어린이일 경우 부모 동반)
- 위치 : 경기도 파주 탄현면 법흥리 1652-52(헤이리예술인마을 6번 게이트로 들어와 직진 화폐박물관 옆)
- 문의 : 031-949-9594

예비신랑들이 자주 물어보는
프러포즈 Q&A

1. 결혼 반지와 프러포즈 반지는 어떤 차이가 있을까?
대체적인 차이점을 살펴보자면, 다이아의 크기, 가격 차이 등이다. 아무래도 결혼 반지를 고를 때 더 높은 가격대를 선호한다.

2. 프러포즈 반지 고르는 노하우가 있다면?
우선 상대방이 좋아하는 스타일을 생각해보자. 러블리? 큐트? 섹시? 청순? 심플? 다 모르겠고, 고를 자신이 없다면? 무조건 심플한 반지를 고른다! 다이아의 유무보다 오래 보아도 질리지 않는 심플하고 세련된 디자인을 고르는 것이 가장 중요하다.

3. 반지 외에 할 수 있는 기발한 선물에는 무엇이 있을까?
편지가 최고다. 앞서 말했듯 프러포즈의 요소 중 가장 중요한 것은 진심. 그 진심을 제대로 표현할 수 있는 수단으로는 편지만한 것이 없다. 편지가 영 쑥스럽다면, 지금 당신이 읽고 있는 이 책을 선물해주어도 위트 있지 않을까?

4. 프러포즈 편지, 어떻게 써야 감동적일까?
돌려 말하지 말자. 솔직하게, 진심만을 전하자. 둘만의 추억이 담긴 단어, 상대방의 아픈 상처를 감싸주겠다는 약속을 진솔하게 적어 내려가면 상대방의 마음에 닿을 것이다. 드라마나 영화에서 본 듯한 화려한 대사들은 오히려 어색하고 힘이 없다.

프러포즈 편지의 예

이제라도 행복한 미래 꿈꿀 수 있도록 해주어서 감사하고 또 감사하고

태어나서 처음 느낀, 하나뿐인 내 진짜 사랑으로

당신만 사랑하고 또 사랑해서

당신이랑 살고 싶어요.

당신 옆에서 잘하면서 살 거예요.

미안하고, 감사하고, 그보다 더 많이 사랑합니다.

— 아나운서 도경완이 가수 장윤정에게 쓴 프러포즈 편지

Engagement

두 가족의 약속, 상견례

우리는 서로 진심으로 사랑하는 사이다. 그래서 나는 너에게 프러포즈를 했다. 너는 오케이했다. 그렇다면 이제 우리는 결혼해도 되는 건가? 이렇게 묻는다면, 사실 대부분의 경우 "No!"라고 말할 것이다. 아직 우리나라에서는 결혼을 '가족 행사'라고 생각하기 때문이다. 두 사람만 좋다고 해서 결혼을 추진할 수는 없다고 생각한다.

물론 두 사람이 서로 마음을 맞추는 것이 가장 우선순위인 것은 분명하다. 하지만 우리나라에서는 현실적으로 결혼준비를 하기 위해서는 어른들의 개입이 필요하다. 각자 집에 인사를 드리는 것이 먼저고, 그 다음에는 양가 부모님들과 결혼 당사자들을 비롯한 직계 가족들이 모여 식사를 하고 인사를 나누는 자리를 마련해야 한다. 바로 '상견례'를 치러야 하는 것이다.

상견례 당일
진행 요령

상견례. 생각만 해도 소름 돋게 어색한 시간이 아닐 수 없다. 사돈이라는 어려운 관계끼리 작고 밀폐된 공간에서 마주본 채로 서로에게 좋은 인상을 남겨야 하니 말이다. 그러나 아무리 어색해도 생략할 수 없는 과정이다. 피할 수 없으면 즐기자. 남들 다 하는 상견례이니 너무 긴장하지 않았으면 좋겠다. 몇 가지 요령만 알면 상견례도 무사히 통과할 수 있다.

무슨 이야기를 어떻게 해야 할까?

상견례라는 자리를 갖는다는 것 자체가 두 사람의 결혼이 이미 시작되었다는 의미이다. 그러니 여유롭게 상대 자녀, 상대 부모님의 칭찬부터 가볍게 시작하는 것이 좋다. "우리 부모님(혹은 우리 애)은 요새 보기 드물게 다방면에 뛰어나다."라는 식으로 자기 가족만 자랑하고 어필하는 식의 대화는 좋지 않다는 의미이다. '그렇게 잘난 자식이라 아깝다는 거야, 뭐야?' 이런 식으로 상대방을 불편하게 만들기 때문이다. 서로 의견이 다르다고 해서 자기주장만 강조하는 태도도 좋지 않다.

따라서 어린 시절 재미있었던 에피소드 같은 즐거운 이야기를 하면서 분위기를 부드럽게 만드는 것이 중요하다. 결혼 당사자들은 사전에 자신의 부모님의 관심사를 상대에게 미리 귀띔해주는 것도 좋은 방법이다. 예를 들면 "우리 부모님은 등산을 좋아하셔. 주말마다 꼭 등산을 하신다니까."라고 상대방에게 말해두면, 상대방의 부모님이 "등산을 즐기신다고 들었습니다. 최근에는 어디를 다녀오셨나요?"라고 자연스럽게 등산 이야기가 나올 수 있다. 화제가 한쪽으로만 치우치지 않게만 신경 쓰면 좋겠다.

보통 상견례는 신랑이 준비한다. 하지만 그렇다고 해서 어른들을 모신 자리에 신랑이 지나치게 나설 필요는 없다. 양가 어른들끼리 자연스럽게 말씀을 나눌 수 있도록 돕고, 질문을 받으면 침착하고 또렷하게 대답해야 한다.

상석은 있지만 너무 연연하지 말 것

상견례 자리는 보통 별실인 경우가 많다. 그 별실에 창이 있다면 창이 있는 쪽이 상석이다. 그렇지만 먼저 도착한 쪽에서 "이쪽으로 앉으세요." 하고 안내한다면 어느 쪽이 상석이다 이런 생각은 하지 말고, 자연스럽게 착석하는 것이 좋다.

어떻게 입을까?

누가 봐도 크게 나무라지 않을 정도의 차림이면 된다. 예비신랑, 신부 모두 깔끔한 정장 차림이 무난하겠지만, 너무 예복 느낌으로 차려 입는 것도 오히려 분위기를 무겁게 만들 수 있다. 평소에 정장을 입지 않는 사람라면 굳이 상견례 때문에 정장을 구입할 필요도 없다. 깔끔하고 단정하게만 입으면 된다. 만약 신랑이 정장 대신 면바지, 셔츠를 입었는데 신부가 풀세팅 정장을 입었다고 치자. 조화롭지 못할 뿐 아니라 정장을 입지 않은 쪽이 성의가 부족한 인상을 줄 수도 있다. 부모님들도 마찬가지다. 한쪽 어르신이 타이를 매지 않고 세미정장 정도로 입었는데 다른 한쪽이 예복을 갖춰 입은 경우에도 서로 실례된다고 느낄 수 있고 분위기가 더 어색해질 수 있다. 사전에 우리 집은 어떻게 할 것이다, 그쪽은 어떻게 할 거냐 등등의 의견을 살짝 맞추는 것이 좋다.

상견례 시 고려사항

상견례는 일반적으로 신랑이 준비하는 행사다. 상견례 하자는 말이 나오면, 신랑은 바빠진다. 장소 섭외가 가장 큰 고민일 텐데, 양가 어른들이 처음 만나는 자리이다 보니 위치, 시간, 식사가 나오는 빈도 등 고려해야 할 사항들이 많다.

상견례 장소 선정하기

양가에서 모두 멀지 않으며 교통이 나쁘지 않은 곳이 기본적으로 좋다. 하지만 한쪽이 너무 외진 곳이고 다른 한쪽이 번화가 가까이에 위치해 있으면, 번화가 쪽

상견례 후 후속 조치

상견례가 끝난 후 어떻게 헤어지면 좋을까? 각자 부모님을 모시고 함께 귀가하는 것이 좋다. 부모님들만 따로 보내고 데이트를 하는 것은 좋지 않다. 상견례 후 다른 일정을 잡기도 하지만, 양가 어른들에게 사전에 양해를 구하지 않은 일이라면 피하는 것이 좋다. 상견례가 끝나고 나면 신랑은 신부 가족에게 연락을 드리고 부모님들께서 불편한 점이 없으셨는지, 잘 들어가셨는지 꼭 여쭈어보아야 한다. 신부도 마찬가지다. 모두 어른들께 직접 연락은 드리지 않더라도 신랑은 신부에게, 신부는 신랑에게 상견례 때 불편한 점은 없었는지 꼭 물어보도록 하자.

으로 치우칠 수도 있다. 다만, 그렇게 될 경우 양가에 충분히 양해를 구해야 한다. 또는 신랑 집과 신부 집이 서로 멀리 떨어져 있는 경우(예를 들어 신랑 집은 부산, 신부 집은 서울이라면) 결혼식을 하기로 한 지역의 반대 지역에서 상견례를 하는 것이 좋다. 예를 들어 신랑 때문에 부산에서 결혼식을 할 경우, 상견례 장소는 신부 집과 가까운 서울에 잡는 것이다.

양가 취향 고려하기

식사 메뉴나 식당 종류를 정하기 위해서는 양가 부모님 모두의 식사 취향을 고려하는 것이 좋다. 한식이 가장 무난하지만, 중식, 일식도 선호도가 높으니 참고하자. 식사나 메뉴, 식당 종류를 정할 때는 결혼 당사자들이 부모님과 의논한 후, 각자 부모님의 취향을 공유하며 결정하도록 한다.

> **코스 요리의 장단점**
> 장점 : 새로운 요리가 계속 나와서 분위기가 빠르게 전환된다. 식당에서 알아서 음식, 접시를 세팅해주므로 번거롭지 않다.
> 단점 : 음식이 나오는 속도가 있기 때문에 자리를 빨리 파할 수 없다.
>
> **단품 요리의 장단점**
> 장점 : 다양한 메뉴를 바로바로 주문해서 맛볼 수 있다.
> 단점 : 번거롭고 각자의 취향을 드러내기가 부담스러워서 거의 하지 않는 방식이다.

상견례 날짜 정하기

상견례 시기는 혼담이 나오면 바로 결정하는 것이 좋다. 하지만 양가 중 한쪽이 해외, 지방에 있다면, 혹은 너무 바쁘다면 상견례를 한참 미루기도 한다. 이럴 때는 다른 준비를 먼저 시작하고 상견례 날짜를 잡는 것이 효율적이다. 요즘은 예식장 예약과 허니문 예약 등을 빨리 할수록 이익이기 때문이다. 다른 준비를 먼저 시작한 다음, 양가 부모님의 스케줄을 조율해보자. 만약 상견례 날짜를 착각하여 약속을 옮기게 된다면, 어른들의 기분을 상하게 할 수 있으니 반드시 정확하게 기억해두어야 한다.

예산 세우기

상견례 식당을 정하면 대략적으로 예산이 세워질 것이다. 대부분 한정식 코스를 시키는데 3~10만 원 선이다. 추가 주문이 있을 수 있으니 반드시 넉넉하게 돈을 준비하도록 한다.

예약 담당자 확인하기

상견례 식당도 유난히 인기 있는 곳이 있다. 그런 곳들은 너무 바빠서 예약이 누락되기 쉽다. 그러므로 예약 후에는 예약 담당자의 이름을 기억해두고, 나중에 확인할 때 언제, 누구에게 예약을 했다고 밝히면 좋다. 이런 식으로 만약의 경우를 대비해야 한다.

하루 전 최종 확인하기

예약을 잘 했어도 변수가 생길 수도 있다. 하루 전 반드시 예약 확인을 할 것.

인터넷 정보 맹신금지

보통 상견례 할 곳을 찾을 때 적당한 지역을 정한 다음, '○○구 상견례'라고 검색한다. 하지만 검색 결과에 뜬 식당들은 대부분 '광고성'이 강하다. 우리 부부도 남편이 '송파구 상견례'라고 검색해서 찾은 한정식 집에서 상견례를 진행했다. 사진과 다른 인테리어, 친절도, 그리고 맛까지 모든 것이 별로였다. 따라서 식당이 멀지 않다면 실제로 가보는 것을 추천한다.

예비부부들이 뽑은
상견례 명소

*사진 출처 : 홈페이지 제공

한식 천일관

정통 남도 한정식을 먹을 수 있어 어른들에게 인기가 높다. 점심은 한 상으로 나오며 굴비, 떡갈비, 숯불구이 중 선택 가능하다.
- 가격 : 점심코스 35,000원 / 저녁코스 8~10만 원
- 문의 : www.해남천일관.kr / 02-568-7775
- 위치 : 서울시 강남구 역삼동 636-13

중식 파크루안

수준 높고 색다른 프랑스식 중식 요리를 선보이는 곳. 강남 역세권에 자리한 복합공간으로서 스몰웨딩, 돌잔치, 고희연 등의 가족 연회도 자유롭게 열 수 있다.
- 가격 : 점심코스 2~5만 원 / 저녁코스 4~17만 원
- 문의 : www.parkruan.com / 02-562-5565
- 위치 : 서울시 강남구 역삼동 726번지 아세아타워B1

일식 스시조

일본에서 인정받은 셰프들이 상주하여 일본 본토의 맛을 전한다. 특히 '셰프 라이브 그릴'은 셰프가 고객 앞에서 숯 화로에 육류, 채소, 해산물 등을 직접 구워 서비스하는 것으로, 상견례의 어색한 분위기를 풀어주는 좋은 이벤트다.
- 가격 : 스시조 정식 12만1,000원, 아키 정식 13만3,000원
- 문의 : 02-317-0373
- 위치 : 서울시 중구 소공로 106 웨스턴조선호텔 20층

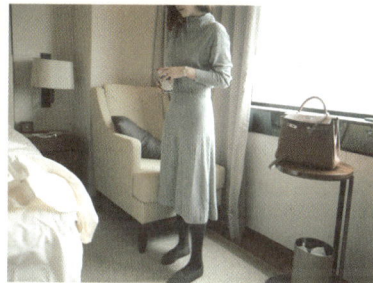

- 출처 : 썸제이(www.ssumj.com) / 02-1577-4328)

상견례
의상 팁

상견례 의상은 '어른들께 예쁘게 보여야 하는 의상'이어야 한다. 남자들이야 수트를 깔끔하게 차려입으면 되지만 여자들은 고민이 되지 않을 수 없다. 하지만 상견례라고 해서 예전처럼 지나친 풀 정장, 예복 스타일로 입으면 요새 젊은 어머님들에게 촌스러운 인상을 심어줄 수 있다. 상견례 의상을 정할 땐 아래의 규칙을 반드시 지키자.

1. 호불호가 많이 갈리지 않는 무난한 색감의 의상
2. 여성스러움만을 강조하기 보다는 자신의 개성이 적당히 드러나도 좋다.
3. 지나치게 화려하거나, 반대로 지나치게 편하지 않도록 입자.
4. 액세서리는 미니멀하게! 종류를 추천하자면 심플한 진주가 베스트!

Find 'Dream hall'
꿈의 예식장 찾기

호텔, 예식장, 야외, 카페 등 결혼식 장소는 점점 다양해지고 있다. 그만큼 한 가지 형식에 제한받지 않아 좋기도 하지만, 선택의 폭이 넓어져 고민이 늘어나기도 한다. 나는 어떤 결혼식을 올릴 것인가? 나의 결혼식에 누구를 초대하고 싶은가? 그 어느 때보다도 결혼에 대한 뚜렷한 주관이 요구되는 요즘이다. 두 사람 스스로 자신이 무엇을 원하는지를 잘 알고 있어야 내 인생 최고의 결혼식 장소를 찾을 수 있다.

결혼식 변천사

80~90년대 궁전 스타일의 건물들은 거의 100퍼센트 예식장이었다. 옛날에는 우리나라도 집에서 결혼식을 올렸었는데, 점점 마당 있는 집들이 사라지고 서로 상부상조하자는 의미로 결혼식에 축의금을 내려 오는 하객들이 많아지면서 결혼식만 전문적으로 해주는 예식장이 생겨나게 되었다. 또한 결혼식 음식을 식당에 맡기는 것은 귀한 손님은 순수 만든 음식으로 대접해야 한다고 여기는 우리나라 풍습에 어긋나는 일이었다. 그렇기 때문에 예식장을 일반 식당들보다 훨씬 더 으리으리하게 궁전 스타일로 지은 것이 아닐까 싶다. 직접 장만한 음식보다도 훨씬 귀하고 비싼 음식을 궁전에서 대접한다는 의미. 그래서 80~90년대에는 '궁전 웨딩홀, 궁전 예식장, 왕궁 예식장' 같은 이름이 많았다.

90년대는 하객은 무조건 많이 와야 좋다고 여기던 시대였다. 부모님께서 사업을 하시거나 정치계에 계시다면 500~1000명 정도의 하객들이 모이기도 했다. 요즘은 어떤가? 물론 지금도 하객 수를 중요하게 여기고 거창하게 결혼식을 열고 싶어 하는 사람들도 있지만, 대세는 스몰웨딩이다. 1시간 만에 초고속으로 결혼식을 '해치우는' 것을 거부하고, 가족과 친구 한 명 한 명을 챙기고 2~3시간 여유롭게 예식을 '즐길 수 있는' 예식 장소를 선호하게 된 것이다.

결혼식 트렌드

요즘 결혼식을 살펴보면 80~90년대에 비해 하객 수가 적은 것을 확인할 수 있다. 신랑, 신부의 결혼이 평균적으로 늦어졌기 때문일 것이다. 예전에는 부모님들이 은퇴하기 전에 반드시 결혼식을 올려야 한다고 생각했었는데, 지금은 부모님들의 인생에 자신의 인생을 맞추려 하지 않는 예비부부가 훨씬 많다. 부모님 때문이 아니어도 자신의 커리어를 쌓기 위해 결혼을 늦추기도 한다. 따라서 자연스럽게 시간이 지나 부모님도 은퇴를 하게 되고, 하객 수도 줄어들 수밖에 없는 것이다. 부모님들 역시 자녀의 결혼식에 초대하고 싶은 사람의 결혼식에만 참여하자는 쪽으로 의식이 바뀌고 있다.

연예인들의 결혼식만 봐도 변화를 느낄 수 있다. 예전에는 슈퍼스타일수록 하객 수가 많았고, 대규모 공개 결혼식을 주로 올렸다. 요즘은 비공개 결혼식을 주로 하고, 하객 수도 제한하여 '개인사'의 의미를 중요시한다. 그렇게 결혼식은 어느새 축의금, 식사 대접이 더 중요한 거대한 행사에서 두 사람의 결심을 공표하고 두 가족이 화합하는 소중하고 의미 있는 자리로 조금씩 변화해온 것이다.

애틋함을 더하고 싶다면, 스몰웨딩

지금은 다른 그 무엇보다 두 사람 그리고 가족 간의 작은 파티 같은 결혼식, 스몰웨딩이 대세다. 적은 하객 수, 작은 공간(주로 결혼식과 연관성이 없는 공간을 택함)에서 천천히 여유롭게 두 사람만의 스타일대로 하는 결혼식. 제주도에 있는 집에서 빈티지 드레스를 입고 결혼식을 올렸던 가수 이효리는 어쩌면 스몰웨딩의 붐을 가장 먼저 일으켰다고 볼 수 있다. 적어도 그녀의 결혼식 전, 여배우, 여가수 등 일류 여자 셀러브리티가 특1급 호텔이 아닌 곳에서 결혼식을 한 사례를 찾기 어려우며 국내 최고급 브랜드 혹은 해외 명품 브랜드가 아닌 드레스를 입은 경우도 없다. 또한 기자회견, 웨딩촬영을 생략한 것도 이효리가 처음이다. 이효리의 스몰웨딩은 어마어마한 찬사와 관심을 받았으며, 향후 몇 년간 웨딩 트렌드를 주도했다고 해도 과언이 아니다.

예식장 고르는 5가지 기준

결혼식을 위해서는 첫 번째로 예식장을 예약해야 한다. 어떻게 예식장을 알아봐야 할까? 지금부터 다섯 가지 기준을 정해보자.

결혼식 날짜 정하기
예전엔 보통 신부 측에서 많이 정했다. 그러나 요즘은 양가 합의 하에 계절과 월 정도를 정한다. 예를 들면 "올 가을을 넘기지 말자, 10월에는 하자." 정도로, 아니면 아래와 같은 방법으로 날짜를 정하기도 한다.

1. 철학관에서 택일을 받는다.
2. 1번이 싫다면, 예식장을 먼저 고르고, 그 예식장의 스케줄이 비는 날짜로 정한다.

선호 지역 찾기
첫 번째로 양가의 중간 지역을 고려해본다. 거리상으로는 중간이지만 오히려 양쪽 다 불편할 수도 있으므로 그럴 때는 양가 모두 편한 곳을 찾는다. 지방 하객이 많은 커플들이 강남, 서초 지역에서 결혼식을 많이 하는 것도 고속도로에서 가장 가깝기 때문이다. 양가 중 한쪽이 압도적으로 하객이 많을 경우, 그쪽으로 맞춰주기도 한다. 이런 경우에는 하객이 적은 쪽이 많은 쪽을 배려해서 맞춰준 것이므로, 하객이 많은 쪽에서 예식장 식사 비용을 일부 혹은 전부 대신 결제해주기도 한다.

또한 요즘은 결혼이 많이 늦어져서 양가 어른들이 모두 은퇴하신 경우가 대부분이라 어르신 하객이 적은 편이다. 그에 비해 신랑, 신부의 친구, 직장 동료 등 젊은 하객들이 많다. 이런 상황에는 하객들의 편의를 고려하여 주요 상권이 몰려 있는 지역, 역세권 등으로 장소를 정한다.

결혼식 타입 정하기
호텔, 예식장, 교회나 성당, 야외, 소규모 레스토랑 등 어떤 타입으로 결혼식을 진행할지 두 가족이 상의해서 결정한다. 이때 너무 한쪽 의견을 강하게 주장한다면, 어른들의 신경전이 되기도 한다. 두 가족이 종교적으로 많이 다르다면 종교적인 장소보다는 일반 예식장이 좋다. 다만 일반 예식장에서도 채플(교회)식 인테리어를 갖춘 곳들도 많으니, 이런 곳을 활용해도 좋다.

호텔은 아무래도 비용이 많이 든다. 레스토랑 등 소규모는 준비할 것이 많고 복잡하다는 단점이 있다. 각 장소별로 장단점이 확실하게 있어서 고민이 많이 될 텐데, 상대의 동의 없이 자신의 생각만을 고집하지 않기를 바란다. 앞으로 결혼을 준비하면서 싸울 일이 많으니 이때부터 상대의 의견을 듣는 법을 연습할 것.

양가 하객 수 고려하기
예비부부들이 결혼준비할 때 많이 혼란스러워하는 부분이다. 하객이 적은 경우는 오히려 쉬운데, 더 많은 하객이 올 것 같은 경우에는 300명일지 400명일지 어떻게 미리 가늠해야 할지 당황하기도 한다. 그러나 예식장을 알아볼 때 양가 하객 수는 '최소 지불 보증인원'이기 때문에 "적어도 300명 정도는 오지 않을까?"라는 식으로 생각해보면 되겠다. 요새는 200~250명 정도면 하객 수가 많은 편에 속하는데, 350명이 넘을 것으로 추정된다면 작은 홀보다는 큰 홀이 좋고, 피로연장, 주차장 등도 모두 큰 곳으로 알아보아야 한다. 하객 수가 많은 경우에는 대개 최측근 외의 손님들도 많기 때문에 동선의 편의성을 꼭 고려하는 것이 좋다. 역세권, 누구나 찾기 쉬운 시내 등 말이다.

식대 및 메뉴 정하기
보통 예식장 메뉴는 뷔페, 한정식, 양정식으로 크게 나눌 수 있다. 양가에서 특정 선호 메뉴가 있다면 감안하여 찾아보는 것이 좋다. 결혼식에서 식사가 가장 중요하다고 생각하는 커플은 최종 후보 예식장 한두 개를 추린 다음, 각각 축의금을 내고 식사를 해볼 수도 있다. 식대를 살펴보면 뷔페는 33,000~50,000원 정도, 한정식과 양정식의 경우는 5만 원을 훌쩍 넘기기도 한다.

예식장 찾기

이렇게 5가지 기준을 정했다면, 이제 인터넷 검색으로 예식장을 찾아보자. '강남구 예식장, 강남구 뷔페 예식장' 이런 식으로. 전화번호가 나오니 일일이 전화를 걸어 비용과 참고사항 등을 듣고 리스트를 뽑아볼 수 있다. 이런 시간과 노력을 투자할 엄두가 나지 않는다고? 그럼 웨딩플래너를 찾아 섭외를 요청해도 좋다.

지금 가장 핫한 예식장 스타일
아직 우리나라에서는 누구나 원한다고 스몰웨딩, 야외결혼식을 할 수 있는 것은 아니다. 부모님들의 의견도 들어보아야 하고, 무엇보다 하객 수가 적어야 하는 게 필수조건이다. 사실 경우에 따라서 하객 수는 내 마음대로 조절할 수 있는 부분이 아닐 수도 있다.
따라서 아직도 대부분의 예비부부들은 전문 예식장을 이용하여 결혼식을 하지만, 대중의 선호도와 트렌드를 반영하여 예식장도 점차 덜 복잡한 쪽으로 변화하게 되었다. 프라이빗한 예식을 위해 단독홀이 더 많아졌고, 예식 시간은 최소 1시간 반 이상 주며, 피로연장도 아늑한 분위기를 추구한다. 화려한 조명의 궁전 같은 곳보다는 고즈넉한 느낌의 채플 스타일의 예식장이 각광받게 된 것이다.

지방에서 가장 핫한 예식장 찾기
연관 검색어를 적극 활용해보자. 예를 들어 '여주 예식장, 여주 인기 웨딩홀' 등으로 검색을 하면 중복으로 등장하는 예식장이 있을 것이다. 그리고 그런 곳들은 거의 사이트 등록을 해놓기 때문에 바로 확인을 할 수 있다. 또는 지역별 커뮤니티에서 인기 있는 웨딩홀을 물어보는 것도 좋은 방법이다.

최종적으로 따져볼 것들
인기가 있는 곳들은 다 이유가 있다. 그러나 누구나 좀 더 특별히 원하는 부분과 포기할 수 있는 부분이 있다. 예를 들어 '역세권은 포기하지만(셔틀버스가 잘 되어 있다면) 식사는 포기할 수 없다.'라든지 '인테리어는 포기하지만(부모님이 원하는 대로) 웨딩드레스만큼은 내 마음대로 하겠다.'라든지 등등.
일단 인터넷에서 이런 저런 검색어를 활용하여 홈페이지를 직접 확인하고 업체와 통화를 해본 후, 체크리스트(68쪽 참고)를 만들어서 무조건 실제로 방문해보아야 한다. 사진과는 느낌이 많이 다를 수도 있고, 예식장 앞이 굉장히 지저분하거나 외진 경우도 있기 때문이다. 그러니 웨딩홀 접근 동선과 실제 모습을 반드시 눈으로 확인해야만 한다.

뷔페가 맛있는 예식장

더채플앳청담
문의 : www.thechapel.co.kr / 02-421-1121
위치 : 서울시 강남구 선릉로 757

엘블레스
문의 : elbless.com / 02-526-0300
위치 : 서울시 서초구 강남대로 213 LL층

아벤티움
문의 : www.aventium.co.kr
　　　02-313-2480
위치 : 서울시 중구 중림동 355 브라운스톤서울 3층

*사진 출처 : 홈페이지 제공

뷔페가 맛있는 예식장 가격표

예식장	정가	할인가	사용료(꽃 포함)	사용료 할인가	총 견적	250명 기준 객단가
더채플앳청담	59,400원	49,500원	550만 원	495만 원	1,732만 5천 원	69,300원
엘블레스	47,300원	44,000원	440만 원	330만 원	1,430만 원	57,200원
아벤티움	44,000원	42,000원	300만 원	150만 원	1,200만 원	48,000원

*할인가 기준 : 정해진 규칙은 없으며 시기, 시간대, 요일, 하객 수 등에 따라 차등 적용된다. 다만, 성수기인 토요일 점심이 가장 비싸고, 비수기인 일요일 오후, 금요일 저녁이 가장 저렴할 수 있다(이하 예식장 동일).
*위 가격은 시기와 상황에 따라 변동될 수 있으므로 직접 업체에 전화해서 확인하도록 한다(이하 예식장 동일).

한정식이 맛있는 예식장

더화이트베일
문의 : www.thewhiteveil.co.kr
02-3474-5000
위치 : 서울시 서초구 서초동 1445-14번지

더라빌
문의 : www.thelaville.co.kr
02-541-8000
위치 : 서울시 강남구 삼성동 73번지

루드블랑
문의 : ruedublanc.com / 02-6016-6500
위치 : 서울시 종로구 중학동14 트윈트리 빌딩 A동 B2층

*사진 출처 : 홈페이지 제공

한정식이 맛있는 예식장 가격표

예식장	정가	할인가	사용료(꽃 포함)	사용료 할인가	총 견적	250명 기준 객단가
화이트베일	55,000원		570만 원	300만 원	1,675만 원	67,000원
더라빌	64,000원		650만 원		2,250만 원	90,000원
루드블랑	49,000원	43,000원	375만 원	187만 원	1,262만 원	50,480원

감각적인
소규모 예식장

아파트먼트99

문의: www.apartment99.co.kr
       02-557-5456
위치: 서울시 강남구 삼성동 123-22

반포원

문의: www.banpoone.co.kr
       02-534-0135
위치: 서울시 서초구 반포동 107-3

라플레이스

문의: www.la-place.co.kr
       02-6339-0466
위치: 서울시 강남구 대치동 891 대치타워
       지하1층

*사진 출처: 홈페이지 제공

감각적인 소규모 예식장 가격표

예식장	식사	식대	할인	정가	사용료	꽃 장식	총 견적	150명 기준 객단가
아파트먼트99	4인 한상차림	55,000원		250만 원		1,075만 원		71,670원
반포원	뷔페	58,000원	10%	440만 원	55만 원	300만 원	1,138만 원	75,870원
라플레이스	뷔페	45,000원		100만 원		160만 원	935만 원	62,300원

화려한 호텔 예식장

밀레니엄 서울 힐튼
문의 : www.thehwedding.co.kr
02-753-7788
위치 : 서울시 중구 남대문로5가 395

노보텔 앰배서더
문의 : novotel.ambatel.com
02-567-1101 (강남점)
위치 : 서울시 강남구 역삼동 603 (강남점)

그랜드 인터컨티넨탈 서울 파르나스
문의 : www.grandicparnas.com
02-555-5656
위치 : 서울시 강남구 삼성동 159-8

*사진 출처 : 홈페이지 제공

화려한 호텔 예식장 가격표

호텔	식사	식대	할인	대관료	꽃 장식	그 외	총 견적	400명 기준 객단가
힐튼호텔	양정식	84,700원		무료		550만 원	4,600만 원	11만 5천 원
노보텔	양정식	65,000원	5%		350만 원 이상		3,000만 원	75,000원
인터컨티넨탈	양정식	12만 5천 원		1,650만 원	330만 원	75,000원	7,800만 원	19만 5천 원

예식장 상담 시 체크리스트

항목	확인할 점
주차 및 동선	· 자가용이 있더라도 대중교통을 통한 동선을 체크해야 한다. · 주차장이 만차일 경우 어떻게 하는지, 주차장으로 가는 길이 복잡하다면 안내원 배치는 잘 되어 있는지, 셔틀버스 운행은 자주 하는지 등을 꼼꼼히 확인한다.
백업 공간 (야외 결혼식일 경우)	· 갑자기 비가 내려 예식이 불가능할 경우, 다른 홀에서 진행을 할 수 있는지 반드시 체크한다.
지불 보증 하객 수	· 예상보다 하객이 많이 올 경우, 추가적으로 식사를 얼마나 준비할 수 있는지, 방식은 어떤지 미리 확인한다.
시식	· 예비부부가 직접 시식을 해보는 것만큼 좋은 방법은 없다. · 시식은 언제, 어떻게 할 수 있고, 몇 인분 진행이 가능한지 체크한다.
예식 간격 및 피로연장 이용 시간	· 단독홀이 아닐 경우 예식 간격이 너무 빠듯하면 복잡하고 어수선해질 수 있다. · 폐백실, 신부대기실 사용 시간도 체크해야 한다.
부대품목 및 별도 비용 확인	· 특수연출 비용 등 예상치 못한 비용이 예식 당일에 발생하여 당황하는 일이 없도록, 금액 안내 받을 때 별도 비용에 대해서도 꼼꼼히 체크한다 · 현금 결제 시 공제되거나 할인되는 부분이 있는지도 꼭 체크한다.
문제 처리 방법	· 불가피한 이유로 예식 진행 시 약속 사항이 변경될 수 있다. 예를 들면 인테리어, 메뉴 등이 조금 바뀌거나 식장에서 제공하는 기자재가 고장이 날 수도 있는 것 그런 일이 있을 때 반드시 미리 공지해줄 것을 요청하고, 불편함 없이 처리해줄 수 있는지 문의한다.
환불 규정	· 환불을 하게 되면 어떤 방식으로 얼마까지, 언제까지 가능한지 꼼꼼히 체크한다.

주의사항 : 위 사항을 업체와 상담할 때, 구두로만 듣고 약속하면 안 된다. 반드시 꼼꼼하게 계약서에 작성을 한 후 보관해야 한다.

Go Honeymoon

결혼여독의 해결사, 허니문

결혼식이 2, 3주 정도 남았을 때, 드디어 고비가 찾아온다. 결혼준비 초반의 활활 타오르던 열정은 사라지고, 그저 빨리 이 모든 게 끝나 신혼 여행지로 가는 비행기에서 눈 뜨기만을 바라고 또 바라게 된다. 지금까지 10년도 훨씬 넘게 수많은 예비부부들을 만나왔지만, 본식 2, 3주 전쯤(보통 결혼식에 입을 드레스를 최종 결정하는 순간) 모두가 하는 이야기는 같다. "빨리 신혼여행 가고 싶다. 지긋지긋하다. 너무 피곤하다."

당근을 눈앞에 달아놓으면 그 당근만을 보며 달리는 말처럼, 어쩌면 신혼여행은 예비부부들에게 '당근' 같은 것일지도 모르겠다. 회사에서, 집에서, 친구들 혹은 커플 서로에게 스트레스를 주고받을 때 아름다운 바다와 럭셔리한 리조트, 유럽의 어느 거리에서 모델처럼 걷는 내 모습을 상상하면 조금이나마 구원을 받을 수 있다.

이런 측면으로 보았을 때 세상 모든 여행 중 그 재미가 으뜸인 것은 바로 신혼여행이다. 물론 순전히 주관적인 생각이지만. 무조건 재미의 측면만 보았을 때, 사랑하는 사람과 전쟁 같은 결혼준비 시간을 보낸 후 떠나는 여행이라고 생각했을 때, 신혼여행은 예비부부에게 최고의 선물일 것이다.

신혼여행, 이렇게 계획하자

우선 신혼여행 계획을 세워보자. 사랑하는 사람과 함께라면 그냥 획 떠나도 좋지만, 부부가 되어서 떠나는 첫 여행이라고 생각하면 1분 1초를 알차게 보내고 싶다. 그러기 위해서는 어디로 갈지, 어떻게 갈지, 예산은 얼마로 정할지 등을 미리 정할 필요가 있다. 지금부터 제시하는 질문 하나하나에 답을 해보자.

어디로 갈까?

간혹 무조건 쉬고만 싶은 신랑, 무조건 깨끗한 숙소와 쇼핑을 원하는 신부가 신혼여행지에서 합의를 보지 못해 고민이 길어지는 경우가 있다. 한 사람은 물놀이가 좋고 한 사람은 물에 젖는 것 자체가 별로라면 어떻게 할까? 참 답답한 경우가 아닐 수 없다.

그러나 천천히 찾아보면 두 가지를 모두 아우르는 최적의 장소가 반드시 있다. 인터넷 검색을 하거나 다른 사람이 남긴 후기를 보는 것도 도움이 된다. 혹은 전문가에게 바로 물어보는 것도 좋다. 다만, 내가 진짜로 원하는 여행의 이미지는 무엇인지를 정확히 모르거나, 자기 자신의 니즈를 오해하는 경우가 가장 문제다. 신혼여행지를 고르지 못할 때, 내가 원하는 신혼여행 이미지를 찾으면 도움이 된다.

내가 원하는 신혼여행 이미지 찾기
1. 눈을 감고 상상하자. 나는 지금 힘든 결혼준비를 모두 마치고 허니문에 왔다!
2. 스스로 묻자. 나는 허니문 지역에서 무엇을 입고 있는가? 어디에 있는가? 이제 나의 남편, 아내가 된 이 사람과 지금부터 무엇을 하고 싶은가?
3. 화려한 리조트룩을 입고 비치에 앉아 근사한 정식과 샴페인을 즐길 것인가?
4. 지도를 들고 편안한 신발을 신고, 도시 곳곳을 관광하며 블로그에 나온 맛집을 찾아갈 것인가?
5. 시설 좋은 스파에서 전신마사지를 함께 받으며 휴식을 취하고, 한밤 중 개인 풀장에서 수영을 즐기고 싶은가?

자, 위와 같이 스스로에게 질문하면 자연스럽게 떠오르는 이미지가 있을 것이다. 여행이란 어쩌면 이성적인 분석보다 직관으로 판단해보는 것이 더 맞을 수 있다. 이렇게 본인 스스로가 원하는 여행의 이미지를 찾은 후 그 이미지에 부합하는 지역을 찾으면 되겠다.

어떻게 갈까?

예전에는 거의 100% 패키지여행이었다. 한꺼번에 몇 십 커플이 함께 다니는 것이다. 해외여행이 흔하지 않던 시절, 해외라는 불안함을 없애주고 안전하다는 이유로 많이 성행했었다. 이제는 해외여행 자체가 보편화되었고 인터넷의 발달로 항공권이나 숙소 예약 등이 쉬워져서 자유여행으로 가는 커플이 많아졌다. 각각의 장단점이 있고, 성격과 성향에 따라 더 맞는 여행이 있을 것이다. 이 중에 최근에는 항공과 숙소 예약, 그리고 유의사항 및 추천(어디까지나 추천일 뿐) 일정이나 식당 등의 정보만을 주는 맞춤여행도 반응이 좋다. 우리 두 사람은 어떤 콘셉트의 여행이 맞을지 정해진 지역의 특성을 생각하며 고민해보면 좋겠다. 패키지, 자유, 맞춤, 배낭여행 등의 콘셉트 말이다. 74~77쪽에 각 여행의 특징을 정리했으니 참고해보자.

얼마에 갈까?

패키지 여행은 평균 금액이 정해져 있다. 그래서 예산에 맞춰 지역을 고르기만 하면 된다. 하지만 요즘처럼 자유여행을 많이 선호하는 경우에는 항공권 혹은 호텔에 따라서 금액이 천차만별로 달라지기 때문에 평균 금액을 정하기는 좀 애매하다.

자유여행은 직접 계획을 짤 수 있으므로 다양한 지역을 선택할 수 있다는 점이 좋다. 먼저 가고 싶은 지역을 정한 후, 예산을 얼마로 할지 스스로 정할 수 있는 것이다. 예를 들어 패키지로 일인당 300만 원인 여행지가 있다면, 저가항공으로만 바꿔도 몇십만 원을 절약할 수 있다. 유럽에 너무 가고 싶지만, 숙소에 많은 돈을 쓰고 싶지 않다면 저렴한 숙소를 '아고다' 등의 예약 사이트에서 직접 예약할 수도 있다. 지금 신혼여행을 계획하고 있다면 항공과 숙소를 예약하는 여러 사이트들을 자주 접해보는 것도 도움이 된다.

주요 여행지별 하루 체류 비용(식비, 교통비 고려)
하와이 : 20~30만 원
동남아 : 10~15만 원
유럽 : 20~30만 원

허니문 준비물
1. 캐리어 : 바퀴 4개 달린 튼튼한 캐리어를 준비한다. 돌아올 때 선물을 많이 살 수도 있으므로 큰 사이즈가 좋다.
2. 작은 크로스백 : 자주 사용하는 물건만 담아 편하게 들고 다니도록 한다.
3. 경비 : 한국에서 넉넉하게 환전을 한다.
4. 카드 : 현지에서도 사용이 가능한 카드를 준비한다.
5. 상비약 : 외국에 나갔을 때 약을 구하는 일이 쉽지 않으므로 미리 대비한다.
6. 보조 배터리, 충전기 : 카메라, 휴대전화를 쓰지 못하면 낭패!
7. 의류와 세면도구 : 날짜별로 옷을 지퍼백에 담아두면 편하다. 현지의 날씨를 미리 파악해서 챙기도록 한다.
8. 세면도구 : 기본적으로 호텔에 구비되어 있지만 내가 쓰는 세면도구, 화장품을 챙겨가는 것이 좋다.
9. 선물리스트 : 가족, 친구들에게 나누어줄 선물리스트를 작성하면 계획적인 소비를 할 수 있다.
10. 피임용품 : 피임용품을 따로 챙기거나, 결혼식 2달 전 미리 산부인과를 방문하여 웨딩검진을 받고, 피임과 생리주기 조절에 대해 상담을 받아도 좋다.

자유여행 vs 패키지여행 비교

	자유여행	패키지여행
준비	정할 것이 많아 복잡하고 어려워 보인다. 이럴 때는 여행컨설팅회사를 이용한다.	준비가 간단하다. 여행사에서 상품만 고르면 된다.
숙소 선택	한국인이 많이 안 가지만 가격 대비 만족도 높은 리조트, 잘 알려지지 않은 보석 같은 풀빌라에 갈 수 있다. 패키지여행보다 훨씬 다양한 숙소를 선택할 수 있다.	여행사에서 정한 숙소만 선택할 수 있다. 패키지여행사의 숙소는 회사 이익을 우선으로 생각하기 때문에 고객의 여행 콘셉트를 고려하지 않는다.
일정	우리 두 사람만의 취향을 고려한 다양한 일정을 만들 수 있다. 자고 싶을 때 자고, 먹고 싶을 때 먹고, 놀고 싶을 때 놀면 된다.	여행사 모두 일정이 똑같다는 사실에 놀랄 것이다. 한 곳에서 찍어낸 듯한 비슷비슷한 일정이라 상품 선택이 무의미할 지경. 정해진 곳에서 식사해야 하고 개별 행동이 쉽지 않다.
가이드 유무	데이트도 둘이 했으니, 신혼여행도 둘이 가야 한다. 가이드 없이 둘만의 오붓한 여행을 할 수 있다.	현지에서 일정을 함께 하는 팀과 가이드가 있다. 낯선 여행자들과 함께 다니는 경우가 대부분. 아무리 좋은 풀빌라를 선택해도 아침부터 밤까지 가이드와 동행하며 숙소 밖에서 시간을 보내야 하는 경우도 있다.
옵션과 쇼핑	여행 전 미리 선택한 투어만 하면 되므로 강제성이 없다. 현지인들이나 외국 여행자들이 주로 가는 백화점, 쇼핑센터에 가서 내 마음대로 쇼핑을 즐길 수 있다. 한국에서 쇼핑하는 것처럼 내가 사고 싶은 것만 사면 된다.	기본 3회 쇼핑센터 방문! 옵션이나 쇼핑에 대한 은근한 강요가 있어 압박이 느껴진다. 현지 가이드 중 자신은 월급도 못 받고 여행자들의 쇼핑, 팁이 수입의 전부라고 말하는 사람도 있어 마음이 약해지기도 한다.
교통	택시나 대중교통 등 교통수단을 스스로 선택해서 움직여야 한다. 또는 지역에 따라 렌트카 및 기사가 포함된 전용차량을 신청해서 편하게 다닐 수도 있다.	교통에 대한 고민이 없다. 현지에서 준비된 차량이 있다.
치안	지나치게 과음을 한다거나 으슥한 골목길로 다니지 않는 등 조금만 조심한다면 세계적인 휴양지에서의 치안과 안전에는 큰 문제가 없다.	보통의 가이드들은 여행자들이 개별 행동을 하지 못하도록 치안에 대해 부정적으로 이야기한다. 여행자들은 가이드의 설명에 의지하여 여행지를 바라볼 수밖에 없다.

동남아 주요 여행지 평가

	여행 콘셉트	비행시간	해변	숙소	식사
발리	휴양 60% + 관광 40%	약 7시간	★★ 에메랄드 빛 잔잔한 바다를 기대한다면 발리는 좀 아쉽다. 파도에 철썩철썩 부딪히는 강한 파도를 볼 수 있다. 서퍼들에게 적격.	★★★★★ 가격 대비 최고 성능의 풀빌라가 많다. 멋진 풀빌라의 천국!	★★★★ 발리 현지 음식을 잘하는 레스토랑은 많지 않지만, 대신 끝내주는 스테이크집 파스타집들이 수두룩하다.
푸켓	휴양 60% + 관광 40%	약 6시간 30분	★★★ 어딜 가나 괜찮은 편. 피피 섬이나 시밀란 섬의 바다는 정말 최고다. 몰디브 부럽지 않다.	★★★★ 해변을 바로 앞에 둔 리조트들이 인기를 끌고 있다. 풀빌라보다 리조트가 발달되어 있다.	★★★★★ 태국음식을 좋아하는 사람이라면 천국이다. 외국 여행자가 많아 이태리, 프렌치 레스토랑도 많다.

	여행 콘셉트	비행시간	해변	숙소	식사
코사무이	휴양 80% + 관광 20%	약 6시간 30분	★★★★ 예쁘고 아기자기한 해변이 있다. 물 색깔이 제일 예쁘다는 차웽비치는 모래도 곱고 분위기도 좋아 휴양지 분위기가 제대로 난다.	★★★★ 숙소 가격이 높은 것이 단점. 하지만 아름다운 리조트가 많다.	★★★★ 유명한 맛집이 몇 군데 있다. 수준 높은 서양 음식점도 많다.
보라카이	100% 휴양	약 5시간	★★★★ 세계에서 가장 아름다운 해변으로 뽑힌 적이 있다. 밀가루 같이 고운 백사장이 펼쳐진 화이트 비치가 일품! 그러나 우기의 해변은 볼품없다.	★★ 고급 숙소가 아주 빈약하다. 신혼여행으로 갈 만한 숙소도 다섯 손가락 안에 꼽힌다.	★★★ 특별한 음식이 없다. 직화로 구워 먹는 바비큐 정도? 그나마 해산물이 싸고 흔한 편이라 다행이다.

스파/마사지	쇼핑	관광	액티비티	매력	단점
★★★★ 지압식 마사지가 아니라 오일과 천연재료를 이용해 온몸을 부드럽게 풀어주는 전신 마사지가 유명하다.	★★★ 큰 쇼핑몰도 한두 개뿐. 살 만한 것도 없다. 인테리어 소품이나 발리 스타일 옷들은 그나마 괜찮다.	★★★ 울루와뚜사원, 따나롯 사원 등 사원 관광지가 있다. 브두굴 투어나 고아가자 등도 추천한다.	★★★ 인상 깊은 투어가 별로 없다.	· 드라마틱한 자연 풍경 · 풀빌라 천국 · 저렴한 현지 물가	거친 바다 느낌
★★★★★ 마사지 천국! 건물마다 마사지, 스파 업체가 있다. 종류와 가격대도 다양하다.	★★★ 한국인들이 좋아하는 쇼핑 아이템들이 몇 가지 있다. 각종 저가 화장품들과 아로마 오일 등이 인기가 많다.	★★★★ 시밀란 투어, 라차섬 투어, 피피섬 투어 등 섬투어 및 판타지 쇼, 사이먼 쇼 등 볼거리가 다양하다.	★★★★ 해양 스포츠나 투어 등이 숙소별로 다양하다. 가격이 비싸서 아쉽다.	· 휴양과 관광, 액티비티를 동시에! · 다양한 숙소 선택 가능 · 먹을거리가 풍부함 · 마사지와 스파	다른 물가에 비해 비싼 대중교통비

스파/마사지	쇼핑	관광	액티비티	매력	단점
★★★★ 푸켓만큼 종류는 다양하다. 하지만 픽업과 샌딩을 해주는 고급스파가 많지 않아 아쉽다.	★★ 코사무이로 가기 위해서는 방콕을 경유해야 하는데, 쇼핑은 방콕에서 해결하자!	★★ 휴양지로서는 좋지만 특별한 볼거리는 없다. 뷰포인트, 피셔맨스빌리지 정도.	★★★ 푸켓만큼 투어의 종류가 많지는 않지만, 낭유안섬 스노쿨링 투어라는 강력한 한 방이 있다.	· 아기자기한 숙소 · 로맨틱한 레스토랑 · 아름다운 해변 · 나이트라이프를 즐길 수 있는 젊은 분위기	다른 물가에 비해 비싼 대중교통비
★★★ 전문 업체도 있지만 화이트비치 주변에서 저렴한 가격에 몸을 풀어보는 것도 괜찮다.	★★ 소박한 쇼핑거리가 있지만 살 것이 별로 없다. 선물을 고를 때 애를 먹는다.	☆ 볼거리를 원한다면 비추. 천 휴양지로는 최고다.	★★★ 파라셀링이나 아일랜드 호핑 같은 낭만적인 투어가 있다. 작은 섬이지만 투어가 다양하다.	· 눈부신 화이트비치 · 투명한 바다 · 호핑 투어	교통이 불편하고 숙소가 별로다.

그 외 여행지 평가

	여행 콘셉트	비행시간	해변	숙소	식사
하와이	휴양 50% + 관광 50%	· 인천→호놀룰루 : 약 7시간 40분 · 호놀룰루→인천 : 약 9시간 40분	★★★★ 와이키키 비치는 하와이의 수많은 해변들 중 빙산의 일각일 뿐! 분위기, 파도 세기가 모두 다양한 해변이 정말 많다.	★★★ 해변을 따라 특급 호텔이 즐비하며, 착한 가격의 실속형 콘도도 많다. 동남아처럼 풀빌라가 있는 것은 아니지만 숙소에서 머무는 시간이 아까울 만큼 즐길거리가 너무나도 많으니, 숙소보다는 노는 것에 집중하자!	★★★★ 여러 인종과 문화가 섞여 있어 정통 미국식부터 동양인의 입맛에 딱 맞는 메뉴까지 다양한 맛집이 있다.
몰디브	휴양 100%	약 11시간	★★★★★ 별 10개를 줘도 아깝지 않다. 우리가 상상하는 그 이상으로 아름다운 해변을 볼 수 있다.	★★★★ 세계 최고의 리조트들을 만날 수 있는 곳! 물론 가격도 세계 최고다. 다 좋은데 너무 비싸서 별 1개 감점!	★★ 식대가 상당히 비싸다. 대부분 섬 하나에 리조트 하나만 있기 때문에, 한 번 섬에 들어가면 리조트 식당만 이용해야 한다.

	여행 콘셉트	비행시간	해변	숙소	식사
칸쿤	휴양 100%	약 16시간	★★★★★ 할리우드 배우들의 휴양지로 알려진 후 미국인들 사이에서는 꿈의 여행지가 되었다. 눈부신 에메랄드 바다와 해변, 깨끗하고 여유로운 느낌은 국내 신혼여행자들도 만족시키기에 충분하다.	★★★★ 대체적으로 상태가 좋은 편이다. 또한 호텔 밖으로 5분만 걸어나가도 해변, 관광지가 있어서 접근성이 좋다. 물가는 비싼 편	★★★★ 이색적인 멕시코 해산물 요리를 마음껏 먹을 수 있다. 하지만 맵고 짠 음식을 싫어하는 사람이라면 멕시코 음식은 좀 안 맞을 수도 있다.

스파/마사지	쇼핑	관광	액티비티	매력	단점
★★	★★★★★	★★★★★	★★★★★	· 대자연이 주는 감동 · 일년 내내 따뜻한 날씨 · 쇼핑 천국 · 다른 곳에서는 체험할 수 없는 다양한 액티비티	· 비싼 물가 · 가격 대비 숙소 만족도 떨어짐
호텔 내 스파를 이용해야 한다. 인건비가 비싸서 그런지, 가격 대비 메리트가 떨어진다.	쇼핑을 빼고 하와이를 말할 수는 없다. 별 10개를 줘도 아깝지 않다.	볼거리, 먹거리, 놀거리가 너무 많아 문제다. 꼭 가야 할 관광지를 체크하다 보면 이미 수십 개!	하와이에서만 가능한 스페셜한 투어가 수두룩하다. 엄청난 스케일과 다양함에 놀라게 될 것이다.		
★★	☆	☆	★★	· 에메랄드빛 바다 · 50년 후면 사라질 파라다이스	· 비싼 여행경비 · 왕복 22시간의 머나먼 여정
하나의 섬, 하나의 리조트 안에서 모든 것을 해결해야 하기 때문에 선택의 폭이 좁다.	몰디브에서는 쇼핑할 생각을 버리자. 가족, 친구 선물은 경유지에서 미리 사는 것이 좋다.	몰디브는 휴양지로는 최고지만, 관광지로는 별로다. 오로지 쉬러 가는 곳.	즐길 만한 해양 스포츠, 투어들이 숙소별로 꽤 있다. 하지만 가격이 비싸다. 추가 비용을 내야 한다.		

★★★★★	★★★★	★★★	★★★★★	· 요즘 뜨고 있는 가장 핫한 허니문 명소 · 다양한 리조트와 글로벌 브랜드호텔이 많아 휴양지로는 최적격!	· 한국에는 아직 칸쿤 직항편이 없다. 미국 LA를 경유해서 머나먼 여정을 떠나야 한다. · 비싼 여행경비
최신식 스파, 마사지 시설을 갖춘 호텔들이 즐비하다. 특히 '피에스타 아메리카나 코랄비치호텔'은 대통령, 유명스타들이 반드시 찾는 명소이다.	없는 게 없다! 하지만 물가가 비싸서 별 1개 감점.	칸쿤 역시 쉬러 가는 곳이다. 유적지나 자연환경을 감상하기에는 좋다.	호텔과 가까운 곳에 액티비티가 많다. 칸쿤 액티비티의 대표는 '셀하'와 '스칼렛'으로 자연 속의 워터파크라고 생각하면 된다. 하루 종일 놀 수 있다!		

House

신혼집 장만하기

역시 결혼의 이유는 매일 밤 헤어지고 싶지 않아서가 아닐까. 가장 원초적으로 말이다. 행복한 데이트 끝에 각자의 집으로 귀가해야 하는 타이밍이 왔을 때, '함께 살고 싶다!'는 마음이 드는 것. 힘들게 연애하고 결혼 결심까지 끝났다면, 이제 저 푸른 초원 위 그림 같은 집을 찾아야 할 때가 왔다! 사랑하는 나의 남편, 아내와 함께 살 신혼집, 어떻게 정해야 할까?

신혼집 위치, 어디가 좋을까?

단순하게 생각해보자. 두 사람의 직장 중간? 연봉이 더 높은 사람의 직장 근처? NO! 요새는 전셋집이 많고 가격이 비교적 안정적인 곳일 확률이 높다. 그런 시대가 되어버렸다.

이동하기 편한 곳을 찾자

요즘 같은 시대에 오로지 동선만으로 신혼집 지역을 정할 수 있는 커플이 얼마나 될까? 주택가격이 무섭게 폭등하고 있다. 이제 막 새 가정을 시작하는 신혼부부들에게는 가혹하지 않을 수 없다. 쉽게 집을 구할 수 있는 커플들은 편의사항과 집 자체만 보고 신혼집을 정할 수 있겠지만, 그렇지 않은 커플이 세상에는 더 많다.

그렇다면 우선은 예산과 맞는 지역을 고른 다음에 출퇴근이 너무 힘들지 않은 지역으로 좁혀야 할 것이다. 회사와 거리는 멀지만 지하철을 한 번에 타고 이동할 수 있는 지역이라면, 가깝지만 동선이 복잡한 지역보다 훨씬 좋을 수 있다.

난생 처음으로 느낀 현실의 벽

예비신부 시절, 너무 바빠서 다이어트를 할 틈이 없었다. 그런데 신혼집 알아보면서 살이 어마어마하게 빠졌다. 예산에 맞는 집을 찾기 위해 엄청난 멘탈붕괴를 겪었기 때문이다. 밥도 먹지 않고 하루 종일 신혼집 생각만 했다. 그때 처음으로 현실을 느껴버렸는지도 모른다. 직장이 있는 송파구, 근무 시간의 대부분을 차지하는 청담동과 멀지 않은 곳으로 송파구, 광진구, 강동구를 생각하고 샅샅이 뒤졌다. 근처의 경기 지역까지 안 가본 곳이 없었다. 당연히 예산이 넉넉하지 않았기 때문에, 또 우리는 집값의 거의 대부분을 대출에 의존해야 했기 때문에 가격과 조건이 대충 맞는 집을 찾아도 대출이 나올 수 없는 상황이면 눈물을 머금고 포기해야 했다. 여러 번 좌절하며 얼마나 애를 태웠는지 모른다. 이런 청승맞은 얘기를 굳이 하는 이유는 내가 겪었

출퇴근이 편한 서울 근교 지역 찾기

1. 강남 지역 출근자 : 마석, 평내, 호평 지역 추천
- 자가용 이용 : 잠실, 강남 30분 소요
- 대중교통 이용 : 잠실, 강남 1시간 소요
  - 잠실, 강남역 등으로 한 번에 가는 버스가 많다.
  - 지하철 경춘선이 마석역, 평내호평역, 천마산역까지 간다. 배차 간격이 긴 편이지만 스마트폰 어플을 이용하면 시간 허비하지 않고 출근할 수 있다.

2. 강서 지역 출근자 : 인천 서구, 검암 지역 추천
- 자가용 이용 : 홍대, 여의도 50분 소요
- 대중교통 이용 : 홍대 40분, 여의도 50분 소요
  - 검암역에서 공항철도를 타면 한 번에 김포공항, 홍대입구역, 서울역까지 갈 수 있다.

3. 강북, 의정부 지역 출근자 : 경기도 양주 지역 추천
- 자가용 이용 : 도봉 30분, 노원 50분 소요
- 대중교통 이용 : 도봉 20분, 노원 40분 소요
  - 지하철 1호선이 양주역, 덕계역, 덕정역을 지나간다.

던 일을 비슷하게 겪는 예비부부들이 많지 않을까 싶어서이다. 결혼 후 어른으로의 인생을 살아가다 보면 '없는 것이 창피하지도 않은 때'가 오기도 하지만 특히 첫 시작, 신혼집 구할 때 느끼는 경제적 결핍은 마음에 많은 상처를 받을 수밖에 없다. 하지만 생각해보면 시작이 어려운 것이 끝이 어려운 것보다는 축복이 아닐까? 아직 두 사람이 사랑하는 의욕이 충만한 '첫 시작'이 좀 더 어렵고 앞으로 더 좋아지는 상황이 반대의 상황보다 훨씬 축복이라고 생각하자.

맨 처음 집을 보러갔던 날이 너무 생생하다. 꽤 넓었고 창이 많아서 바람이 휙 얼굴에 닿았던 그런 집이었다. 우물쭈물하다 놓친 그 집은 주변 시세보다 무려 몇천만 원이 저렴한 상황이었다. 당연히 처음 본 집이기 때문에 시세를 몰랐고 당연히 망설일 수밖에 없었다. 송파구에 위치해 있었고 방 3개에 지하주차장까지 있는 '나홀로 아파트'였는데, 당시 1억도 안 되는 가격이었다. 지금 생각하면 도저히 믿을 수 없는 가격이다. 불과 2013년의 일인데도 그렇다. 우여곡절 끝에 집이 다시 나왔고, 주말이 겹쳐 월요일에 계약을 하겠노라 부동산 사장님과 서로 확약을 했지만, 귀가하는 길에 다른 사람에게 집을 놓치고 말았다. 정말 초짜가 할 실수. 속상한 마음에 다음 날 평평 울면서 다시 집을 알아봤더랬다. 울음의 의미는 아직 잘 모르겠지만, 아직까지도 그 때 느낀 감정은 또렷하게 남아 있다. 그래서 지금도 예비부부들이 집을 알아본다고 하면 짠하고 아릿한 마음이 있다. 아무튼 그렇게 공복의 상태로 배고픈 것도 못 느끼며 틈틈이 집을 알아보러 다니면서 나는 살이 빠졌다. 쭉쭉.

좋은 집 고르는 기준

20평 미만의 작은 집을 찾아야 한다면, 가장 중요한 기준은 '환기'와 '채광'이다. 작은 집일수록 찌개를 한 번 끓여먹어도 음식 냄새가 많이 날 수밖에 없다. 햇빛도 잘 들지 않는다면 위생에도 좋지 않지만 기분도 우울하다. 또 빨래도 잘 마르지 않아서 문제다!

따라서 웬만하면 집은 꼭 낮에 보자. 채광 때문이다. 창문도 꼭 열어서 환기가 잘 되는지, 바람이 잘 통하는지 확인하자. 의외로 신축가옥의 경우 겉으로 볼 때는 깔끔하지만 환기와 채광이 안 되는 집도 많다. 게다가 거실이나 부엌 등의 공간은 좋아 보이지만 짐이 채워질 것을 상상해보면 수납이 턱없이 부족하고 실용적이지 않은 경우도 많다. 오히려 오래된 집 중 수납이나 채광, 환기 등이 잘 되어 있고 튼튼하게 잘 지어진 곳들이 많다. 나도 그랬다. 30년 된 오래된 아파트, 그러나 튼튼하고 공원이 앞에 펼쳐져 있으며 베란다도 크고 수납공간이 넉넉한 창고가 있는 아파트를 얻게 되었다.

신혼집 찾기 10계명

1. 맞바람을 맞을 수 있는 창의 구조인지 살펴라.
2. 남향이나 동남향이어야 한다.
3. 수납공간 혹은 수납공간을 마련할 수 있는 구석공간이 있다.
4. 빨래를 널 만한 실외 공간이 있다.
5. 부엌 조리대 주변에 창이 있어야 한다.
6. 반드시 낮에 해가 있을 때 집을 보러 가라.
7. 창을 보기만 할 뿐 아니라 열어보기도 하며 샷시의 상태, 창 앞에 막힌 것은 없는지 확인한다.
8. 샤워기, 수도꼭지 등으로 물을 틀어보고, 집주인 없을 때 부동산 사장님과 방문할 때는 변기의 물도 한 번씩 내려본다.
9. 바로 보이는 공간보다는 구석진 공간 구석진 천장 등에 곰팡이는 없는지 살펴본다.
10. 만약 집도 마음에 들고 가격도 좋은데 조금 외진 곳에 있다면, 주변 마트, 약국, 병원 등을 어떤 동선으로 갈 수 있는지 확인한다.

# Information of Wedding

나에게 꼭 맞는 스드메 정보

스드메. 스튜디오, 드레스, 메이크업의 줄임말이다. 스드메는 2010년까지만 해도 익숙한 단어는 아니었다. 웨딩플래너 입장에서는 정상적인 단어가 아니기 때문에 지양하고 피했던 단어였다. 하지만 모든 사람이 자장면을 짜장면이라고 부르자, 짜장면도 표준어로 인정되었듯이 스드메는 그냥 스드메가 되어 버렸다.

스드메, 어떻게 준비할까

스드메 준비에 앞서 마음의 준비를 단단히 해야 할 필요가 있다. 스드메 준비는 방대한 정보의 바다를 헤엄쳐 나가는 것과 같다. 이 바다 속에서 나에게 꼭 맞는 정보만 찾아내기 위해서는, 바로 줏대가 필요하다. 남들의 시선, 업체의 강요에 휘둘리지 않을 줏대 말이다. 이 줏대는 충분한 정보 수집, 열렬한 고민, 나의 취향 파악, 이 세 가지 과정을 반드시 거친 후에야 생긴다.

업체 정하기

우선 정보 수집, 즉 업체를 어떻게 정해야 할지 알아보자. 인터넷 검색을 하되, 딱 반만 믿자. 현재 우리나라 포털 사이트에 나와 있는 정보는 절반이 광고라고 해도 과언이 아니다. 인터넷 검색만 하고 예약하지 말고, 업체에 직접 방문하길 바란다. 어느 정도 인터넷으로 정보를 수집하더라도 시간을 내서 직접 방문해보고 담당자와 만나서 얘기를 나눠보고 결정하는 것을 원칙으로 해야 한다.

드레스숍이나 스튜디오 등 단품 업체를 방문하는 것도 좋은 방법이다. 그러나 보통은 한 명의 고객으로서 업체를 방문하는 것보다는 웨딩컨설팅업체나 웨딩플래너를 통하는 것이 훨씬 저렴하고 필요한 정보도 더 잘 얻을 수 있다. 또한 스케줄 관리까지 한 번에 할 수 있기 때문에 대행업체(웨딩컨설팅, 웨딩플래너)를 이용하는 편이 여러모로 편하다.

대행업체 찾기

웨딩컨설팅업체를 통하거나 웨딩플래너를 통한다 해도 내가 좋아하는 업체들로만 하나하나 골라서 따로 패키지를 만들 수 있다. 한 마디로 대행업체에서 제시한 상품만 이용하지 않아도 된다는 것.

플래너 이용 시

업체와의 조율과 결혼식 후 관리까지 플래너에게 맡긴다면 정보 관리, 스케줄 관리가 용이하고 세심한 케어를 받을 수 있어 바쁜 예비부부에게 도움이 된다. 다만 아무래도 공임이 많이 들어가기 때문에 비동행에 비해 30~40만 원 정도 비용이 더 들 수 있다. 스케줄 관리 + 업체 방문 시 동행 포함(ex. 드레스숍 투어 등).

비동행 다이렉트 이용 시

컨설팅 업체를 통해 스드메 업체를 선정하고 스케줄 관리를 받는 것까지는 맞지만, 동행 서비스는 전혀 없다. 따라서 금액을 절약할 수 있다는 장점이 있지만, 고가의 업체들의 경우는 제휴 자체가 되어 있지 않기 때문에 할인이 가능하거나 저렴한 업체들 위주로만 구성이 될 수도 있다. 본인이 금액보다는 만족도와 완성도, 세

심한 진행 등이 더 필요하다고 판단된다면 플래너 동행 업체와 반드시 비교해보기 바란다.

업체를 통하지 않고 준비할 때(워크인)

업체를 통하지 않고 본인이 발품을 팔아 스드메 업체를 각각 선정하고, 직접 방문해서 개별로 계약하고 진행하는 방식. 철저히 내 마음대로 고를 수 있다는 점이 장점이 될 수 있지만, 아직 결혼준비가 생소하여 진행하면서 마음이 바뀔 수 있기 때문에 스드메 개별 업체랑 다이렉트로 계약하는 것은 위험할 수 있다.

웨딩컨설팅업체 고르는 기준

재정이 탄탄한가?

요즘 들어 부쩍 더 중요해진 기준이다. 규모가 큰 업체에서 박람회를 남발하며 사고를 치는 경우도 많기 때문에 규모만으로 판단하기에는 무리가 있다. 규모는 작아도 재정이 탄탄한 곳이 훨씬 안전할 수 있다. 이를 검정하기 위한 방법으로는 플래너의 프로필을 면면히 살펴 얼마나 경력이 오래되었는지를 볼 것, 결제 방식에 있어서 카드 결제, 현금 영수증 발급 등이 가능한지 살펴볼 것, 계약서 등에 사업자 등록번호가 공개되어 있는지 살펴볼 것 등이 있다. 환불에 대한 조항도 세세하게 정해져 있는 업체가 좋다. 환불을 무조건 금지하는 것이 아니라 언제, 얼마만큼 환불을 할 수 있다는 조항이 있는지 확인해야 하는 것이다. 또한 계약금뿐만 아니라 계약 시 미리 완불을 요구하는 업체도 의심해볼 필요가 있으며, 무조건 사무실에 직접 방문하여 플래너도 직접 만나봐야 한다.

내 취향에 맞는 업체와 제휴하고 있는가?

아직 취향이 정확하지 않거나, 적당한 수준의 업체만 찾고 있다면 수많은 업체를 보유하고 있는 스드메 업체가 더 도움이 될 수 있다. 그게 아니라면, 내 취향에 맞는 업체, 내가 원하는 업체와 제휴한 스드메 업체를 찾아야 한다.

박람회를 많이 하는가?

무엇보다 저렴한 가격을 원한다면 박람회를 많이 하는 업체, 계약된 신부가 많은 업체가 좋을 수도 있겠지만, 세심한 소통과 관리를 원한다면 박람회는 피하는 것이 좋다. 박람회에서는 한 번에 수십 쌍의 예비부부가 계약을 하기 때문에, 플래너도 사람인지라 한 번에 그 많은 커플을 문제없이 진행하기란 무리가 있다. 예비부부가 무난한 취향을 가지고 있다면 상관 없겠지만, 그렇지 않다면 서운한 일이 많을 수 있다. 특히 일 년에 몇 번 큰 박람회를 하는 곳이 아니라 주말마다 박람회를 하는 웨딩컨설팅업체는 저렴한 가격대에 속하는 스드메 업체들만 이용하는 경우가 많으니 경계할 것. 그리고 실제로 박람회 패키지와 일반 패키지 간의 금액 차이는 많아야 20~30만 원 정도에 불과하다.

프리랜서(소규모 업체)도 괜찮을까?

프리랜서라면 사실, 좋은지 나쁜지 판단하기 어렵다. 하지만 아무래도 안전도에 있어서 보장성이 낮기 때문에 강력하게 추천하기 힘든 것이 사실이다. 플래너 자체는 문제없다고 해도, 업체들이 사고를 칠 수도 있기 때문이다. 하지만 정식 사업자등록증이 있고 오랜 경력을 가진 프리랜서 웨딩플래너라면 오히려 세심한 관리와 배려, 소통을 기대할 수 있다. 당연히 상황에 따라 견적 차이가 있을 수 있지만, 업계 특성상 금액이 크게 차이 나지는 않는다. 그러므로 디테일에 신경 쓰는 타입, 우유부단한 타입, 인터넷 정보만으로 만족하지 못하는 타입이라면 상담을 받아봐도 좋겠다.

웨딩플래너와의 궁합이 좋은가?

동행 시스템인 경우는 이 부분이 굉장히 중요하다. 드레스나 헤어, 메이크업 스타일링에 대한 조언도 플래너에게 계속 받아야 하기 때문에 취향도 어느 정도는 맞는 편이 좋다. 그러므로 상담을 받아보면서 플래너가 나에게 어떤 업체를 제안하는지 확인할 필요가 있다. 그리고 만약 비동행 업체라 하더라도 내가 질문을 할 때 그 사람이 응대하는 스타일이 잘 맞지 않는다고 느껴진다면, 결혼준비하는 몇 개월 동안 계속 신경 쓰일 수 있기 때문에 대화의 결도 서로 잘 맞는 사람이면 더 좋다. 이 역시 여러 번 상담을 받아봐야만 식별이 가능하다. 추가로 이것저것 동일한 질문을 해보고 답변을 들어보는 것도 도움이 될 수 있다. 다만 외근이 많은 직업인지라 한가한 시간이라면 공들여 대답할 텐데 외근 중, 미팅 중이면 답변이 늦거나 단답형일 수도 있다는 점을 감안하기 바란다. 플래너에게는 되도록 메일로 질문하고 천천히 답변 달라고 요청하여 판단하는 것이 현명하다.

스 :
스튜디오 촬영

웨딩사진이 있든 없든 부부라는 사실에는 변함이 없다. 하지만 우리 둘만의 추억과 시간을 만들기 위해 노력을 기울인 기록물이 있을 때와 없을 때는 확연히 다르다. 결혼준비할 때는 정신이 없다. 각 커플이 처한 상황에 따라 다르겠지만 대부분은 엄청 바쁘게 그 시간을 보낸다. 신혼 시절(역시 정신없이 흘러간다.)에 혹시 아이라도 바로 생긴다면 웨딩사진 따위 생각할 겨를도 없다. 훅 하고 십 년이 지나간다. 그때는 누가 물어보면 "웨딩사진? 보지도 않아! 그 돈 아껴서 다른 거 해!"라고 실질적인 조언을 해줄 수도 있을 것이다. 하지만 상상해보자. 어느 날 배우자도, 아이들도 집에 없을 때, 집안에 아직 팔팔하게 젊은 두 사람의 행복한 사진이 액자로 걸려 있는 것과 아닌 것이 정말 차이가 없을까? SNS에서 몇 년 전 사진만 봐도 그때의 마음이 떠올라 옛 생각에 사로잡히곤 한다. 개인적으로 나는 사랑으로 반짝반짝 빛나던 젊은 시절의 사진은 반드시 있어야 한다고 생각한다.

스튜디오 고르기

웨딩 전문 스튜디오, 세미 스튜디오는 어떻게 고를까? 어디서 어떤 사진을 찍을지 90쪽의 표를 참고하자. 물론 예외의 상황이 있겠지만, 대부분 이 틀에서 크게 벗어나지는 않는다. 90쪽의 내용을 기준으로 하여 업체를 찾아보면서, 자신에게 더 잘 맞는 것을 찾으면 된다.

스튜디오 고르기

	전문 웨딩사진	세미 웨딩사진	허니문 스냅
비용	60~200만 원 (별도비 포함)	30만 원 이상	30만 원 이상
소요 시간	4시간	2시간 이상 (정하기 나름)	2시간 이상 (정하기 나름)
촬영 방식	샘플과 동일한 촬영	커플이 원하는 대로 촬영	여행지의 명소 등을 위주로 촬영
스타일	스튜디오 구역별로 바꾸며, 하루 3~9팀까지 받는다. 하루 커플 한 쌍만 촬영하는 경우도 있는데 이 경우 대부분 100만 원 이상 비용이 든다.	보통 야외 장소에서 본인의 캐주얼한 옷을 입고 찍는다. 연출이 따로 없어 두 사람의 자연스러운 표정과 포즈가 중요하다.	세미 웨딩사진과 비슷한 느낌이지만, 여행지에서의 느낌을 최대한 살려 찍는다.
장점	각종 효과를 넣어 사진의 완성도(조명, 세트)가 높으며 실물보다 예쁘게 나온다.	자연스러우며 남들과 차별화된 사진을 갖게 된다.	일생에 한 번뿐인 허니문을 사진으로 남긴다.
단점	자연스러움보다는 꾸며진 느낌이 강하다. 둘만의 분위기를 내기 어려울 수 있다.	수줍음이 많은 커플이라면 조금 힘들 수 있다. 전문 웨딩사진보다는 표정, 포즈 등에서 완성도가 떨어진다.	굳이 사진을 찍지 않아도 즐거울 일이 많은 허니문의 시간을 할애해야 하고, 헤어 스타일링이나 메이크업을 따로 할 수 없다.

셀프 웨딩사진을 위한 5가지 준비

업체의 도움을 받지 않고, 두 사람이 직접 사진을 찍는 방법이 있다. 말 그대로 '셀프'다. 아래의 순서만 지키면 누구나 할 수 있다.

① 어떤 이미지를 갖고 싶은지 웹서핑 후 결정한다.
② 어디서 찍을지, 무엇을 입고 찍을지, 우리끼리 할지 친구를 부를지 정한다.
③ 의상과 소품을 정하고 최소의 비용을 알아본다.
④ 참고할 이미지를 출력해서 몇 번이고 보면서 포즈 연습을 한다.
⑤ 친구를 부르거나 셀카봉, 삼각대 등을 준비하여 직접 사진을 찍는다.

여기에 하얀 원피스, 부케 역할을 해줄 꽃다발, 커플 사진 등을 소품으로 준비한다면 더할 나위 없다. 실제로 어떤 신부의 메신저 프로필 사진이 편안한 느낌의 웨딩사진으로 바뀌어서 세미 웨딩사진을 찍었냐고 물어본 적이 있다. 이야기를 들어보니 신혼집에 아직 짐이 들어오기 전 하얗게 도배가 된 벽을 배경으로 원피스 입고, 꽃 들고, 삼각대 놓고 자연스럽게 찍었다는 것이다. 순간 나는 속으로 "유레카!" 하고 외쳤다. 이런 방법이 있다니! 셀프 웨딩사진을 찍는 것은 금액을 절약하기 위한 취지도 있지만, 남들과 똑같은 웨딩사진을 찍고 싶지 않은 마음 때문이 아닌가? 지금 함께 집으로 들어가는 골목 어귀에서, 우리가 처음 만난 카페 한 구석에서도 웨딩사진은 가능하다!

웨딩사진 액자의 종류와 활용법

디지털 사진 방식이 정착된 후, 사람들은 사진을 인화해서 보관하지 않게 되었다. 아무리 멋진 찰나를 기록한 귀한 사진도 웬만해서는 인화하지 않는다. 하지만 사진의 힘은 어마어마하다. 순간의 감정이 잘 담긴 사진은 집안에서 왔다 갔다 하다가 0.1초만 눈을 맞춰도 잠시 나를 흔들어 놓는다. 시간이 흘러 바쁜 일상에 쫓기는 아줌마, 아저씨가 되어도 벽 한쪽에 함박꽃처럼 웃으며 입 맞추는 우리의 사진을 보면, 0.1초라도 시간여행이 가능한 것이다. 생활에 찌들어 살고 싶지 않다면, 조금이라도 젊게 살고 싶다면 우리의 소중한 시간을 담은 사진을 계속 벽에 걸어두는 것이 어떨까?

1. 얼른 떼고 싶은 액자
- 색상이 알록달록한 액자 : 시간이 지나면 촌스럽게 느껴진다.
- 9관 액자 : 사진은 원래 직사각형이다. 9관 액자를 하려면 억지로 모든 사진의 구도를 파괴하고 정사각형으로 만들어야 한다. 애써 찍은 사진을 망치는 지름길이다. 여러 개 걸고 싶은 생각보다는 한 장의 사진이라도 정성껏 걸자.

2. 시간이 지나도 질리지 않고 멋스러운 액자
- 프레임이 심플한 액자 : 프레임이 요란하고 화려한 액자는 오래 걸어두지 못한다. 사진도 마찬가지다. 만약 특이한 사진을 찍고 싶다면 큰돈 투자해서 액자를 만들지 말자.
- 의상, 배경, 포즈 모두 과하지 않은 사진을 끼워 넣기 : 마릴린 먼로, 오드리 햅번의 이미지를 찾아보자. 이들의 사진은 종종 카페나 펍에서 볼 수가 있다. 의상, 배경, 포즈 모두 자연스럽다.

스튜디오에서 추가 액자를 권할 때

웨딩 스튜디오에서는 추가 액자를 권하기 마련이다. 그러나 이것은 옵션으로 하지 않아도 된다. 만약 추가로 제작하게 된다면 리터칭을 거친 완성도 높은 사진을 얻게 된다는 장점이 있다. 리터칭 전 원본도 마음에 든다면, 조금 저렴한 액자집(검색창에 '액자 주문 제작'이라고 검색하면 나온다.)에 직접 넣어도 충분하다.

전문 웨딩사진 스튜디오 소개

루체 스튜디오

 # ROMANTIC
로맨틱한 콘셉트를 배경으로 가득한 촬영장과 소품
따스하고 화사한 감각적인 리터칭 작업

 # STYLISH
화사하고 순수한 신부의 아름다움을 섬세하고 아름답게 담은 트렌디한 웨딩사진
다양한 디자인의 웨딩드레스와 소품을 통한 스타일리시한 웨딩사진

 # NATURAL MOOD
풍부한 자연광과 기본에 충실한 조명 기법과 촬영 구도
인위적인 배경과 포즈를 배제한 자연스럽고 세련된 인물 중심 사진

 # SENSITIVE WORK
유럽풍의 고급스러운 인테리어와 인물의 감각적인 조화
전문 리터칭을 통한 색감 작업과 심플하면서도 세련된 감성 웨딩사진

 # SPECIAL BENEFIT
국내 최고의 '최재훈드레스' 1벌 무료 대여 서비스
실속 있는 비용으로 촬영할 수 있는 가격 경쟁력 및 다양한 특전

- 위치 : 서울시 강남구 청담동 91-12번지 JS빌딩 6층 (1세트) / 서울시 강남구 청담동 94-6번지 힐탑빌딩 2층 (2세트)
- 문의 : www.lucestudio.co.kr / 02-515-6800

클로드 스튜디오

 # 단순한 것이 아름다움의 핵심이다
유행을 따라가기보다는 오래 보아도 행복한 순간의 느낌이 잔잔하게 전해지는 사진을 담는 스튜디오

 # 프라이빗하고 편안한 분위기
단독 촬영으로 두 사람만을 위한 공간을 연출할 수 있으며 포토그래퍼와의 소통을 통해 완성도 높은 촬영을 할 수 있다.

 # 두 사람이 가진 아름다움을 극대화
심플한 공간 속에서 신랑, 신부의 이야기만을 담아내는 스튜디오

- 위치 : 서울시 강남구 청담동 90-1 2층(클로드 위드) / 서울시 강남구 청담동 81-9 지하 1층(클로드 유)
- 문의 : www.claudestudio.co.kr / 02-512-1443

앤유 스튜디오

 # 정교한 디테일과 부드럽고 화사한 빛의 표현
과하지 않은 인물 표현과 절제된 배경 속에 신랑, 신부를 가장 밝고 우아하게 담아낸 사진

 # 인물 중심으로 촬영하는 가장 트렌디한 스튜디오
정형화된 웨딩사진을 탈피한 세련되고 모던한 감성

- 위치 : 서울시 강남구 청담동 81-11 데이라이트빌딩 5층
- 문의 : www.reandyoostudio.co.kr / 02-3443-0418

세미 웨딩사진 스튜디오 소개

스튜디오 헤이스

 # 이국적이면서 자연과 조화된 공간
헤이스 스튜디오는 내곡동 숲속에 위치해 있어서, 접근성이 좋으면서도 자연환경을 배경으로 한 사진을 찍을 수 있다.

 # 다양한 파티를 열 수 있는 열린 공간
사진 촬영뿐만 아니라 스몰웨딩, 야외돌잔치, 브라이덜샤워 등 크고 작은 파티를 즐길 수 있도록 따로 장소 대관이 가능하다.

● 위치 : 서울시 서초구 내곡동 1-399
● 문의 : blog.naver.com/hayes2016 / 02-451-6166

멜로필드 스튜디오

 # 작가주의와 장인정신
전문 패션포토그래퍼와 비주얼 디렉터가 함께 만드는 하이엔드 웨딩화보

 # 꾸미지 않은 순수한 공간이 주는 감동
애써 더하지 않더라도 충분히 아름다운 두 사람, 화려한 공간이 아닌 두 사람의 감정이 먼저 보이는 멜로필드의 사진

 # 두 사람의 진심만 보이는 자연스러운 공간
진정성 있는 사전 미팅과 소통을 통해 신랑, 신부가 둘만 있는 것 같은 편안한 분위기 조성

● 위치 : 서울시 마포구 상수동 143-8
● 문의 : www.melofield.net / 070-8773-7778

셀프 웨딩사진 스튜디오 소개

아트워크 스튜디오

 # 클래식과 모던함의 조화
1970년대 단독주택 느낌과 현대적 스타일링을 접목시킨 스튜디오

 # 자연광을 그대로 느낄 수 있는 창문과 테라스
스튜디오라는 생각이 들지 않는 자연스러운 공간

- 대여비 : 7만 원(시간당/3인)
- 위치 : 서울시 서대문구 연희동 188-79번지
- 문의 : www.artworkstudio.co.kr / 02-3144-2116

드 :
드레스 예약

평소에 입던 옷과는 차원이 다른 웨딩드레스. 그만큼 웨딩드레스는 모든 신부들의 로망이자 가장 힘든 관문이기도 하다. 무엇을, 어떻게 입어야 세월이 흘러 사진을 봐도 손발이 오그라들지 않을까? 트렌드에 뒤처지기는 싫으면서, 또 언제 보아도 아름다운 드레스를 입고 싶은 마음은 모든 신부들이 똑같이 갖고 있을 것이다. 고급스러우면서도 나만의 개성이 담긴 드레스, 어디서 고르고 어떻게 입어야 할지 알아보자.

드레스, 얼마나 필요할까?

보통 본식드레스 1벌, 촬영 때 입을 드레스 3벌을 드레스숍에서 대여한다. 촬영 때 입을 드레스는 슬림한 화이트 드레스 1벌, 풍성한 화이트 드레스 1벌, 컬러 드레스 1벌이 필요하다. 이 구성은 변경 및 조정이 가능하지만, 추가비용이 있을 수 있다는 것을 기억해야 한다. 한마디로 총 4벌이 기본적으로 대여된다. 여기에 신랑의 턱시도가 서비스로 포함되기도 하고, 별도 추가비용을 내야 대여해주기도 한다.

요즘은 웨딩촬영을 생략하고 본식만 하는 경우가 많은데, 이 경우에는 본식드레스 한 벌만 대여된다(턱시도는 드레스숍에 따라 다름). 그때 본식드레스는 신상품이고 최상급의 옷이기 때문에 1벌만 빌린다고 해서 대여비용을 반값으로 해주지는 않는다. 예를 들어 풀패키지 대여가 100만 원이라면, 본식만 대여할 때는 80만 원 정도.

드레스를 대여할 때는 헤어 코사지, 밴드, 티아라(왕관), 베일, 드레스 변형을 할 수 있는 볼레로, 웨딩슈즈 등의 액세서리도 다 포함되어 있다. 하지만 숍마다 그 상태는 많이 다르다.

예를 들면 이 정도면 본식에서도 신을 수 있겠다 싶은 구두를 갖춰놓은 곳도 있고, 누가 보면 큰일 나겠다 싶은 구두도 있다. 그러므로 숍에서 드레스 고를 때 액세서리 상태도 체크해봐야 한다.

비용 문제

드레스숍에서 드레스 총 4벌, 악세사리까지 대여했을 때 최저 50~60만 원부터 비용이 발생한다고 보면 된다. 드레스에 따라 가격이 천차만별인데 고가 드레스라면 200~300만 원대를 훌쩍 넘는다. 500~600만 원대도 많은 게 사실이다. 가장 많이 찾는 가격대라면 50~60만 원대부터 130~140만 원대 정도이다. 저렴한 수입드레스들도 있지만 사실 제대로 된 우리나라 드레스가 더 질이 좋은 편이다. '오스카 드 라렌타', '암살라' 등 고급 수입드레스는 부르는 게 값이다. 최소 300만 원대부터 시작한다.

별도비용

피팅비 : 드레스숍 결정 전 방문해서 입어볼 때 발생한다. 숍당 3만 원, 수입드레스숍일 경우 5만 원이 대부분이다. 간혹 피팅비만 10만 원 이상인 곳도 있다. 헬퍼비는 보통 행사(촬영이나 본식할 때) 1회당 15~20만 원 소요되고 지방 출장 시 출장비는 별도이다.

헬퍼가 꼭 필요할까?

어느 드레스숍을 이용해도 헬퍼를 이용해야 한다(셀프 웨딩드레스 사이트 제외). 헬퍼는 배달, 반납과 헤어 메이크업 수정, 드레스 변형 및 전문 피팅 액세서리 변형 등 모든 것을 담당한다. 비용은 보통 15만 원, 수입드레스의 경우 25만 원까지 올라가기도 한다.

드레스 고르는 순서

① 먼저 예산과 취향에 맞는 숍을 찾아 3군데 정도 정한 다음, 방문하여 숍 하나당 3~4벌을 입어본다. 오전 11시가 첫 타임이고 저녁 6시가 마지막 타임. 50분~1시간 안에 4벌 피팅이 끝난다. 그래서 1시간 단위로 예약한다. 3군데 보면 3시간 소요, 숍 2개 보면 2시간 소요. 플래너와 함께 진행한다면 스케줄 예약까지 플래너가 모두 진행한다.

② 첫 방문 때 본식드레스 위주로 3~4벌 입어보고 숍을 결정한 후, 시간이 지나 웨딩촬영 전 한 번 더 방문해서 촬영드레스를 입어보고 3벌을 결정한다. 이 때는 1시간 반 정도 소요된다.

③ 본식 2~4주 전에 최종 방문하여 본식에 입을 드레스를 다시 입어보고 결정한다. 이때 본식드레스 정하는 마지막 과정에서 베일은 어떻게 쓸지, 헤어 장식은 어떻게 할지를 정해야 한다. 피팅비는 첫 방문시만 발생하므로 헷갈리지 말자.

예약 방법

① 방문할 숍에 전화해서 이름, 전화번호, 결혼식 날짜, 촬영 날짜 등을 말하고 오전 11시에서 오후 6시 사이의 시간을 정해서 예약한다. 주어지는 피팅 시간은 1시간이므로 참고할 것.

② 주말에 방문해야 한다면 인기 있는 숍의 경우 최소 2~3주 전에는 예약을 해야 한다. 심한 경우 한 달 후 주말까지 마감되어 있는 경우가 많으니 여유를 가지고 예약하자.

③ 평일이라고 해도 크게 다르지는 않아서 바로 이번 주나 다음 주 예약 불가인 경우가 많다.

④ 웨딩플래너와 함께 진행하는 경우는 훨씬 세심한 배려를 받으며 예약할 수 있다. 플래너가 더 좋은 시간으로 안배해서 예약해주며, 피팅 상담자에게 플래너가 미리 신부의 특성 등을 귀띔해주기 때문에 신부 입장에서는 훨씬 편안하게 상담 받을 수 있다.

플래너 동행 시 유의사항

플래너 동행이거나 비동행일 때 모두 공통적으로 유의해야 할 사항은 '드레스숍에 있는 옷들은 그 숍에 있는 사람들이 직접 디자인하고 제작하는 경우가 많다'는 것이다. 그러므로 백화점이나 옷 가게에서 입어볼 때처럼 "별로다." "싸구려 같아." "소재가 나쁘네." 하고 만든 이가 기분이 상할 것 같은 얘기는 삼가자. 예의에 어긋나기도 하지만, 드레스숍 디자이너들도 사람인지라 기분이 나빠지면 피팅도 적극적으로 해주지 않을 것이다. 따라서 피팅할 때 신부와 디자이너들이 서로 칭찬도 주고받으면 좋다. 그래야 디자이너들도 신이 나서 더 예쁜 드레스, 더 빨리 나온 신상품 드레스를 하나라도 더 꺼내어 보여주게 되기 때문이다.

또한 보통 플래너는 신부의 체형이 어떻게 보이는지를 많이 봐주기 때문에 플래너의 의견을 많이 들어보는 게 좋다. 플래너들은 소재나 패턴에 대한 이해가 밝으므로

소재별 차이, 숍별 특징들에 대해 그들에게 정리를 듣고 드레스를 결정하는 것이 좋다. 숍에서 피팅할 때 궁금한 점 등이 있으면 미루지 말고 플래너에게 바로 문의하거나 건의하길 바란다.

플래너 비동행 시 유의사항

플래너와 비동행일 경우는 객관적으로 봐줄 수 있는 사람이 없으므로 본인이 더 줏대를 갖고 봐야한다. 여기서 기억해야 할 팁은 거울에서 최대한 멀리 떨어져서 전신 위주로 살펴보아야 한다는 것이다. 실제로 신부가 입고 싶어 했던 드레스보다 숍의 전문가가 어울릴 것 같다고 입혀준 드레스가 훨씬 평가가 좋았던 사례들이 많다. 따라서 좋아하는 취향을 숍에 정확하게 전달하되 추천을 받아볼 것을 권한다. 숍을 정한 후 촬영드레스 고르러 가는 날, 본식드레스 고르러 가는 날에 자신이 원하는 드레스 이미지를 휴대전화에 담아가면 도움이 된다.

청담동 전문 업체 VS 셀프웨딩드레스 업체

청담동 업체들은 아무래도 옷의 완성도가 높다. 비용이 비싼 만큼 대여 전에 완벽하게 세척, 손질, 가봉까지 마무리되어 나온다. 청담동 업체에서 예약하는 경우에는 헬퍼가 반드시 필요하다. 따라서 촬영 중, 본식 중에도 변형, 가봉 등이 가능하여 최상의 컨디션으로 입을 수 있다.

세미 웨딩드레스숍, 셀프웨딩드레스숍은 대부분 온라인 사이트 위주로 운영된다. 택배로 드레스를 받아서 택배로 반납하는 방식이다. 전문 헬퍼 없이 사람들이 실내, 야외 구분 없이 막 입기 때문에 상태가 많이 안 좋을 수 있다. 이 경우에도 무조건 실제로 보고 결정해야 한다. 비용이 저렴해서 좋지만, 내 몸에 딱 맞게 가봉하게 되면 대여가 불가능한 경우가 있으니 본식에서는 조심하도록 하자. 본식에 이용할 경우 가봉 등에 영향을 많이 받지 않는 소재나 스타일을 선택해야 한다.

드레스 피팅을 대비한 운동

드레스 입을 때 무엇보다 중요한 것은 목에서 어깨로 떨어지는 라인, 쇄골 라인, 허리에서 골반으로 이어지는 라인이다. 그리고 서양복식이기 때문에 어깨는 너무 좁지 않은 편이 더 좋다. 팔에 살집이 있을 경우 베일로 가리면 되기 때문에 상대적으로 될 중요하다고 할 수 있다. 뱃살은 부케가 항상 붙어서 가려줄 것이니 걱정 끝. 하체 비만이라면 드레스의 긴 기장 때문에 부각될 일이 없으므로 걱정할 필요 없다.

이런 이유들로 드레스 입을 때는 전체적인 실루엣과 자세가 예뻐지는 요가, 필라테스, 스트레칭이 좋다. 과체중이라면 당연히 체중을 줄여야 하겠지만, 보통의 체격에 군살이 있는 정도라면 꾸준히 스트레칭과 요가를 하면 된다.

스킨케어

스킨케어, 물론 하면 좋지만 과도하면 위험하다. 아무래도 결혼 전에 긴장할 수 있으므로 과한 케어를 하다가 피부가 뒤집어진 상태로 몇 달이 유지되기도 하는데, 정말 최악이다. 케어를 하려면 촬영 한 달 전부터 미리 시작하고, 문제가 없으면 지속하고, 조금이라도 안 좋은 징후가 보이면 바로 멈추자. 운동이나 사우나로 노폐물을 배출해주고 수분케어 정도를 하는 것이 안정적이다. 실루엣에 도움이 되는 경락, 마사지는 추천한다. 바디케어숍이 집에서 멀거나 너무 고가여서 부담스럽다면 동네 사우나에서 미니마사지(1회에 약 3만5천 원)라도 일주일에 한 번씩 받으며 관리하자.

얼굴형, 체형별 드레스 고르는 팁

드레스를 고를 때는 내가 입고 싶었던 디자인, 현재 유행하는 디자인, 연예인이 입어 화제가 된 디자인을 먼저 고르는 것도 좋지만, 가장 중요하게 살펴야 하는 것은 따로 있다. 바로 신체 비율, 어깨 라인, 목 길이, 얼굴선, 허리와 골반 라인 등이다. 얼굴형, 체형별로 어떻게 입으면 좋을지 알아보자.

1. 키가 크고 골반이 넓다면?
슬림한 드레스를 입으면 훨씬 더 세련되고 늘씬해 보인다. 이런 서구적인 몸매일수록 타이트하게 입자!

2. 얼굴이 통통한 편이거나 허리가 지나치게 가늘다면?
풍성한 핏의 벨라인 드레스를 고른다. 허리가 가늘다고 해서 무조건 딱 붙는 드레스를 입으면 얼굴도 커 보이고, 전체 비율도 나빠 보인다. 장식도 많고 화려한 느낌의 풍성한 드레스가 더 여성스럽고 고급스러운 느낌을 줄 것이다.

3. 동그란 얼굴형이라면?
다이아몬드 네크라인 추천 얼굴이 갸름해 보이고 목도 길어 보인다. 날씬해 보이는 착시효과는 덤! 하지만 목까지 올라오는 디자인은 절대 반대!

4. 어깨가 넓다면?
어깨가 넓어 고민이라면, 퍼프 소매가 달린 원피스가 딱이다. 폭이 넓고 풍성한 핏의 퍼프 소매가 어깨를 더 부각시킬 거라고 대부분 생각하지만, 오히려 어깨를 좁아 보이게 해준다. 일반 소매는 어깨선 셔링이 어깨 위에서부터 시작되지만, 퍼프 소매는 어깨 안쪽에서부터 시작되기 때문이다. 그 외에 넓은 어깨를 커버할 수 있는 디자인으로는 원숄더넥, 홀터넥, U자넥의 넥라인을 추천한다.

5. 엉덩이 볼륨이 빈약하거나 하체가 유난히 굵다면?
2번과 같이 풍성한 핏의 드레스가 좋다. 지나치게 마르거나, 상체에 비해 하체가 튼튼하다면, 치마 부분도 넓게 퍼져 있고 전체적으로 화려해 보이는 벨라인 드레스를 입길 바란다.

6. 각진 얼굴형, 역삼각 얼굴형이 고민이라면?
각진 얼굴형을 가진 신부에게는 라운드넥 디자인이 어울린다. 각진 턱을 갸름해보이게 하여, 전체적으로 부드러운 인상으로 만들어준다. 역삼각 얼굴형을 가진 신부는 하트넥, U자넥 디자인을 입도록 하자. 특히 하트넥은 귀엽고 사랑스러운 인상도 심어준다.

7. 길쭉한 얼굴형을 가진 신부라면?
오프숄더와 같이 어깨를 모두 드러내는 디자인을 추천한다. 어깨를 드러내면 얼굴형이 가진 단점을 보완할 수 있다. 가슴 쪽에 주름이 많이 잡힌 드레스도 좋다. 시선을 분산시켜주기 때문이다.

8. 빈약한 가슴이 콤플렉스라면?
가슴 부분에 포인트가 있거나 상체 부분이 풍성하여 입체적인 느낌을 주는 드레스를 입도록 하자. 혹은 과감하게 어깨를 모두 드러낸 오프숄더 디자인도 좋다.

9. 두꺼운 팔뚝을 가리고 싶다면?
5부, 7부 소매는 오히려 팔뚝을 더 두꺼워 보이게 한다. 차라리 아예 팔을 노출하거나, 보일 듯 말 듯 가리는 것이 좋다. 긴팔 드레스를 입거나 웨딩 글러브를 착용해도 좋고, 베일로 살짝 팔 부분을 가려도 자연스럽다.

10. 작은 키에 마른 체형이라면?
디테일이 들어간 드레스는 시선을 분산시켜 사람을 더욱 크게, 왜소해 보이지 않게 한다. 어깨나 목 부분에 디자인이 더해진 드레스도 좋고, 베일이나 레이스, 벨트 등으로 포인트를 준 드레스도 어울린다.

11. 작은 키에 통통한 체형이라면?
신부 입장에서는 키가 작아 고민이겠지만, 엄청난 장점도 있다. 귀여운 이미지를 연출할 수 있다는 점이다. A라인으로 퍼지는 드레스를 입으면 다리도 길어 보이면서 사랑스러운 느낌을 줄 수 있다. 여기에 가슴 라인을 살짝 부각시킨다면 섹시한 느낌까지 연출할 수 있다.

12. 큰 키에 통통한 체형이라면?
오히려 풍성한 실루엣을 드러내는 H라인 웨딩드레스를 추천한다. 자연스럽게 흘러내리는 라인이 더욱 고급스럽고 심플한 느낌을 줄 것이다. 별다른 포인트와 장식이 없는 미니멀한 H라인 드레스를 입길 바란다.

13. 뱃살이 있거나, 임신 중인 신부라면?
하이웨스트 디자인을 입자. 가슴 바로 아래쪽부터 허리선으로 잡혀 있기 때문에 뱃살을 단단하게 잡아주고, 시선을 상체로 집중시킨다. 따라서 가슴은 볼륨감 있어 보이고 다리는 길어 보인다.

14. 가슴, 골반이 크고 글래머러스한 몸매를 가진 신부라면?
이런 몸매를 가졌다면 무조건 S라인을 드러내야 한다. 요즘 가장 핫한 머메이드라인 드레스를 추천한다. 머메이드라인이란 인어 모양, 즉 허리와 골반은 슬림하고 치마 맨 아랫부분은 살짝 퍼지는 핏이다. 우아하고 섹시한 분위기를 연출할 수 있다.

심플한 스타일을 좋아하는 예비신부들에게는 매끈한 느낌의 도비실크 드레스를 추천합니다. 가벼운 느낌의 오간자 드레스도 세련되고 심플한 느낌을 강조할 수 있어요. 화려한 스타일을 좋아하는 예비신부들은 소재를 레이어드한 풍성한 스커트, 상반신에 장식이 많이 달린 드레스로 존재감을 발산하면 좋겠어요.

― 배시연 웨딩플래너(듀오웨드 프리랜서팀 소속)

시스루 웨딩드레스에 잔잔한 플라워모티브 레이스를 수놓은 디자인, 혹은 드라마틱한 디테일, 장식이 달린 디자인이 점점 더 인기가 높아질 것으로 예측해봅니다. 여기에 부케, 베일 등으로 더욱 센스 있는 연출을 해보시면 좋을 것 같아요. 매번 시즌마다 바뀌는 트렌드를 따르는 것도 좋지만, 나에게 가장 잘 어울리는 드레스가 무엇인지 잘 알아보는 것도 중요합니다.

― 조은비 웨딩플래너(웨딩힐 소속)

최근까지는 클래식한 스타일이 대세였다면, 앞으로는 '미니멀리즘' '내추럴 스타일'에 포커스가 맞추어질 것 같습니다. 미니멀리즘 트렌드는 꽤 오래 지속될 것 같아요. 스튜디오 촬영 때 입는 드레스, 본식드레스는 최대한 심플하고 세련된 느낌으로 스타일링하고, 부케와 소품으로 포인트를 주는 것을 추천합니다.

― 류소영 웨딩플래너(프리랜서)

1. 배우 소이현 인교진 부부 2. 배우 박효주의 드레스 엔조 최재훈의 세련되고 감각적인 스타일링이 돋보인다. 3. 배우 유하나의 본식드레스 여성스러움과 우아함을 극대화했다. 4. 배우 차예련의 웨딩화보 과하지 않고 절제된 느낌으로 청순미를 강조했다.

엔조 최재훈

국내 최대 규모의 자체 디자인실을 운영하고 있는 명실상부 최정상 웨딩드레스그룹으로 오랜 시간 신부들에게 많은 사랑을 받고 있다. 김상경(배우), 송일국(배우), 김이지(가수), 이범수(배우), 이지애(아나운서), 이천희/전혜진 커플(배우), 조향기(배우) 등 수많은 연예인의 결혼을 담당하며 국내 최고의 인기 브랜드로 자리매김했다. '이 시대의 여자들이 꿈꾸는 드레스이자 먼 훗날 그녀의 딸이 꿈꾸는 드레스'를 모토로 한다.

- 위치 : 서울특별시 강남구 신사동 630-13번지 2층
- 문의 : www.choijaehoon.co.kr / 02-3442-6677

도경화 대표. 도화브라이드는 곧 해외에도 진출할 계획이다.

도화브라이드

도화브라이드는 국내 디자이너가 이름을 걸고 만드는 최고의 드레스를 연구하는 숍이다. 고급스럽고 독특한 소재를 사용하여 정교한 비딩으로 마무리 하는 국내 최고의 디자이너 브랜드숍입니다. 수입드레스가 많이 들어온 지금 시점에 아랑곳하지 않고 곧 해외 진출을 목표로 두고있는 매년 성장해오는 디자이너의 자부심이 느껴지는 드레스숍입니다.

- 위치 : 서울시 강남구 논현동 102-20
- 문의 : www.dohhwa.com / 02-515-3550

황정아 부티크

국내 디자이너가 자신의 이름을 걸고 최고의 드레스를 연구하는 브랜드숍. 고급스럽고 독특한 소재를 사용하여 정교한 비딩으로 마무리하는 기법을 사용한다. 수입드레스가 많이 들어온 지금, 꿋꿋하게 자신의 자리를 지키며 국내 디자이너의 자부심을 보여주고 있다.

- 위치 : 서울시 강남구 청담동 89-20 K2빌딩 3층
- 문의 : blog.naver.com/hjabutik / 02-541-8811

메 : 메이크업 + 헤어스타일링

인터넷 화보만으로는 도저히 알 수 없는 메이크업숍. 어떻게 고를까? 지금으로부터 8~9년 전까지만 해도 헤어메이크업을 잘하는 숍, 못하는 숍의 편차가 컸다. 우선 제품의 편차가 컸고 스타일의 편차도 컸다. 전형적인 스타일로 두껍게 화장한 신부와 세련되고 자연스러운 스타일로 피부 좋아 보이게 화장한 신부는 그야말로 비교체험 극과 극이라 해도 과언이 아니었다. 그런데 사실 최근에는 보급형, 즉 저가 화장품들도 워낙 품질이 좋아졌고 일반인들까지도 스타일이 전반적으로 좋아졌다. 뷰티블로거의 메이크업 스킬을 쉽게 알려주는 동영상 등을 흔하게 접할 수 있고 메이크업에 대한 인식 자체가 이목구비 보정보다는 '건강하고 어려보이는 피부 어필'로 변화하고 있는 추세도 한몫하고 있다. 그러니 나에게 맞는 스타일을 잘하는 숍을 찾는다면 아마 가뿐히 60점 이상의 점수는 받을 수 있다.

그러나 메이크업숍은 스튜디오나 드레스숍에 비해 저가대 숍과 고가대 숍의 가격 차이가 상대적으로 크지 않다. 따라서 메이크업과 헤어 쪽에서 더 욕심을 가지고 만족감을 느끼고 싶다면, 차라리 20~30만 원 더 쓰고 고가대 숍을 이용하는 것이 더 안전하다.

나에게 어울리는 숍 찾기

셀러브리티들이 많이 오는 숍에서는 아무래도 구태의연하고 올드한 신부 화장보다 세련된 스타일링을 받을 수 있다. 국내 최고의 트렌드세터 집단이라고 할 수 있는 잡지사 에디터, 연예인 코디네이터와 함께 화보 작업을 하는 메이크업 아티스트, 헤어디자이너들은 당연히 훨씬 더 세련된 스타일링을 해줄 수밖에 없지 않겠는가? 그러니 우선 어떤 셀러브리티들이 그 숍을 이용하고 있는지 찾아보자. 보통 홈페이지를 찾아보면, 어떤 연예인들이 그 숍을 이용하는지 알 수 있다. A급 연예인들, 패션화보 작업을 많이 하는 셀러브리티들이 많다면 더욱 세련된 스타일링을 기대해볼 수 있겠다.

담당 디자이너 찾기

숍을 골랐다면, 나를 꾸며줄 디자이너를 찾아야 한다. 요즘은 많은 메이크업디자이너, 헤어디자이너들이 개인 블로그를 운영한다. 그 블로그에 들어가보면 일반 신부들의 실제 사례를 확인할 수가 있다. 예를 들어 '아쥬레 조아 실장님' 이런 식으로 숍 이름과 아티스트 이름을 검색하면 블로그를 찾을 수 있다. 실제 사례까지 보고 나랑 잘 맞는 스타일이라고 판단이 된다면 숍에 예약을 하면 된다.

사실 말이 쉽지, 이렇게 꼼꼼하게 찾아봐도 메이크업의 미세한 차이를 인터넷상으로 알아보기란 무척 어려운 일이다. 그러니 웨딩플래너에게 추천을 받는 것이 가장 안전한 길이 될 수 있다. 미리 스타일을 찾아본 후 헤어는 이렇게, 메이크업은 이렇게 하고 싶다는 '워너비 이미지'를 갖고 있다면 본인에게 맞는 숍을 추천 받기 더 쉬울 것이다.

절대로 망하지 않는 헤어메이크업

기술이 좋고 센스가 있는 아티스트를 찾는 것이 가장 우선이지만, 어떤 아티스트와 만나더라도 제대로 의사소통하지 않으면 내가 원하는 스타일을 100% 맞추어 해내기 어렵다. 하지만 우리가 진정 원하는 것은 '내가 생각하는 것보다 훨씬 더 나에게 어울리는 그 무언가'를 끌어내주는 것이다.

아티스트가 먼저 "어떻게 해드릴까요?" 하고 묻지 않아도 "저는 이런 스타일이 좋은 것 같아요. 어울릴지는 모르겠는데 이런 느낌 살려서 해주시면 좋겠습니다." 하고 얘기하면 좋다. 또한 스타일에 대한 의사소통은 말보다 한 장의 이미지면 좋다. '찾아보니 다 예쁜데?'라고 생각된다면 '진짜 별로다 싶은 이미지'를 한 장 준비하는 것도 좋다. 아티스트에게 "이런 느낌만 아니면 괜찮을 것 같아요."라고 말하면 된다.

그리고 나의 콤플렉스와 장점을 이야기해보자. 예를 들어 "저는 머리를 할 때 정수리 부분에 볼륨을 너무 주면 나이 들어 보이더라고요." "눈이 작은 게 콤플렉스예요." "각진 얼굴을 커버하고 싶어요." 등등. 그럼 아티스트는 "단점을 가리려고만 하면 오히려 부각되니까 이렇게 해보자." 등 방안을 제시해주고 신경 써서 메이크업을 완성하게 될 것이다.

스타일링, 한 끗 차이다

아는 만큼 보이고 보이는 만큼 실현가능하다. 모르겠다고 포기하지 말고 헤어메이크업 스타일 이미지를 많이 찾아보도록 하자. 드레스만큼이나 생소한 분야이니 말이다. 이것저것 다 모르겠고 머리가 아파오면, 오랜 경력이 있고 현장을 잘 알고 있는 웨딩플래너에게 추천을 받도록 하자. 좋은 숍, 좋은 선생님만 만난다면 위의 노력이 무색할 만큼 눈부시게 변신할 것이다.

그리고 한 가지 팁. 셀프웨딩을 한다면 본식 때 메이크업을 받을 숍에서 미리 메이크업을 받아보는 것이 좋다. 아주 고가대 숍이 아니라면 1회를 추가한다고 해서 큰 금액이 올라가지 않는다. 촬영 때 한 번 받아보면, 본식 때 스타일을 어떻게 할지 더 가늠이 잘 되어 좋다. 또한 동일한 아티스트에게 메이크업을 계속 받기 때문에 아티스트도 신랑, 신부의 장단점을 더 잘 파악하게 된다.

김청경 헤어페이스

'대한민국 1세대 메이크업 아티스트' 김청경 대표가 이끄는 헤어·메이크업 전문숍. 투명 메이크업, 물광 메이크업 등 피부결이 돋보이는 베이스 메이크업을 유행시킨 그녀는 예비부부를 스타일링할 때도 자연스럽고 단아한 연출에 포커스를 둔다. 헤어 메이크업 역시 잔잔한 웨이브, 정돈되지 않은 잔머리를 그대로 살려 밝고 생기 있는 이미지를 연출한다. 티아라, 베일 등의 소품을 사용하여 소녀 같은 느낌을 주기도 한다.

- 위치 : 서울시 강남구 청담동 2-10
- 문의 : 02-3446-2700

아쥬레

제니하우스, 순수, W퓨리피 등에서 활동했던 베테랑 아티스트들이 모여 감각적인 헤어 스타일링, 메이크업, 네일아트 등을 선보이는 토탈 뷰티숍. 고객 개개인의 장점을 잘 살려주는 연출로 유명하다.

- 위치 : 서울시 강남구 청담동 6-2
- 문의 : azurerhair.com / 02-532-6660

본식스냅 고르기

웨딩사진이 패션화보처럼 '만들어내는 사진'이라면 본식스냅은 〈내셔널지오그래픽〉 같은 현장 다큐멘터리 사진이다. 움직이는 피사체를 최대한 자연스럽게 담고, 감정이 묻어나도록 찍어야 한다. 그래서 사진의 기술적인 측면만으로 좋고 나쁨을 판단하기가 어렵다. 특히 일반 신랑, 신부들이라면 '사진의 구도나 리터칭의 정도, 노출 등이 정확해서 좋군!'이라고 생각하기보다는 '사진이 유난히 따뜻해보여요.' '내가 좋아하는 색감이에요.' '신부를 예쁘게 찍어줘요.' 등등 감정적인 잣대로 채점하기 마련이다. 그러니 본식사진은 나에게 딱 맞는다고 느껴지는 것이 가장 좋은 사진이다. 어쩔 수 없다. 기술적인 부분이 떨어진다고 해도 내 결혼사진, 내가 좋으면 그만이지 않은가? 하지만 몇 가지 기준은 기억해둘 필요가 있다. 본식사진을 고를 때 갈등이 된다면 다음 4가지 기준만 떠올리면 도움이 될 것이다.

본식스냅 고르는 4가지 기준

① 구도 : 구도가 한쪽으로 쏠려 있거나, 한쪽이 확 잘려 있다면 나중에 거슬릴 수 있다. 구도가 독특한 사진도 좋지만, 기본에 충실한 안정적 구도의 사진들을 많이 고르는 것이 후회가 없을 것이다.

② 포커스 : 포커스가 자꾸 뒷사람에 맞거나, 자꾸 틀어진다면 돈 주고 예약하기 아까운 사진이다.

③ 리터칭 : 리터칭을 티 나게 많이 하는 것은 조명 없이 찍는 현장 사진의 특성상 해상도를 떨어뜨릴 수밖에 없다. 리터칭은 적당하게 하자.

④ 앨범 제작 : 웬만하면 앨범을 제작하도록 하자. 물리적으로 잡히지 않는 사진은 잃어버리기 쉽다.

본식스냅 가격과 구성의 예시

① 가격 : 40만 원부터 400만 원까지 다양하다. 보통

메리골드 스튜디오

신랑, 신부의 취향에 따라 맞춤보정을 해주고, 고객이 가장 잘 나온 사진을 선택할 수 있도록 꼼꼼하게 상담해주어 고객 만족도가 높다.
● 위치 : 서울특별시 강남구 청담동 13-20 지하 1층   ● 문의 : marigoldst.co.kr / 02-544-9972

50~150만 원 사이로 많이 선택한다.
② 구성 : 30쪽 합본앨범부터 100쪽 앨범까지 다양하다. '합본'이란 시간의 순서대로 자연스럽게 현장을 찍은 '스냅사진'과 예식 후 식장 앞 쪽에서 가족별, 친구별 나눠 찍은 '원판사진'을 한 권의 앨범에 넣는 것을 말한다. 스냅 따로, 원판 따로 앨범을 제작하기도 한다.

웨딩촬영 안 한 경우 본식스냅 활용하기

요즘은 웨딩촬영을 생략하는 경우도 많다. 그럴 경우 드레스숍에서 볼레로나 숏베일, 색다른 헤어 장식, 컬러 리본, 하얀 자켓 등을 준비해서 식전에 잠깐이라도 사진을 찍어두면 도움이 된다. 모든 본식 스냅은 신부 대기실에서 맨 처음 신랑, 신부의 연출 촬영(웨딩촬영처럼 포즈 잡고 찍음)을 최소 10분 동안 4~5컷 이상 찍기 때문이다.

본식 사진 도우미 활용법

전문 사진작가와 사진을 찍을 때 본식 사진 도우미(대부분 친구나 지인이 맡는다.)가 찍어주는 어설픈 사진들은 거의 안 보게 되기 마련이다. 따라서 전문가와 비슷한 구도로 찍을 이유가 더더욱 없다! 그러니 차라리 "스냅작가님이 전체적으로 찍어줄 거니까, 너는 그냥 우리 부부만 찍어줘."라고 도우미에게 주문해보자. 혹은 더 노골적으로 "나만 찍어줘."라고 주문해도 좋다. 그럼 예기치 못한 표정이나 상황을 남길 수 있을 것이다. "우리 엄마, 아빠만 찍어줘."라고 부탁한다면 두고두고 꺼내 볼 사진을 갖게 될 수도 있다.

스드메 외 신경 쓸 것

스드메의 산만 넘으면 결혼준비 다 끝난 줄 알았는데, 아직 신경 쓸 일이 많이 남았다. 동영상, 청첩장, 한복, 예물 등 필수 요소는 아니지만, 하려고 하면 얼마든지 사람 진을 빼는 단계들. 여기까지 잘해왔으니, 너무 겁내지 말자. 아래 노하우만 기억하면 금방 끝낼 수 있는 일들이다.

동영상(식 전 영상)

개인적으로 가장 권하는 것이 동영상 촬영이다. 동영상은 결혼하고 바로 보려고 하는 것이 아니다. 아이는 자라면서 엄마, 아빠의 젊은 시절 결혼식 동영상을 굉장히 즐겨본다고 한다. 그리고 부부도 어느덧 노년을 맞이했을 때 웨딩동영상을 보면서 가장 아름다웠던 서로의 옛 모습, 옛 음성을 듣게 된다면 얼마나 좋을까? 이제 기술이 좋아져서 영상을 만들어두면 화질의 변화 없이 거의 반영구적으로 보존할 수 있으니, 동영상은 꼭 제작하도록 하자. 예산이 부족하다면 친구의 캠코더를

반드시 피해야 할 동영상 업체

1. 동영상에 지나치게 효과를 주는 곳
인터넷으로 볼 때 더 좋아보이도록 효과만 덕지덕지 주고, 가격은 저렴하게 제공하는 업체들이 많다. 색감이나 효과가 강하면 촌스러울 뿐이다. 노출이나 조도를 맞추지 못했기 때문에 그것을 감추려고 색감 조정, 효과를 더욱 강하게 넣은 것이니 주의하자.

2. 1인 2카메라를 쓰는 곳
점점 '2인 카메라' 수요가 높아지니, 한 명이 카메라 2개를 쓴다는 업체들도 많아졌다. 1인 1카메라보다도 집중력이 떨어질 텐데, 말도 안 되는 상술이 아닐 수 없다.

3. 안전성이 보장되지 않은 곳
동영상 업체는 본식스냅 업체와 마찬가지로 당장 집에서, 내 방에서도 시작할 수 있는 업종이다. 사업장이 딱히 필요 없다는 뜻이다. 회사의 근거도, 직원의 인성도 확실하지 않은 업체인데 저렴한 가격만 믿고 촬영을 맡겼다가 크게 후회한 커플들을 많이 보았다. 나중에 동영상을 틀어보니 사운드가 하나도 없거나, 친구들 인터뷰가 한두 명밖에 들어가 있지 않는 경우 등 이런 사고가 나도 안전한 회사가 아니라면 당연히 보상조차 받을 수 없다. 동영상은 사전 완납한 후 몇 달 뒤에 받게 되므로, 업체의 안전성을 반드시 살펴야 한다.

빌려 찍어서라도 영상을 남겨두길 권한다. 캠코더도 없다면 친구들에게 부탁해서 휴대전화 영상이라도 많이 찍어두자.

비용은 40만 원부터 100만 원 이상까지 다양하다. 영상을 중요하게 여긴다면 웨딩촬영을 생략하고 영상을 다양하게 찍어보는 것도 좋다. 식장이 크다면 2인 촬영을 하는 것도 도움이 된다.

청첩장

고가를 들이지 않아도 얼마든지 맘에 드는 청첩장을 만들 수 있다. 포털사이트에 '예쁜 청첩장' 등을 검색하면 무수히 많은 업체들이 쏟아진다. 청첩장 업체들로부터 샘플을 무료로 배송 받을 수 있으니, 샘플을 실제로 만져보고 결정하면 된다.

비용은 장당 350원부터 몇천 원대까지 다양하다. 소모성 품목이므로 디자인은 참신하게 고르되 금액은 1,000원이 넘지 않는 것이 좋다. 청첩장을 만들면 무료로 모바일 청첩장을 만들어주는 서비스도 있는지 확인하자. 만약 모바일청첩장 서비스가 없어서 따로 제작한다고 해도, 5만 원 이하 금액만 내면 가능하다.

한복

요즘은 한복을 생략할지, 대여할지, 맞출지 다양하게 선택할 수 있다. 예전엔 거의 무조건 맞추는 품목이었는데 말이다. 나는 결혼할 때 한복을 맞췄다. 지금도 아주 마음에 든다. 이번 명절에도 다시 꺼내 입을 예정이다. 또한 앞으로 집안 결혼식이 있을 때마다 입을 것이다. 이렇듯 마음에 쏙 드는 한복을 만들어놓으면, 일이 있을 때 꺼내 입을 수도 있고 후회스럽지 않을 것이다. 그래서 요즘 신부들은 한복을 맞추고, 신랑은 대여만 하는 경우가 많다.

- 대여 : 한 벌당 15~30만 원
- 맞춤 : 30만 원대부터(광장시장의 경우) / 50만 원 안팎(청담동의 경우)

예복

요즘 남자들은 멋을 안다. 자신의 스타일에 엄격하다. 몇 년 전만 해도 드레스숍에서 서비스로 빌려주는 턱시도를 아무 거리낌 없이 입고는 했는데 요새 신랑들은 어림없다. 자신의 몸매를 더 멋지게 표현해줄 예복을 까다롭게 고르고 맞춘다. 예복 자체만을 입기도 하고 셔츠 칼라에 실크를 덧대어 턱시도처럼 리폼해서 입기도 한다. 이런 리폼은 보통 맞춤정장숍에서 무료로 해주는 경우가 많다.

예물

예전에는 예물세트 수, 양에 집중했다면 액세서리가 흔해진 요즘은 세트보다는 반지 하나에만 집중하는 추세를 보인다. 만약 여러 가지 세트를 맞출 수 있는 예산이 있어도 반지에만 크게 투자하여 캐럿 다이아몬드로 맞추는 식이다. 혹시 다이아몬드 반지를 구입하려고 한다면, 제일 공신력 있는 GIA국제공인보석감정을 반드시 참고로 하자.

영화인들이 운영하는
동영상 업체

러브씬필름

단편영화, 상영영화를 넘나들며 다양한 활동을 하고 있는 영화인들이 의기투합하여 만든 동영상 업체. 웨딩동영상만을 제작하는 업체가 아니기 때문에 더욱 다양한 표현법을 볼 수 있다. 영화적인 감성이 잘 훈련되어 있는 감독들은 커플 사이의 드라마틱한 감정을 예리하게 포착하고, 아날로그 필름처럼 각 순간을 따뜻한 느낌으로 표현한다. 커플만 바뀔 뿐 형식은 모두 똑같은 웨딩동영상이 싫고 두 사람만의 분위기를 살리고 싶다면 러브씬필름과 상담해보자.

문의: www.lovescenefilm.com / 02-423-7780
위치: 서울시 송파구 방이동 164-3

바른컴퍼니 청첩장 소개

① 바른손카드 (Since 1970 대한민국 대표 청첩장)

- 부모님부터 우리까지 세대를 이어온 대한민국 대표 청첩장 브랜드
- 대표 제품 : 무난하고 대중적인 화이트 청첩장 위주. 정교한 레이저커팅 가공으로 탄생한 '레이저청첩장', 한국 전통 모티브를 현대적으로 해석한 '전통청첩장' 등이 인기
- 가격대 : 평균 장당 400~600원 선
- 문의 : www.barunsoncard.com

② **비핸즈카드**(모던한 청첩장)

- 폭넓은 연령층, 합리적인 가격, 다채로운 디자인을 만족시키는 청첩장을 선보인다. 디자인에 충실하면서도 트렌드를 반영하고, 가격 부담까지 덜어주는 '모두의 청첩장'.
- 대표 제품 : 바른손카드와 인기 청첩장 유사
- 가격대 : 평균 장당 400~600원 선
- 문의 : www.bhandscard.com

③ 더카드 (유니크 청첩장)

- 남과 다른 내 개성이 담긴 청첩장을 찾는 이들을 위해 탄생한 신감각 유니크 청첩장 브랜드. 아날로그 감성의 일러스트 청첩장, 봄의 정원 같이 화사한 플라워 청첩장, 모던 디자인 감각의 타이포그래피 청첩장, 하우스웨딩을 꿈꾸게 하는 러스틱 청첩장 등 세상의 모든 새로운 청첩장이 더카드에 있다.
- 대표 제품 : 일러스트 청첩장, 포토 청첩장, 타이포그래피 청첩장 등 젊은 감각의 유니크한 디자인 인기
- 가격대 : 평균 장당 400~600원 선
- 문의 : www.thecard.co.kr

④ 프리미어페이퍼(고급 청첩장, 스타 청첩장)

- 까다로운 안목을 가진 수많은 스타들이 인생 단 하나의 청첩장으로 선택한 브랜드. 스타의 청첩장, 연예인 청첩장이라는 기분 좋은 수식어로 불린다. 종이 재질부터 디자인, 제작까지 정성을 다해 하나의 작품 같은 고급 청첩장을 선사한다.
- 대표 제품 : 도톰한 수입 종이를 사용한 심플한 디자인의 청첩장 위주. 환색, 남색, 갈색 등 묵직한 컬러로 고급스러움이 느껴지는 호텔 웨딩 콘셉트의 청첩장. 레이저커팅으로 가공한 레이저 청첩장도 인기
- 가격대 : 평균 장당 1,000~1,500원 선
- 문의 : www.premierpaper.co.kr

청첩장 제작 시 참고하기

1. 발송 명단 작성 후 수량은 여유 있게 준비(하객 수 + 50~100장)
인쇄 수량을 가늠하기 위해 친척, 회사 동료, 친구 등 하객 리스트를 작성하는 것부터 시작하자. 직접 전달, 우편 발송으로 구분해보고 우편으로 보낼 경우 주소도 정확히 확인한다. 수량은 예상 하객 수에 50~100장 정도 더해 여유 있게 주문하는 것이 좋다.

2. 청첩장 제작 기간은 보통 일주일 소요
주문 후 제작이 완성되어 배송 받기까지 걸리는 기간은 보통 일주일 내(영업일 기준)이며 맞춤형으로 제작하거나 인쇄 전 확인 과정이 길어질 경우 기간이 더 길어질 수 있다. 결혼식 날짜에 맞춰 여유를 두고 준비하는 것이 좋다.

3. 청첩장 전달은 최소 2~3주 전까지 완료
주말마다 많은 결혼식이 진행되므로 청첩장을 미리 전달해 하객들이 일정을 가늠할 수 있도록 하는 것이 예의다. 한 달 전 정도부터 돌리기 시작해 최소 2~3주 전(우편 발송까지 포함)에는 모든 하객이 청첩장을 받을 수 있도록 배려한다. 중요한 하객의 경우 결혼식 1~2주 전에 전화로 한 번 더 알리도록 한다.

4. 모바일 청첩장을 보낼 때도 초대의 예의 필요
보통 종이 청첩장을 주문하면 무료로 제공해주는 모바일 청첩장은 종이 청첩장의 보완 수단으로 이용하면 좋다. 한 달 전 종이 청첩장을 보내고, 2주 전 모바일 청첩장으로 다시 한 번 상기시켜주는 것도 좋은 방법이다. 스마트폰이 익숙하지 않은 어른들에게 모바일 청첩장을 보내는 것은 자제하고, 보내기 전에 전화로 미리 결혼 소식을 알리고 청첩장을 보내는 것이 예의다.

5. 청첩장 주문 후 최종 디자인 확인할 때 꼭 점검해야 하는 부분
인쇄 전 고객의 '초안(고객이 입력한 예식 정보가 반영된 디자인 파일)' 컨펌 과정이 있다. 이때 컨펌한 내용으로 청첩장에 그대로 인쇄가 되니 반드시 꼼꼼히 확인해야 한다. 이름, 예식장 정보, 교통 정보, 약도 등에 오탈자나 빠진 내용, 틀린 내용이 없는지 다시 한 번 점검한다. 특히 교통 정보, 예식장 정보는 수시로 변동되는 항목이니 청첩장 업체의 DB에서 제공하는 예식장 정보를 사용한 경우 최근 업데이트된 내용과 동일한지 재확인하도록 한다.
또한 확인 시 양가 부모님의 의견을 듣는 것이 좋다. 많은 청첩장이 부모님 지인들에게 전달되기 때문에 부모님마다 신경 쓰는 부분이 꼭 있다. 디자인, 인사말, 표기법, 교통편 등을 양가 부모님과 확인한 후 최종 인쇄에 들어가도록 한다.

— 자료 제공 : 바른컴퍼니

페이퍼블랑 청첩장 소개

세상에서 하나밖에 없는 청첩장을 만드는 곳

- 신부, 신랑이 원하는 디자인 요소, 종이, 가공방법을 현실화시킬 수 있으며, 직접 그린 그림이나 직접 찍은 사진도 넣을 수 있다.
- 해외나 지방에 있다면 메일을 통해 상담 및 제작 가능
- 가격대 : 주문제작이므로 종이나 가공방법 등에 따라 천차만별로 견적이 달라진다. 200장 기준 10만 원 대부터 200만 원대까지 다양하게 제작 가능하다.
- 위치 : 서울시 용산구 한남동 723-2
- 문의 : www.paperblanc.com / 070-4176-0735

맞춤 한복숍 소개

전통의 형과 색을 유지하면서 현대적인 감각과 디자인을 접목한 한복, 휘랑

- 족두리에 롱베일을 매치하거나 한복원단 색상과 웨딩드레스를 믹스하여 새로운 스타일의 한복을 선보였다.
- 위치 : 서울 강남구 청담동 50-10 에이트리움 빌딩 3층
- 문의 : www.hwirang.net / 02-518-5167~8

맞춤 예복숍 소개

정통 비스포크(Bespoke) 방식을 고수하는 테일러숍, 마틴루이스
- 말 그대로 'Be Spoken', 고객과 대화를 통해서 만들어지는 옷. 기성복이 아니기 때문에 고객의 평소 라이프스타일을 고려하여 옷을 만든다. 웨딩 후에도 입어야 하는 옷이므로 활용성이 좋은 옷을 권한다.
- 고객이 보유하고 있는 수트의 컬러와 디자인에 대해 살핀다.
- 결혼식 장소와 콘셉트에 잘 어울리는 수트를 제작한다.
- 고객의 체형을 꼼꼼하게 살핀다.
- 위치 : 서울특별시 강남구 청담동 11-3 3~4층
- 문의 : www.mt-lewis.co.kr / 02-3446-8633

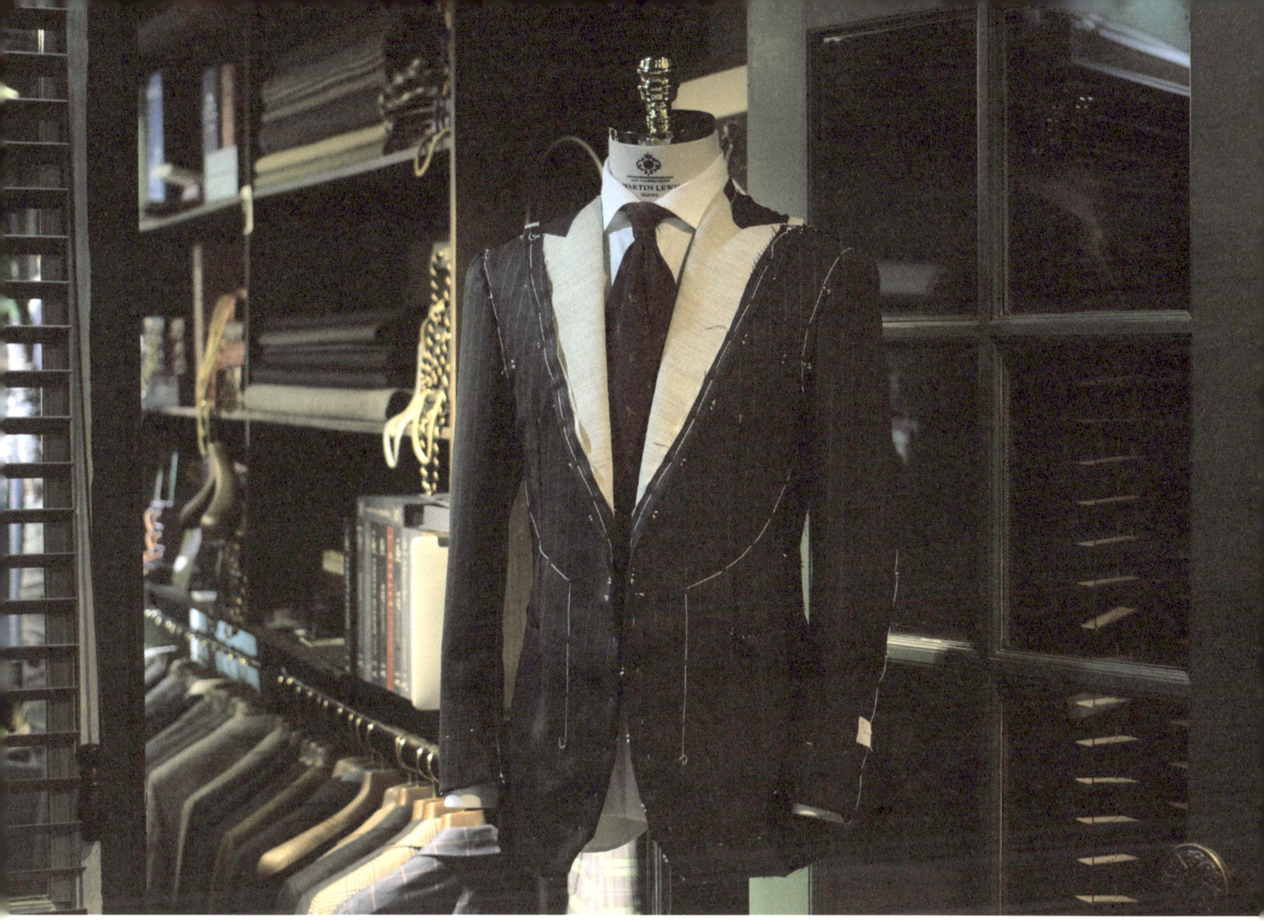

Fine Cloth
by
FOX BROTHERS
& CO.
MADE IN THE
West of England

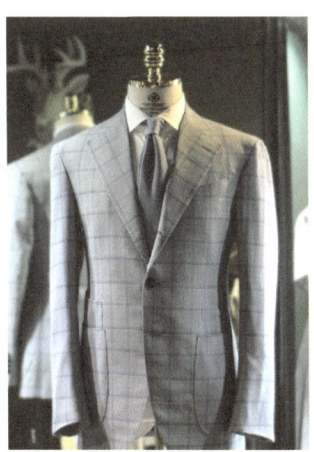

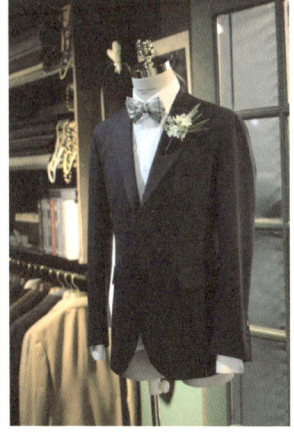

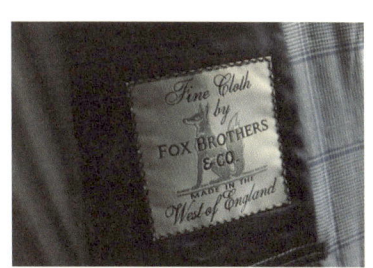

맞춤 예물숍 소개

자식에게 물려주고 싶은 주얼리, 코아누르
- 자연, 돌, 나무, 세월이 묻어나는 금속의 유기적인 상태에서 영감을 받은 인체곡선적인 디자인
- 고객이 원하는 디자인으로 커스터마이징 가능
- 위치 : 서울시 강남구 청담동 93-13 엠플러스빌딩 2층
- 문의 : www.kohinoor.co.kr / 02-3445-9707

저렴한 스드메 vs 고가의 스드메

스튜디오	박리다매 법칙으로 저렴해진다. 샘플 자체의 질은 나쁘지 않지만, 진행 방식이 문제일 수 있다. 예를 들어 100만 원 이상의 스튜디오는 하루 한 팀만 진행하는 경우가 많다. 그에 비해 저렴한 스튜디오는 하루 9팀까지도 촬영을 한다. 당연히 시끄럽고 분주하며 대기시간이 길어질 수밖에 없다. 프라이빗하고 조용한 분위기에서 두 사람만 촬영을 하고 싶다면 몇십만 원만 더 쓰면 가능하다. 간혹, 새로 연 스튜디오는 아직은 입소문을 타지 않아서 아주 한가하게 촬영하는 경우가 있다. 내가 사람 많고 번잡한 걸 싫어한다면 촬영 빈도를 꼭 체크해보는 것이 좋다. 그리고 촬영이 많은 곳은 촬영 당일뿐 아니라 추후에 앨범 나올 때, 사진 선택할 때 등 언제라도 문제가 발생할 수 있다는 점을 기억하자.
드레스	디테일의 문제로 가격 차이가 난다. 명품 브랜드에서 나온 200만 원짜리 옷과 그대로 카피해서 만든 12만 원짜리 옷은 왜 다를까? 만약 작은 디테일과 만듦새를 꼼꼼하게 살피는 타입이라면 그저 디자인과 스타일만 보고 만족하지 못할 것이다. 저렴한 드레스 업체는 50~60만 원 정도에 드레스 4벌에 모든 액세서리, 턱시도까지 모두 대여해준다. 가봉에 드라이까지 다 하는데 말이다. 그러니 섬세한 디테일, 소재, 바느질, 패턴까지 이어지는 훌륭한 만듦새를 기대할 수는 없다. 따라서 단순한 디자인보다 만듦새에 신경 쓰는 타입이라면 적어도 100만 원 이상의 비용 정도는 생각하는 것이 좋다. 하지만 디자인과 스타일만 신경 쓴다면 드레스 대여비에 큰돈 쓸 필요 없다. 다만, 내가 어떤 사람일지는 드레스 입어보기 전까지 알 수가 없다는 것이 문제다.
헤어+메이크업	스타일 제안 없이 고객이 해달라는 대로 해주는 진행, 세련된 스타일을 제안해주는 진행에 따라 가격이 다르다. 또한 한 곳에 꾸준히 일하는 직원 수가 얼마나 되는지 살펴볼 필요가 있다. 저렴한 업체일수록 인건비 충당이 안 되기 때문에 성수기, 주말에는 아르바이트로 일하는 디자이너들이 진행해줄 수밖에 없다. 파트타임으로 일하기 때문에 책임감도 떨어지고, 그럼 고객 입장에서도 만족도가 낮을 수밖에 없다.

합리적인 스드메 가격, 어떻게 찾을까?

1. 어느 정도 만족하고 싶다면 일단 최저가는 피하도록 하자. 최저가를 찾았다면 '+50만 원' 정도는 더 여유를 가지고 알아본다고 생각하자. 크게 후회할 일은 없을 것이다. 인생에 딱 한 번이다. 만족하고 지나가면 아무것도 아닌 일이지만, 사진 드레스, 헤어나 메이크업 모두 망치면 정신건강에 아주 해로울 것이다.
2. 전문가에게 여러 번 상담을 받자. 200만 원으로도 만족할 수 있고, 1,000만 원으로도 실패할 수 있는 것이 바로 웨딩패키지=스드메이다. 후회하고 싶지 않다면 전문가에게 상담을 받고, 정확한 정보를 수집하자. 또 발품을 팔아 직접 체험해야 하며, 최저가보다는 합리적 가격을 책정해서 진행해야 한다.

Joy of wedding

싸우지 않고 즐겁게 준비하는 법

결혼준비 때 왜 그렇게들 싸울까? 하긴, 각자 귀한 집 자식으로, 서로 다른 문화 속에서 자랐는데 안 싸우는 게 더 이상하다. 따지고 보면 생판 남남 아닌가? 안 싸우는 커플이 더 문제다. 문제는 언젠가 터지기 마련이다. 만약 두 사람 모두 심하게 무던해서 평생 동안 타인과 싸우지 않고 살아왔다면 모르겠지만 보통의 사람이라면 감정의 고조도 있고, 좋고 싫음도 분명할 수밖에 없다. 그러므로 '왜 우리 커플은 결혼준비 때문에 맨날 싸우지?' 하고 서로를 닦달할 필요도 없다.

결혼준비는
선택의 연속

결혼준비를 하면서 가장 많이 해야 할 일은 '선택'과 '결정'이다. 상견례만 한다고 해도 장소와 메뉴, 금액을 결정해야 하고, 언제 할지, 그날 무엇을 입을지, 예식장은 어디에서 얼마에 할지, 어느 선까지 초대를 해야 할지 등등. 둘 중 한 사람은 이 모든 선택과 결정들로 인해 가슴이 두근거릴 수도 있지만, 다른 한 사람은 두렵거나 싫을 수도 있다. 선택과 결정으로 인하여 일상이 변화하는 것을 피곤하게 느낄 수도 있다는 것이다. 하지만 우리는 결혼준비를 하며 의욕이 전혀 느껴지지 않는 사람을 만나게 되더라도 절대 놀라지 말아야 한다. 내가 그동안 수없이 많은 커플들을 지켜본 결과, 거의 모든 커플은 각각 결혼준비에 의욕적인 사람, 그렇지 않은 사람끼리 만나더라. 내 친구 커플은 안 그렇다고? 두 가지 답이 있을 수 있다. 안 그런 척 하거나 둘 다 대충하거나.

남자는 무엇이 그렇게 피곤한가?

여자들은 남자들보다 성격적으로 좀 더 현실적인 면이 있다. 또한 우리나라의 사회문화적 분위기 때문에 어릴 때부터 결혼을 생각해봤을 확률이 높다. 임신과 출산에 있어서도 더 나이가 들면 힘들어지기 때문에 25세 이후의 여자들은 결혼을 그다지 낯설게 느끼지 않는다. 따라서 결혼에 대한 공상, 계획을 막연하게라도 해본 여자라면 총, 차, 축구, 여자에만 관심을 가지며 살아온 남자라는 생물과 부딪힐 수밖에 없다. 게다가 여자는 결혼식이라는 '이벤트(only 드레스!)'에 집중하는 것에 반해, 남자는 '가장 스트레스(내가 가장이 된다니!)'를 받기 시작한다.

사랑하는 여자친구랑 같이 산다고? 이제 막 즐거워지려고 하는데, 만나는 남자선배, 남자동료, 남자친구들이 결혼하면 얼마나 힘든지 주입식으로 이야기해주기 시작한다. 총각 때 쏠쏠이 좋던 친구들이 하루 용돈 5,000원 받고 생활하고, 애들 교육비며 전세 인상으로 인한 이사 문제 등등 현실적 고통을 토로한다. 이건 아니잖아! 이런 상황 속에서 곧 가장이 되어야 한다는 생각은 떡이 목구멍에 턱 얹혀 있는 느낌을 줄 수 있다.

집에 들어가면 엄마까지 남자에게 스트레스를 준다. 엄마는 아들과 눈만 마주치면 예단은 어떻게 할 건지, 며느리는 왜 말을 그렇게밖에 못하는지 등에 대해 이야기하려 한다. 남자는 점점 혼자 있고 싶어진다…. 밖에 나가면 남자친구들이 결혼에 애환에 대해 이야기하고, 여자친구를 만나면 스드메(남자의 관심 밖), 신혼집 이야기만 하고 어쩌란 말인가?

순수한 결혼의 꿈은 99% 변하게 된다. 남자들은 성향상 새로운 변화를 그다지 좋아하지 않는다. 따라서 결혼준비는 남자에게 너무나 낯설고 피곤한 일일 수밖에 없다. 다행히 여자친구에 대한 애정도와는 전혀 상관이 없는 성향이니, 여자 입장에서도 이해해줄 필요가 있다. 그래도 요즘은 남자들도 결혼 이벤트를 즐기는 쪽으로 많이 변화하긴 했다. 요새 신랑들은 가장 스트레스 보다는 턱시도는 어떻게 입을지, 사진은 어떻게 찍을지, 허니문은 어디로 갈지 등에 대해 엄청난 의욕과 관심을 갖게 되었다. 예컨대 신부의 드레스를 골라줄 때도 정확하게 인지하고 조언을 해줄 정도가 되었으니 말이다. 그래서 예전에는 "결혼준비는 나 혼자 하냐?"라는 항변이 결혼 전 싸움의 80%였다면, 요즘은 두 사람의 '의견 차이'인 경우가 더 많다.

여자는 무엇이 그렇게 서운한가?

모든 여자가 그런 건 아니지만, 대체적으로 결혼식을 평생 꿈꾸어온 쪽은 대부분 여자들이 많다. 상담을 할 때 자신이 입고 싶은 드레스를 스케치해 가져온 신부도 있었고, 웨딩플래너보다도 많은 자료를 바인더에 가득 채워온 신부도 있었다. 그녀들에게는 결혼식이 그냥 단순히 지나가는 몇 시간이 아닌 것이다. 무엇 하나 의미가 없는 것이 없다. 온 마음을 열렬히 바쳐서 결혼준비 하나하나를 신경 쓰면 본인도 피곤하고 예민해지는 것은 당연하다. 예비신랑의 의미 없는 행동 하나, 말 한마디에도 분노가 폭발하거나 서운함을 느낄 수 있다.

예를 들어 남자 입장에서, 군대에 갔다가 첫 휴가 나왔을 때를 생각해보자. 오매불망 기다리던 첫 휴가인데 친구들도, 가족들도 특별히 신경 쓰지 않고 자신을 그냥 내버려둔다면? 당연히 서운하지 않을까? 결혼식 이벤트를 중요하게 생각하지 않는 신랑의 사소한 행동이 신부에게는 상처가 될 수 있다는 점을 명심하자.

여자들은 남자친구의 어떤 행동으로 인해 서운할 때 첫 번째로 하는 생각이 "나를 사랑하지 않나봐." 혹은 "나를 이제 덜 사랑하나봐." 극단적으로는 "나랑 결혼하는 게 싫은가봐."이다. 애정의 변심으로 생각해버린다. 결혼준비를 시작할 때는 사랑이 최고치를 찍어서 결혼을 결심하는 시점인데, 오히려 두 사람은 의도치 않게 서로에게 상처를 줄 수도 있다는 것이다.

남자의 입장, 여자의 입장만 이해해도 큰 도움이 될 것이다. 남자는 피곤하고 여자는 서운하다. 그건 기질의 차이 때문이다. 상대의 입장을 이해하지 못해도 좋다. 다만 내 남자친구만 유별나서, 혹은 내 여자친구만 유별나서 그러는 것이 아니라는 점을 깨닫는 것만으로도 상처를 적게 받을 수 있다.

싸우지 않는 결혼준비 방법

두 사람은 남편이 되고, 아내가 된다. 잠깐 데이트하고 헤어지던 연애 시절과는 완전히 다른 신세계를 만나게 된다. 심호흡하고, 심신을 정비하자. 끝이 없는 연장전에 돌입한다고 생각하자. 장기전과도 같다. 지금 잠깐 살다가 마는 것은 아니지 않은가?

보통 결혼준비할 때 싸우다가 이런 생각을 한다. '지금도 이런데, 나이 먹으면 더 좋아지겠어?' 물론 좋아질 수 있다. 내 경험이다. 시간이 지날수록 서로에게 점점 더 적응하고 이해하게 되고 이해받게 된다. 지금 당장 판단하고 결정하고 규정짓지 말아야 한다. 결혼 후 6개월이 다르고 1년이 다르고 2년이 다를 것이다. 아무리 싸우더라도, 상대가 너무 철없이 굴더라도, 결혼을 엎을 거 아니면 이 글을 읽는 당신이 먼저 상대를 넓은 마음으로 안아주자. 나는 죽을 때까지 완전한 당신 편임을 알게, 느끼게 해주자. 그 마음을 알게 되는 순간 많은 갈등들이 스르륵 풀어질 것이다.

하지만 무작정 참지는 말자. 우리는 여자나 남자나 부모님에게 참고 살라고 배우지 않은 세대이다. 앞서 말했듯, 장기전이다. 참는다고 묻어두는 순간이 바로 폭탄에 불을 붙이는 순간임을 잊지 말자. 그러니 매사 '나는 당신 편'이라는 믿음은 주면서도, 불편한 점, 불만들은 표현해야 한다. 알지 못하면 아무것도 바뀔 수 없으니까. 부부는 서로를 길들이고 또 서로에게 길들여지는 것이다. 각오를 단단히 하고 경기장에 들어가도록 하자.

King or Queen

슬슬 시작되는 주도권 싸움

결혼 직후에도 정말 끔찍하게 많이 싸운다. 소위 주도권 싸움이다. 하지만 냉정히 말해서 주도권 싸움이란 막장드라마 식의 아이디어라고 생각한다. 어차피 부부 사이에는 그 누구도 절대적인 왕이나 여왕이 될 수 없다! 우리는 모두 지지 않도록 배우며 자랐고, 그 누구도 참고 살라고 우리를 가르친 적 없다. 부부는 옥쇄를 시시각각 그 사안에 맞춰 서로 주고받는 관계임을 명심하자. 애초에 있지도 않은 주도권에 대한 욕망은 꿈도 꾸지 않는 것이 좋겠다.

세기의 대결,
주도권 싸움

나 역시 결혼 후 정말 많이 싸웠다. 너무 힘들어서 결혼이라는 제도는 역시 나와는 전혀 맞지 않는다고도 생각했었다. '부모님들 생각해서 2년만 노력해봐야지.' 하는 마음으로 버티고 버티다가 2년 반을 훌쩍 넘겼다. 분명 싸우지 않는 부부도 많다. 아니면 한쪽이 다 받아주고 맞춰주어서 거의 싸우지 않는 부부도 당연히 있다. 그러나 이 챕터를 유심히 읽고 있는 당신은 아마도 얼마 전까지의 나처럼 절망하고 있거나, 싸움을 예견하고 있는 '파이터'가 아닐는지?

속 시원하게 싸우자

우리 부부처럼 '파이팅'이 넘치는 커플들에게 진심으로 조언하고 싶다. 물론 주변에 부부 싸움에 대한 조언들은 널리고 널렸다. 하지만 나처럼 '리얼 파이터'인 사람의 입장에서는 사실 한심한 소리들이 많다. 싸울 때는 차분한 마음으로 진정하라고? 갑자기 존댓말을 하라고? 잠깐 다른 생각을 하라고? 싸우고 있는 위치에서 벗어나라고? 이런 조언들은 이성이 남아 있는 상태에서나 수용 가능한 것들이다. 지금 화가 치밀어 올라 불이 붙은 두 사람에게는 전혀 도움이 되지 않는다!

내추럴 본 파이터. 너무 다혈질이라 자신의 화를 표출해야 하는 사람이라면 어떻게 해야 할까? 정답은 그냥 싸우는 것이다. 죄책감 갖지 말고, 하고 싶은 말 다 하면서 싸워버리면 된다. 화가 막 나기 시작했고 상대도 싸움을 걸어올 때 꾹 참는다면, 화병 걸린다. 그냥 시원하게 싸우고 할 말은 해버리자. 배설해버리고 해소해버리자.

하지만 성에 차게 싸웠다고 속이 시원하기만 한 것은 아니다. 방금 전까지 예뻐하던 짝꿍에게 소리 지르고 화내고 나면, 후회된다. '내가 왜 그런 말까지 했을까?' 하면서 속이 무지하게 상한다. 그럼 그 마음을 쏟아서 다시 상대를 예뻐하도록 노력하자. 화를 못 참았으니, 그리고 다 뱉어내었으니 상대가 좋아하는 라면이라도 하나 계란 깨서 끓여주는 거다.

싸움의 입질이 올 때는 글러브 끼고 링에 올라가서 제대로 싸우고, 시간 질질 끌지 말고 얼른 내려와서 상대를 예뻐해주자. 흥분했을 때 차분하게 말하고 억지로 존댓말 쓰고 가식적으로 구는 것보다는, 이 편이 더 현명하지 않을까?

이 결혼, 사기야!

남자들은 여자친구가 오늘 날씨가 너무 안 좋다고만 얘기해도, "하필이면 이렇게 안 좋은 날씨에 나오자고 했냐!"라고 말한다. 이건 여자가 본인을 원망한다고 생각해서 하는 말이라고 한다. 일정 부분 맞는 이야기인 것 같다. 여자는 그냥 "옷 벗어서 바닥에 두지마."라고 이야기한 것뿐인데, 남자는 "너는 정리정돈을 얼마나 잘하길래?"라고 받아치기 일쑤다. 할 말이 없다. 남자들은 "왜 옷을 아무 데나 벗어놓아서 집 전체를 어지럽게 만드니? 너는 정말 정리정돈을 못하는 사람이구나?"라고 자신을 다그치는 것처럼 느낀다는 것이다. 멀티플레이도 안 되고 단순하기 짝이 없는 남자라는 존재가 그렇게 매사 소심할 줄은 정말 꿈에도 몰랐다. 그런 남자의 성향을 알게 된 이후 나는 싸울 때 싸우더라도 정확하게 말하려고 한다.

"나는 너를 탓하는 게 아니다. 그냥 옷을 잘 벗어달라고 한 것이다. 그런 얘기에 당신이 이렇게 화를 내는 이유를 모르겠다. 난 당신이 미운 것이 아니라 그냥 어질러진 옷이 거슬릴 뿐이다."

그러다 싸움이 커지면? 시원하게 싸운다. 싸움이 끝나

고 나면 "나는 당신 편! 나는 변함없이 당신을 사랑한다!"고 끊임없이 주입식으로 알려준다. 나는 맛있는 음식을 만들어주는 것으로 애정을 확인시켜준다. 엄청난 다혈질, 엄청난 식탐의 소유자인 나의 남편은 내가 정성껏 자기가 좋아하는 음식을 만들어줄 때, 내가 자기를 변함없이 사랑한다고 느끼는 것 같다. 그래서 그렇게 한다.

사랑을 더 많이 주는 쪽이 승자다

어느새 2년 반을 훌쩍 넘긴 지금, 우리의 싸움은 많이 줄어들었다. 싸우더라도 전보다는 짧게 싸운다. 가끔 인격 모독적인 언사가 오고 가더라도, 그건 그냥 누가 꼬집었을 때 "아야!" 하는 것처럼 여길 뿐, 크게 상처 받지 않게 되었다. 짧고 화끈하게 싸우고 나면, 나는 남편에게 맛있는 음식을 공들여 해주고 남편은 나에게 와서 살살 장난을 친다.

부부는 왕도, 여왕도 아니다. 동시에 왕과 여왕이기도 하다. 다만, 먼저 안아주는 사람, 서운한데 오히려 더 사랑을 주는 사람이 승자다. 그렇게 '사랑을 할 줄 아는 사람'이 배우자라면 당신은 행복한 사람이다. 싸움이 목구멍으로 간질간질 올라올 때는 싸워버리고, 빨리 링에서 내려와서 더 사랑하자. 나의 아내, 나의 남편을.

절대 말로 상처 주지 말자

싸우고 싶을 때는 참지 말고 싸우자고 이야기했지만, 그렇다고 싸우는 게 좋다는 뜻은 아니었다. 행복한 부부생활을 길게 누리고 싶다면, '언어폭력'에 대해 반드시 심각하게 고민해볼 필요가 있다. 손이나 발을 써서 물리적인 힘을 가하는 것만 폭력이 아니다. 언성을 높이는 것, 인상을 쓰며 욕설을 하고 소리 지르는 것도, 별것 아닌 이유 때문에 극도로 분노하고, 전과는 다른 사람이 되어 상대방을 불안하게 만드는 것도 모두 폭력이다.

사실 부끄럽지만, 우리 부부도 결혼 초반에 그런 아슬아슬한 상황에 자주 놓였었다. 남편은 너무 화가 나서 길길이 날뛰고 있는데, 나는 도대체 저 사람이 왜 저러는지 이해가 되지 않아 똑같이 화를 낼 수밖에 없었다. 그럼 상황은 점점 더 악화됐다.

싸울 때까지 싸워본 우리는 더 흥분하고 날뛰어봤자 크게 달라질 게 없다는 것을 체득했다. 그래서 이제는 둘 중 한 사람이 슬그머니 피해버린다. 하루 정도가 지나고 기분이 완전히 달라졌을 때 평온한 말투로 이야기를 꺼내어 마무리하는 것으로 우리 부부 나름의 방법을 찾게 되었다.

현명하게 싸우는 5가지 방법

1. 싸우고자 하는 마음이 울컥 치밀면, 싸우자.
2. 싸우더라도 폭력적인 언사, 상처 줄 수 있는 언사를 최대한 조심하자.
3. 시간이 흘러 자연스럽게 잊혀지기를 바라지 말고, 근본적인 문제에 대해 서로 이야기하는 것이 중요하다.
4. 주변의 충고에 휘둘리지 말고 두 사람만의 방법을 찾아야 한다.
5. 싸우고 나면 반드시 "하지만 우리의 애정도는 변함없다!"를 서로에게 꼭 표현하자.

Late?
Not late!

드레스 입기에 나는 너무 늙었을까?

결혼적령기라니. 너무 야만적인 단어다. 내가 해보니 결혼이라는 것은 정말 만만한 게 아니다. 나는 기질적으로 인간을 일반적인 어떤 틀에 가두는 것을 못 견디는데, 특히나 결혼적령기라는 것은 한 사람 한 사람마다 다를 수밖에 없다고 생각한다. 어쩌면 결혼적령기라는 건 누구를 만났느냐의 문제일 것이다. 결혼에 적합한 사람을 만나는 그때! 내가 결혼이란 것을 해볼 용기가 생기는 바로 그때 말이다.

만혼의 신부가 알아야 할 결혼준비

상담을 하러 온 고객, 특히 신부들은 80% 이상 이렇게 얘기한다. "제가 나이가 많아서요."
그래서 나이를 물어보면 29세의 신부도, 33세의 신부도 자기 나이가 많다고 말한다. 결혼 평균연령? 제발 이런 것 좀 찾아보지 말기를 바란다. 이 부분만은 내 이야기를 믿어도 좋다. 36세 미만이라면 아직 절대 늦은 게 아니다. 39, 40세 이상의 신부들도 자기 관리만 잘한다면 더욱 세련되고 아름다운 신부가 될 수 있다. 사람에 따라 결혼이 남들보다 늦으면 조금 걱정이 될 수 있겠지만, 결혼생활에는 훨씬 도움이 될 수 있다. 철도 어릴 때보다 조금이라도 더 들었고, 모난 성격도 세월이 흘러 수그러들었다면 말이다.

걱정만 하지 말고, 관리하자

여자들의 초산 평균 연령이 처음으로 30대에 진입했다고 한다. 35세부터는 고령 출산이라고 분류되어 검사도 많아지고 더 조심스런 임신기를 보내야 한다. 물론 걱정이 되는 부분이지만, 그동안 건강관리를 잘해왔다면 너무 염려하지 않아도 좋다. 30대 후반, 40대 초반에도 건강한 임신과 출산의 사례는 차고 넘치니 말이다.
결혼 시기를 일부러 미룰 필요는 없지만 나이 때문에 지나친 스트레스를 받는 것은 그야말로 시간과 에너지 낭비다. 결혼이라는 사건이 어느 나이에 일어나더라도 당당히 즐길 수 있도록, 결혼이 늦어지면 늦어질수록 건강과 몸매, 피부 등 더 관리하고 가꾸면 된다.

만혼의 신부를 위한 스드메 조언

스드메할 때도 그렇다. 보통 결혼이 늦었다며 자기검열하고 주눅이 든 사람들은 웨딩촬영을 할 때 일부러 점잖은 분위기의 업체만 찾거나 우아한 드레스만 고르는 경우가 있다. 그러지 말자. 결혼식, 웨딩앨범, 드레스 등등 나만 보고 내가 간직하는 것이다. 지금은 만혼의 시대라고 해도 과언이 아닐 만큼 결혼이 늦은 예비부부들이 많다. 그러니 러블리한 콘셉트에 도전하고 싶다면, 당당하게 해보자! 해보고 너무 안 어울리면 바꾸면 되니까. 스튜디오 사진을 그렇게 찍었는데 어색하고 부끄럽다면, 세미 웨딩사진을 다시 찍으면 된다. 더 가볍게, 쿨하게, 긴장하지 말고 이 상황을 받아들이는 것이 좋다. 왜? 우린 어리지 않으니까. 어설프지 않으니까. 기죽지 말고 여유롭게, 부드럽게 웃으며, 배려하면서 결혼하면 더 멋지지 않을까?
너무 늦은 결혼이란 없다. 어떤 화장품 광고처럼 나는 지금이, 오늘이 가장 어리니까. 타인의 기준이 아닌 내 인생을 기준으로 하여 생각해보면, 내 결혼은 제대로 된 타이밍에 찾아온 것이다.

결혼 전 최고의 관리법은 '자신감'

모든 일은 마음먹은 대로 따라가기 마련인데 '안 예쁠 거야. 나이가 있는데. 어린 신부랑 비교당하는 것 같아. 드레스가 어울리기나 하겠어?' 이런 생각을 하고 있는 여자는 예쁠 수가 없다. 이건 정말이다. 귀걸이는 여자를 1.5배 아름다워 보이게 한다지만, 자신감 있고 여유로운 태도는 여자를 10배쯤 더 예뻐 보이게 한다.
그러니 결혼이 늦어서 마음이 움츠려 있다면, 허리를 쭉 펴고 가슴을 내밀고 어깨를 내려 곧고 바른 자세로 앉아보자. 아랫배에는 의식적으로 계속 힘을 주고 걸을 때는 다리에 힘을 주어 쭉 뻗어 걷도록 하자. 이렇게 하는 것만으로도 바디라인이 예뻐질 것이다. '나는 예쁘다.'라고 생각하면서 누군가 나를 부를 때 부드러운 미

소로 응대하자. 예비신랑의 입장을 더 속 깊게 이해하고 배려하면서 지혜로운 행동을 하기 위해 노력해보자. 그럼 자신감은 저절로 상승한다.

만혼의 시대가 도래했다
40대 이후의 얼굴은 본인이 만드는 것이라고 했다. 여자의 얼굴은 표정과 함께 표현된다. 인상 쓴 여자는 예쁠 수가 없다. 긴장을 풀고 웃어보자.
웃을 때 입꼬리가 올라가면 바로 자체 리프팅 효과가 생긴다. 눈가에 주름 생긴다고 웃지도 않고 무표정으로 있을 때가 많은가? 활짝 웃을 때가 훨씬 어려보이고 아름답다는 것을 기억하자. 그러니 드레스를 입으러 갔을 때도 본식 날 쉴 새 없이 사진 찍히는 예식장에서도 최대한 미소를 짓자. 최고의 성형수술인 다이어트가 필요하다면 운동도 하고 식사도 조절하면 된다. 긍정적으로 생각하면서 내 인생에 있어 가장 젊고 아름다운 지금 이 순간의 결혼을 즐긴다면, 지켜보는 이들도 모두 그렇게 느끼게 될 것이다. 도대체 몇 살부터가 만혼이라고 규정지을 수 없을 정도로, '만혼의 시대'가 도래했다. 모두들 쫄지 말자.

만혼의 신부를 위한 실질적인 스타일링 팁
1. 다른 비용을 줄이더라도, 반드시 '다이어트+피부 관리'를 하자. 이건 설명할 필요도 없다.
2. 저마다 콘셉트는 다르더라도 공통적으로 '세련미'를 잃지 말자. 촌스러우면 밉다. 세련되어 보이는 디자인을 연구해보고, 혼자서 하기 힘들면 좀 더 노련한 전문가를 찾자.
3. 어려 보이는 드레스를 고르는 건 실패의 지름길이다.
4. 장식보다 소재를 중요하게 생각하는 것이 좋다.
5. 웨딩촬영 등의 비용을 줄여서라도 '헤어+메이크업'은 좋은 곳에서 받자.
6. 포토샵을 믿고, 마음의 여유를 갖고, '미녀의 자신만만한 태도'를 실천하자.

Money

얼마가 있어야 결혼할 수 있을까?

"얼마가 있어야 결혼할 수 있을까?"라는 질문에 내가 정말 답해줄 수 있는 것은 이거다. "형편대로!" 그리고 요즘에는 덧붙여 "취향, 혹은 세계관대로!" 결혼준비를 하는 예비부부들을 만나면 대부분 "그냥 혼인신고만 하고 살았으면 좋겠어요."라고 말한다. 그러나 '실제로 그래도 될까? 너무 초라해 보이지 않을까?' 하며 묵묵히 다른 사람들처럼 결혼준비를 하게 되는 것이다. 그런데 앞으로는 큰돈 들이지 않고, 소박한 결혼식을 올리는 커플이 많아질 것이다. 현재 경제가 최악이기도 하지만, 정신없이 2시간 안에 끝내는 결혼식에 큰 의미를 느끼지 못하는 사람들이 점점 많아지고 있기 때문이다.

0원만 있어도 결혼할 수 있다

J와 K. 이 두 사람은 5월 26일 오후 1시 정각에 부부가 되기로 한다. 며칠 전부터 부모님께 이 사실을 알렸고, 그날 함께 식사를 하자고 말했다. 둘은 5월 26일 일찍 일어나 각자 동네 목욕탕을 다녀와서 정갈한 모습으로 12시에 만난다. 신랑 J는 깔끔한 양복을 차려 입고, 신부 K는 하얀색 원피스에 잘 어울리는 헤어밴드를 하고 진달래색 립스틱을 발랐다. 두 사람은 구청 앞 사진관에서 미리 준비한 꽃다발을 들고 활짝 웃으며 사진을 찍는다. 두 손을 꼭 잡은 두 사람의 손에는 얇지만 예쁘게 반짝이는 커플링이 끼워져 있다. 사진은 양가 부모님 드릴 것까지 총 3장을 작지 않은 사이즈로 인화했다. 그리고 구청에 가서 혼인신고를 마쳤다. 이제 대한민국에서 법적으로 인정하는 부부가 된 것이다. 뭔가 어른이 된 것 같은 으쓱한 기분이 든다. 둘은 구청을 배경으로 혼인신고 서류를 들고 셀카봉을 꺼내 '부부 완성 기념샷'을 찍는다. 그 사진을 아래의 인사와 함께 메신저로 친구들에게 보낸다.

"5월 26일 오후 1시, 우리는 드디어 부부가 되었습니다. 잔치를 벌이고 여러분을 초대하면 좋겠지만, 우리는 범세계적 추세에 맞춰 환경도 보호하고 친구들의 축의금도 보호하고자 가족끼리 조촐하게 기념하기로 했습니다. 소박하지만 멋있게, 쫄지 않고 잘 살겠습니다. 모두 사랑합니다. 감사합니다!"

이 이야기는 허구가 아니다. 실제 사례 몇 가지를 섞어서 재구성했을 뿐. 어떤가? 초라한가?

지금 당장도 결혼할 수 있다

사랑하는 연인과 지금 당장이라도 마음을 먹으면 부부가 될 수 있다. 두 사람 중 한 사람이라도 마침 자취를 하고 있다면, 함께 살 곳도 이미 마련된 것이니 걱정할 필요 없겠다. 이렇게 말하면 나에게 말 같지도 않은 말이라고, 남 얘기니까 함부로 말한다고 할 수도 있겠다. 하지만 실제로 그런 사람들이 많이 있다. 남들은 전부 호텔에서 결혼한다고, 2천만 원 들여서 허니문 간다고 해서 나도 그렇게 할 필요는 절대로 없다.

4포세대에게 결혼 비용이란, 이러지도 저러지도 못하는 애물단지와도 같을 것이다. 하지만 조금 생각을 바꾸면, 타인의 기준이 아닌 나의 기준에 맞추어 당당하게 결혼생활을 할 수 있다. 국민소득지수가 훨씬 높은 나라일수록 '결혼으로 부를 자랑하지 않는다'는 점을 기억할 필요가 있다. 두 사람의 결혼을 돕는 웨딩플래너로서, 청춘들이 더욱 기세등등하게 청혼하고 결혼하고 행복할 수 있기를 진심으로 바란다.

알뜰하게 결혼하는 방법

우선, 복잡하지 않게 생각하면 아래의 7가지 방법으로도 비용을 눈에 띄게 절감할 수 있다.

① 혼인신고를 하면 바로 부부가 된다. 혼인신고는 비용이 들지 않는다.
② 너무 비싸지 않은 예식장에서 결혼식을 하면 예식 비용을 따로 들이지 않아도 축의금으로 충당할 수 있다.
③ 비수기, 일요일, 평일 저녁 등 '예약 빈틈'을 노리면 비용을 줄일 수 있다.
④ 동남아시아 허니문이라면 두 사람 합쳐 500만 원 미만도 충분히 가능하다.
⑤ 웨딩촬영을 생략하고 '본식 사진+드레스+메이크업'만 진행한다면 200만 원 미만(별도비용 포함)으로 충분하다.

⑥ 청첩장 가격을 장당 500원 이하로 정하면, 10~15만 원 미만의 비용으로 준비할 수 있다.
⑦ 예물, 예단, 예복, 한복 등은 생략하거나 알뜰하게 규모를 줄이면 된다.

축의금으로 예식장 빌리는 계산법

첫 번째, 금액이 고가가 아닌 예식장, 혹은 비수기나 평일 저녁 시간의 예식장에서 결혼식을 올린다고 생각하고 예식 비용을 계산해보자. 가장 흔한 하객 수 200명으로 식대를 달리하여 두 가지 경우를 생각해보았다. 단, 예식장 사용료(대관료)가 적게 든다는 전제 하에 계산한 것이다.

A : 38,000원(식대) × 200명 = 760만 원
B : 42,000원(식대) × 200명 = 840만 원

두 번째, 축의금도 계산해보자. 친분에 따라서 10만 원 이상, 20만 원 이상도 많겠지만 보통의 관계에서는 5만 원을 낸다. 평균 5만 원을 잡고 계산하면 최소한의 축의금을 예측할 수 있다.

50,000원 × 200명 = 1,000만 원

그럼 A 경우라면, 축의금만으로 예식장을 빌리고, 차액 240만 원으로는 본식 스드메와 청첩장, 양가 어머님 한복 대여까지 가능하다! B 경우라면 예식장 대여 후 차액이 160만 원이 나오는데, 본식 스드메 정도는 할 수 있겠다. 만약 여기에 어느 정도 비용을 추가한다면 대관료가 좀 더 있는 예식장을 빌릴 수도 있고, 한복을 대여하거나 웨딩촬영(추가 100만 원 정도)도 할 수 있다.

예산 세우는 방법

그렇다면 예산은 어떻게 정하면 좋을까? 우선 중요도에 따라 항목을 배열하는 것이 필요하다.

세부 예산 세우기 전 고려할 것들

① 예식 비용 : 식대를 45,000원 기준으로 할지, 그보다 저렴하게 할지, 비싸게 할지 따져보자. 만약 식대가 45,000원 미만이고 예식장 사용료(대관료)가 크지 않다면, 예식 비용은 축의금으로 거의 충당이 될 것이다.

② 신혼집 : 아마도 '모아놓은 자금 + 대출'인 커플이 많을 것이다. 욕심을 조금 줄이더라도 대출 부분이 집값의 30~40%를 넘지 않는 것이 좋다. 그리고 대출을 받는 경우 상환방법은 이자와 원금을 같이 갚는 원리금균등상환 방법을 쓰는 것이 좋다.

③ 가전, 가구 등 살림살이 : 없으면 당장 살림을 시작할 수 없는 것들만 먼저 준비하자. 예를 들어 냉장고, 밥솥, 침대, 가스레인지, 냄비 몇 개, 식기 정도. 정말 꼭 필요한 것들을 사는 비용만 정해놓고, 나머지는 집의 전체적인 동선과 인테리어를 보면서 나중에 준비해도 좋다.

④ 허니문 : 1인당 최소 150만 원 이상의 자금이 있어야 해외 신혼여행이 가능하다. 예산 안에서 합리적으로 정해보자. 여행이 쉬운 시대가 되었고 앞으로는 더욱 그럴 것이다.

다른 사항들은 갖고 있는 돈, 빌릴 수 있는 돈, 혹은 카드로 할부할 수 있는 부분 등을 생각하면서 추후에 정하는 것이 좋다. 만약, 둘 중 한 사람이라도 자취를 하여 가전제품, 가구 등을 가지고 있다면 그것을 우선 써도 좋다. 나중에 우리 집에 어울리는 것을 찾아 천천히 새로 구입하는 것도 현명한 방법이다.

예식 비용 : 식대 + 사용료(식대를 제외한 비용의 통칭)

서울 시내를 기준으로 했을 때 식대는 아래와 같이 분류할 수 있다. 이 정도에서 날짜, 시간, 하객 수에 따라 변수가 생긴다.

- 최저가 : 29,000원(ex.중랑구민회관)
- 저가대 : 35,000원 정도
- 중간가대 : 38,000원부터
- 고가대 : 42,000~70,000원(혹은 그 이상)
- 호텔 : 5~20만 원

그리고 사용료(대관료 등 식대를 제외한 모든 부대비용)는 무료부터 1,000만 원까지 다양하다.

보통의 예식장의 경우 식대 4만 원에 사용료 50~60만 원 정도를 예상하면 된다. 하지만 예식장은 개인적인 취향에 따라 호불호가 많이 갈리는 품목이다. 취향에 따라 훨씬 비싸질 수도, 혹은 좀 더 저렴해질 수 있다.

비수기를 노리면 비용을 줄일 수 있다

예식 비용을 세울 때 가장 염두에 두어야 할 점은 예식장은 공산품이 아니고 정찰제가 아니기 때문에 계절, 날짜, 시간, 하객 수에 따라 금액이 달라진다는 것이다. 정상가에서 할인율이 바뀌어 적용되는 시스템이기 때문이다. 예식장에도 비수기가 있어서 그때를 노리면 비용을 훨씬 절감할 수 있다. 보통 예식장은 평일 저녁, 여름이 비수기이다. 성수기인 5월 주말 결혼식 비용과 여름 비수기 때 결혼식 비용을 참고하자.

- 5월 토요일 점심 1시(예식장의 골든타임) : 식대 48,000원 + 사용료 550만 원
- 7월 토요일 5시 : 식대 43,000원 + 사용료 200만 원
- 8월 일요일 1시 : 식대 42,000원 + 사용료 150만 원
- 8월 일요일 5시 : 식대 42,000원 + 사용료 80만 원

똑같은 서비스, 똑같은 장소인데 이렇게 시기에 따라 가격이 확 내려간다.

허니문 주요 여행지별 비용

지역	저가항공	국적기	자유여행 시 1일 체류비	패키지 총 비용
푸켓	40만 원대	60만 원대	10만 원대(그 이하도 가능)	1인당 150~250만 원
발리	30만 원대	70만 원대	10만 원대(그 이하도 가능)	1인당 150~250만 원
몰디브	80만 원대	상시 변동	25만 원대(리조트, 고가 레스토랑만 이용 시)	1인당 200~500만 원
칸쿤	110만 원대	200만 원	15만 원(식사 및 주류 모두 포함)	1인당 200~350만 원
하와이	80만 원대	80만 원대	20만 원	1인당 180~350만 원
유럽	70만 원대	80만 원대	25만 원	1인당 250~450만 원
호주	100만 원대	120만 원대	20만 원	1인당 200~280만 원

*항공료 : 2016년 11월 토요일 출발 기준

허니문 비용 : 항공 + 숙소 + 체류비

허니문 비용은 항공료, 숙소비, 체류비로 구성된다. 물론 선물비와 면세점 쇼핑 비용 등도 큰 비중을 차지할 수 있지만, 그 부분이야 개별 선택이 가능한 부분이므로 생략하겠다. 위에 제시한 표는 자유여행 시 개별 비용과 패키지 비용을 함께 보여주고 있다. 이 외에도 숙박비가 발생하는데, 거의 모든 곳이 하루에 10만 원 미만부터 30~40만 원까지 다양하다. 그러므로 여행 기간 중 2~3일은 럭셔리한 숙소에서 묵고, 나머지는 합리적인 가격의 숙소에서 묵는다면 여행 경비를 절약할 수 있다.

사실 허니문으로 유명한 지역들의 경우에는 패키지를 이용하는 것이 저렴하다. 자유여행을 가고자 한다면 여행 기간을 길게 잡더라도 숙소에 별 욕심을 내지 않으면 큰 비용 차이 없이 다녀올 수 있다. 그러므로 10일 이상 긴 여행을 생각하는 커플이라면 패키지보다는 자유여행을 권한다.

스드메 비용

각 경우에 따른 비용 기준이다. 단, 여기에 웨딩플래너의 동행을 원할 경우 비용은 달라질 수 있다는 점을 기억하자.

1. 스튜디오 촬영 : 50~150만 원(20장 촬영 기준)

2. 드레스 : 60만 원~500만 원(혹은 그 이상. 사진 촬영 3벌, 본식 1벌까지 총 4벌 대여 기준)

3. 메이크업 : 50만 원~150만 원(사진 촬영 1회, 본식 1회 기준)

4. 본식스냅 : 50만 원~300만 원

5. 웨딩촬영과 본식 스드메 풀패키지 : 200만 원 초반부터 가능 = 웨딩촬영 + 드레스(촬영 3벌+본식 1벌) + 헤어/메이크업(촬영 1회, 본식 1회) + 본식스냅

6. 웨딩촬영 생략 시 : 150만 원부터 가능 = 본식스냅 + 드레스(본식만 1벌) + 헤어 / 메이크업(본식 1회)

한복 비용(1인 기준)

한복을 입고자 한다면, 대여와 맞춤 중 선택해야 한다. 아래의 금액은 1인 기준으로 책정된 것이다.

1. 대여 : 15만 원 이상
2. 맞춤 : 40만 원 이상(광장시장 기준) / 50만 원 이상(청담동 업체 기준)

예물 비용

보통 200~300만 원 정도 쓰는 사람들이 제일 많다. 이 비용으로 세트를 맞추기도 하고, 아예 다이아반지에만 몰아서 반지만 맞추기도 한다. 요즘은 커플링만 맞추는 커플이 점점 늘어나고 있는 추세이며, 그럼 최저 70~80만 원부터도 가능하다.

예복 비용

요즘은 핏이 헐렁하고 사용감이 느껴지는 대여용 턱시도를 거부하는 신랑들이 많다. 본인 몸에 맞춘 예복을 선호하는 것이다. 예복을 맞추는 것이 큰 낭비가 아닌 이유는 결혼 후에도 입을 일이 많기 때문이다. 결혼을 하고 나면 주변에 경조사에 참여해야 하는 일도 많아지는데 그만큼 정장이 필요한 상황도 많아진다. 따라서 나중에 어차피 구입할 정장을 예식 전에 미리 맞춘다고 생각하면 된다. 예식 때는 옷깃 부분을 실크로 리폼해서 드레시한 느낌으로 입고, 시간이 지나 입을 때는 보통의 수트처럼 입을 수 있도록 숍에서 무료 리폼도 해주기 때문에 전혀 낭비가 아니라고 할 수 있다.

청첩장 비용

보통 1장당 350원부터 시작하며, 옵션을 추가할 때마다 가격은 훨씬 늘어날 수 있다. 129~134쪽에 소개한 '바른컴퍼니'와 '페이퍼블랑'의 가격을 참고하자.

본식 동영상 촬영법과 비용

나에게 결혼식 이벤트 중 딱 한 가지만 고르라고 한다면, 결혼식 날의 시간과 소리를 갖고 싶을 것 같다. 웨딩촬영도 좋고 다른 화려한 이벤트도 좋지만, 그 무엇도 다시 결혼식 날로 돌아가는 기분을 느끼게 해줄 수는 없다. 웨딩동영상, 마법의 타임캡슐이 아니고 무엇일까? 그날의 두근거림, 긴장해서 실수하는 모습, 하객 한 명 한 명의 잡담소리와 축하소리까지 모두 담아서 간직하면 참 좋겠다.

주변에서 웨딩동영상을 어떻게 해야 할지 많이 묻는다. 영화를 전공한 나는 영상에 대한 기능을 보다 높이 산다. 따라서 스냅사진보다 동영상에 더 공을 들이기를 조언한다. 이왕이면 결혼식 풍경을 빠짐없이 남기자는 취지로 '2인 촬영'을 추천한다. 순간순간을 한 컷씩 담는 사진과 결혼식 풍경을 모두 녹화하는 동영상은 그 차이가 어마어마하다. 게다가 두 명이서 각각 동영상을 찍는다고 생각하면? 기억하고 싶은 순간들을 더 많이 담을 수 있기 때문에 결과물은 1인 촬영보다 훨씬 더 놀라울 것이다. 2인 촬영이 좋은 이유는 신랑, 신부를 찍는 것뿐만 아니라 하객들의 반응도 담을 수 있다는 장점 때문이다. 예를 들어 A카메라가 멀리서 풀샷을 찍는 동안 B카메라는 클로즈업으로 신부를 찍으며 숨소리까지 담을 수 있다. 또한 예식을 마무리하는 모습을 A카메라가 찍는 동안 B카메라는 한 명 한 명 인터뷰를 녹화할 수 있다.

1. 캠코더 촬영 : 30~40만 원대
- 빛에 따라 한계가 많이 드러나고 영상의 질이 떨어진다. 시간이 지남에 따라 화질의 열화가 크다.
2. HD급 VDSLR 촬영 : 50만 원대부터(1인 촬영) / 70만 원 안팎(2인 촬영)
- 빛에 따른 한계도 크지 않고 영상의 질이 훌륭하며 시간이 지나도 화질이 열화되지 않아 반영구적으로 보관이 가능하다.

결혼준비 항목별 예산

항목	내용
프러포즈	편지 한 장부터 이벤트까지 가격대 천차만별
상견례	최소 6인 이상 정찬 비용
예식장	식대 4만 원 미만부터 시작
허니문	1인당 100만 원 중반 ~ 500만 원까지(200~300만 원이 가장 많음)
스드메	200~400만 원
한복	1벌 맞춤 : 50만 원 미만부터 1벌 대여 : 20만 원 미만부터
예물	커플링부터 세트까지 200만 원 안팎부터
예복	맞춤정장 60만 원대부터
청첩장	1장 당 500원 기준 × 필요매수
세미웨딩(셀프웨딩)	가격대 천차만별
스튜디오 촬영, 액자 제작	대형액자 추가 : 10만 원부터 소형액자 세트 : 3만 원대
본식 전문 사회자	30만 원부터
본식 동영상	60만 원부터
본식 스타일링 추가상품	네일, 헤어염색 등 가격대 천차만별
스킨케어	30만 원대부터
집 구하기	장소, 종류에 따라 가격대 천차만별
인테리어	도배장판(100만 원 이하)부터 전체 공사(2,000만 원부터)까지 다양함
혼수 가전	400~500만 원대부터 1,000만 원 이상
폐백음식	보통 30만 원 안팎
예단	현금예단은 300만 원부터(생략하는 경우도 많음)
함	화장품세트, 여성정장, 가방, 한복, 예물 등 가격대 천차만별
이바지	가짓수와 양을 줄인 실속 있는 구성이 좋음 (ex 갈비찜이나 한우갈비만 함)

* 본인이 집중하고 싶은 부분에만 소신 있게 투자해도 좋다.
요즘은 필요 없는 것들은 과감히 생략하는 사람들이 많다.

Navigation

결혼준비를 위한 지름길

네비게이션에 목적지를 입력하면, 빠른 길, 무료로 가는 길 외에도 여러 가지 차안을 제시한다.
만약 제시한 길로 차가 가지 못했더라도 다른 경로를 바로 찾아준다. 어쨌든 목적지에 도달할 수 있도록 말이다.
결혼도 마찬가지이다. 우리는 자다 깬 새벽에도 필요한 정보를 바로 찾을 수 있는 시대에 살고 있다.
조금만 검색하면, 조금만 발품을 팔면 정보를 얻을 수 있기 때문에 결혼준비를 어떻게 해야 할지,
무엇부터 준비해야 할지 몰라 두려워할 필요가 없다. 물론 문제는 과잉된 정보다.
제시한 길은 많은데 어느 길로 가야 좋을지 혼란스러운 당신을 위해 결혼준비를 위한
가장 빠른 지름길을 안내하겠다.

빠르고 즐겁게
결혼준비하는 방법

결혼을 하기로 했다. 무엇부터 해야 할까? 개인적으로는 진심을 담은 프러포즈이기를 바라지만, 대부분 이 사실을 가족에게 먼저 알리게 될 것이다. 곧 상견례를 언제, 어디서 할지 의논하게 되고, 이후 가까운 지인에게도 소식을 알린다. 자, 이제 예식장을 예약하면 될까? 아니, 허니문? 플래너를 먼저 정해야 하나? 주변 사람들도 말이 모두 다르고, 헷갈린다. 무엇부터 해야 좋을까?

결혼준비할 때 반드시 지켜야 할 세 가지

첫째, 빠른 예약이 답이다.
보통 예식장을 많이 빠르면 1년, 조금 빠르면 8개월, 보통은 6개월 전에 알아보기 시작한다. 만약 당신이 결혼 성수기인 3~6월, 9~11월 토요일 점심시간대 결혼을 생각한다면, 서두를수록 마음에 드는 곳에서 결혼할 수 있다.

둘째, 결혼준비에 더 많은 시간을 투자하자.
결혼을 하기로 했다면, 항목별 준비가 아니어도 주말마다 친구, 가족들과 얽히는 행사가 많다. 이를 감안하여 본인의 일정을 조율하자.

셋째, 빨리 준비할수록 절약할 수 있다.
예식장도 조기 예약일 경우 할인을 해주는 경우가 많다. 해외 항공권 역시 일찍 끊으면 1인당 몇십만 원씩도 절약할 수 있다. 특히 인기 지역이며 고가 항공권이 필수인 하와이, 몰디브, 칸쿤 등은 더욱 그렇다. 언제부터 준비하느냐와 비용은 밀접한 연관이 있다.

제일 먼저 준비해야 할 네 가지

결혼준비 순서는 사실 정해져 있지 않다. 예물을 먼저 해도, 예복을 먼저 해도, 집을 먼저 구해서 인테리어를 먼저 한다고 해도 별 문제가 없다. 하지만 어떤 상황에서도 아래 네 가지는 가장 먼저 예약하고 준비해야 함을 기억하자. 이외 다른 사항들은 각자의 상황에 맞추어 진행하면 된다.

첫째, 예식장
둘째, 허니문
셋째, 스드메 예약(웨딩촬영을 생략해도 드레스, 메이크업 업체는 빨리 예약하자.)
넷째, 상견례

결혼준비의 순서는 사람마다 다를 수 있다. 다만 그 시작점에 프러포즈가 있기를 바란다. 다음에는 예식장 예약을 해야 한다. 예식장을 잡아야 허니문 날짜도 정해지기 때문이다. 또한 앞서 말했듯 비용 절감을 위해서는 스드메도 일찍 예약해야 한다는 점을 기억해두자. 이 정도만 지키면 결혼준비는 어렵지 않다.
결혼식으로 가는 길이 각자 다르더라도, 모두 비단길이기를 기원한다.

결혼 결심 → 프러포즈 → 허니문 및 스드메 예약, 본식 준비 (동영상, 예물, 청첩장 등) → 허니문 준비, 가족과의 시간 → 본식

예단 드릴 때
지켜야 할 예절

예단, 어떻게 준비해야 똑똑하고 센스 있는 며느리로 보일 수 있을까? 아래의 순서를 우선 기본으로 하고, 여기에 진심과 정성을 담아 준비하는 것에 초점을 맞추자.

1. 시어머님 의견 묻기
우선 시어머님께 "어머님 마음에 들게 예단을 준비하고 싶은데요. 알아보니까 대부분 참구나 반상기, 은수저 등을 준비하더라고요. 어떻게 하는 게 좋을까요?"라고 공손히, 그러나 디테일하게 물어보는 것이 좋다. 만약 예비신부가 질문하기 곤란한 집안 분위기라면 친정어머니와 시어머니 둘이서 대화를 나누며 품목을 정하는 것이 좋다.

2. 현금 준비하기
수표와 현금을 섞어 도톰한 두께로 준비한다. 이때 현금은 반드시 신권으로 바꾼다. 그리고 한복 업체, 예단 침구 업체에 가서 돈을 '예단포장'한다.

3. 예단 이불 준비하기
이불처럼 덩치가 큰 예단 품목은 보통 배송 서비스를 이용한다. 예단 드리러 가는 날짜, 시간에 맞추어 배송을 요청한다.

4. 예단 드리러 갈 때 준비사항
- 큰절 올리기
  : 집안에 들어가면 우선 큰절을 올린다. 시부모님이 사양하셔도 한 번쯤은 더 권해본다.

- 예단 편지 쓰기
  : 미리 예단 편지를 써서 가져가면 좋다. 만약 글재주가 없어 고민이라면 예쁜 카드에 짧게라도 애교 있는 멘트를 적어서 드린다. 글씨체가 예쁘지 않아 고민이라면 컴퓨터 한글 프로그램에서 명조체로 편지를 쓴 뒤, A4 사이즈의 한지에 인쇄하는 것도 깔끔하다.

- 한복 입고 가기
  : 이 시기에 한복을 맞춰놓았다면, 한복을 입고 예단을 드리자. 성향에 따라 조금씩 다를 수 있지만, 대부분의 어른들은 한복을 좋아한다. 간혹 한복을 안 입은 며느리에게 "원래 예단 들일 때 한복 입는 거 아니니?"라고 말하는 시부모님들도 있다.

- 떡, 한과 등 부모님 간식
  : 어른들이 좋아하는 간식을 준비하면 분위기가 더 부드러워진다.

사십오일
예단 봉투, 성혼선언문 폴더, 예단함 등 예단 준비에 필요한 모든 소품을 판매하는 숍. 전 공정이 모두 수작업으로 이루어지므로, 더 특별한 감동을 느낄 수 있다.

문의 | www.dday45.com | 070-4066-1244~1245

예단 편지 쓰는 방법

예단을 준비할 때 품목과 금액도 중요하지만, 진심으로 마음을 표현하는 일이 우선시되어야 한다. 마음을 표현하기 위해서는 편지가 최고다. 하지만 수많은 부부들을 만나 대화를 나눠보면, 글 잘 쓰는 사람들이어도 예단 편지 쓰는 일은 참 어렵다고 한다. 어떻게 하면 시부모님의 마음을 부드럽게 만들고, 믿음직한 며느리로 자리 잡을 수 있을까? 아래를 참고하여 예비 시부모님께 진솔한 편지를 써보자.

1. 도입부
: 공손한 인사말로 시작하자. 날씨 이야기로 서두를 열며 안부를 묻고 전하는 것이 좋다.

- 어느새 완연한 가을이 되었습니다. 지난 주말 단풍놀이는 즐거우셨는지요?
- 이제 제법 쌀쌀해졌습니다. 아버님, 어머님 몸은 괜찮으신지 궁금했습니다.
- 따뜻한 봄 날씨에 꽃들이 만개했습니다. 좋은 날을 앞두어서 그런지 꽃들이 더욱 예쁘게 보입니다.

2. 예비신랑에 대한 칭찬

- 00 씨는 항상 어디서나 예의바르고 듬직해서, 함께 있으면 마음이 안정됩니다.
- 항상 자상하게 배려해주어서, 저에게는 언제나 고마운 사람입니다.
- 피곤하다가도 함께 있으면 웃을 수 있는 밝은 사람이어서 더 좋았습니다.

3. 가정환경, 성격, 단점 등 개인적인 이야기
: 자신의 이야기를 진솔하게 쓰고, "앞으로는 더 잘하겠다."는 다짐도 덧붙인다. 성장 과정에서 있었던 시련이나 힘들었던 순간들을 간단하게 살짝 내비치는 것도 좋다.

- 저는 집안의 막내로 자라서, 아직 부족한 점이 많습니다.
- 밝은 성격이 장점이지만, 그래서 조금 덤벙거리기도 합니다. 고치려고 노력할게요. 곁에서 많이 가르쳐주세요.

4. 앞으로의 각오를 밝힌다.

- 우리는 힘들어도 함께 웃을 수 있는 천생연분이라고 생각합니다.
- 힘든 일이 생겨도 두 손 놓지 않고, 잘 이겨내고 씩씩하게 잘 살겠습니다.
- 아직 부족한 며느리지만 아버님, 어머님 마음에 들도록 노력할게요. 많이 예뻐해주세요.

결혼준비 순서도

순서	항목	유의사항 및 세부내용	적합 시기
0	프러포즈	큰돈을 들이지 않더라도 상대방이 생각하지 못한 순간에 정성껏!	결혼 결정 전
	상견례	· 양가의 중간 위치로 선정 · 양가의 취향을 고려한 메뉴 · 신랑이 주도할 것!	결혼 결정 후 바로
1	플래너 정하기	꼭 직접 만나 2시간 정도 상담 받아본 후 결정할 것	본식 6개월 전
	스튜디오 예약	스튜디오 리스트 작성 후 방문 상담, 웨딩촬영일 예약	
	드레스투어 예약	드레스숍 리스트 작성 후 각각 투어 일정 예약	
	메이크업 예약	메이크업숍 리스트 작성 후 방문 상담, 예약	
	예식장 예약	· 양가 협의 하에 위치 선정 · 플래너에게 의뢰함	
	허니문 세부사항 예약	· 지역 결정 · 인터넷 검색 · 업체 상담	
2	사용가능금액 한도 정하기	만기 남은 적금, 카드 이용까지 포함하여 생각하기	위 사항 정한 후
3	항목별 예산 정하기	자신의 상황에 따라 소신 있게 정하기(00p '준비 항목별 예산 표' 참고)	
4	스킨케어	보통 3개월 전 5~10회로 나눠 꾸준히 관리함	본식 3개월 전
5	예단 준비	상견례 이후 양가 합의하에 정해야 함	본식 1.5개월 전
6	드레스투어	· 3군데 정도 투어함 · 투어비 : 숍당 3만 원 · 소요시간 : 약 1시간 · 106쪽 참고	촬영 2개월 전
7	한복 맞춤	업체 리스트 작성, 방문 시기 정한 후 요청	촬영 1개월 전
	예복 맞춤	업체 리스트 작성, 방문 시기 정한 후 요청	
8	예물(커플링, 시계 등) 맞춤	업체 리스트 작성, 방문 시기 정한 후 요청	상시 (혹은 촬영 2주 전)
9	리허설드레스 가봉	· 방문 희망일 1개월 전 예약 · 소요시간 : 약 1시간 30분 · 신부 : 화이트드레스 2벌 + 컬러드레스 1벌 / 신랑 : 턱시도 1벌	촬영 2주 전
	메이크업 상담	· 헤어 + 메이크업 상담 · 소요시간 : 20분(생략 가능)	
10	청첩장 제작	· 샘플 고르고 제작 시작 · 예상 하객 수 + 50장 추가	본식 2개월 전 (촬영 2주 전)

11	웨딩촬영 (스튜디오 리허설 촬영)	· 소요시간 : 메이크업 1회 3시간 / 촬영 4시간 · 촬영 분량 : 20쪽 or 30쪽짜리 1권	본식 1.5개월 전
12	본식 세부내용 정하기	· 주례는 어떻게 할 것인가? · 축가는 누가 부를 것인가? · 포토 테이블은 어떻게 꾸밀 것인가? · 식전 영상은 어떻게 만들 것인가? · 부케는 누구에게 줄 것인가? · 폐백, 이바지는 어떻게 할 것인가?	본식 1.5개월 전 (웨딩촬영 직후)
	폐백 음식 준비	전문업체 통해 최소 4주 전 예약	
	축가 및 축하연주 선정	· 둘만의 개성과 추억이 담긴 축가, 축하연주를 하는 것이 좋지만, 상황이 여의치 않다면 업체를 활용하는 것도 좋음 · 호텔 전문 연주단, 독창, 중창단 활용 가능 · 남성 독창이나 3중창이 웅장하고 분위기 좋음	
13	청첩장 모임	본식 1달 전에 집중되므로, 누구에게 언제 줄지 미리 리스트를 만들어놓을 것	본식 1개월 전 (웨딩촬영 2주 후)
	사진 선택 및 액자 제작	사진을 빨리 선택해야 앨범, 액자 제작이 빨라짐	
14	본식드레스 가봉	· 턱시도와 웨딩드레스가 서로 얼마나 조화를 이루는지 살핌 · 신부: 화이트드레스 1벌 / 신랑: 턱시도 1벌 · 소요시간 : 약 1시간 (평일 기준)	본식 2주 전
	본식 때 진열할 액자 수령	예식 전날 미리 수령 or 당일 아침 신랑이 수령	
	부케 받을 사람 선정	반드시 확답을 받고 약속을 정한다. 없을 경우 생략 가능	
15	함	시기, 방식 조정 가능. 예물, 신부 옷, 화장품 등을 넣음	본식 일주일 전
16	이바지 음식	이바지 전문 업체 활용	본식 전후 (상황에 따라 다름)
17	허니문 준비	· 가방 싸기 · 환전하기 · 여행지 정보 수집하기	본식 전까지 수시로 준비
18	본식	· 본식 5시간 전 집에서 출발 · 메이크업 1회 : 3시간 소요 · 식장으로 이동 1시간 소요 · 사진 촬영 분량 : 원판 10쪽 2권 + 합본(스냅+원판) 30쪽 1권 · 동영상 촬영 : DVD 제작	본식 당일
19	허니문	수시로 여행정보를 알아보고 본식 전날에는 짐을 모두 싸놓도록 한다. 환전도 미리 할 것	본식 직후 (혹은 개인 상황별로 다름)
20	앨범, DVD 수령	사진 및 동영상 확인	본식 2개월 후

Only my wedding

나만의 특별한 스몰웨딩

누구나 '나의 결혼식'이라면 '나만의 특별한 결혼식'으로 만들고 싶은 마음을 가지고 있다. 물론 천성적으로 튀는 게 싫고 남들과 조금이라도 다른 시도가 불편하고 불안한 성격이라면, 우리나라 특유의 예식장 문화를 그대로 이용해도 좋다. 하지만 당신이 만약, '나만의 특별한 결혼식'에 대한 꿈이 있다면, 포기하지 말고 꼭 그렇게 했으면 좋겠다.

누구나 결혼식에 대한 로망이 있다

나는 웨딩플래너이지만, 정작 내 결혼에 대해서는 진지하게 고민을 못했다. 남편과 나는 결혼 전에 늘 싸우느라 함께 머리를 맞대고 의논할 수가 없었고, 빠듯한 예산으로 결혼준비를 하느라 결혼에 대해 깊이 생각할 여유가 없었다. 그래서 시부모님이 원하는 예식장에서, 시어머님이 다니는 교회 목사님 주례로 정말 어디에서나 볼 수 있는 가장 보통의 결혼식을 치렀다. 결혼식 이후 내 직업을 아는 많은 사람들에게서 "최근에 보기 드물게 정말 튀지 않는 결혼식이었어요."라는 식의 농담 섞인 인사를 듣곤 했다. 지금도 후회는 없다. 그때는 정말 결혼식이야 이런들 어떠하리, 저런들 어떠하리 하는 생각뿐이었다. 3개월이 조금 안 되는 기간 동안 집을 알아보고, 셀프인테리어를 하고, 혼수를 장만하고, 그 와중에 한복 맞추고 웨딩촬영하고 일까지 했으니. 나는 어떤 욕심도 없는, 투명한 상태로 결혼식을 치를 수밖에 없었다. 그때는 그게 최선이었고 불만을 생각할 여유조차 없었으니 말이다.

하우스웨딩, 스몰웨딩의 불편한 진실

7~8년 전만 해도 하우스웨딩, 스몰웨딩이라는 단어도 없었을 뿐더러, 이런 식의 결혼식을 하려고 하는 사람도 없었다. 초기에 상담할 때는 남들과는 다른 장소에서 특별한 결혼식을 올리고 싶다고 말하지만, 결국은 보통의 예식장에서 식을 올리게 되는 경우가 많았다. 다짜고짜 전화로 영화에 나오는 결혼식을 올리고 싶다고 하다가, 여러 가지 현실적인 이야기를 듣고는 결국 예식장에서 식을 올리기로 결론을 내리는 부부들도 많았다.

당시에는 잔디밭에 아름다운 꽃으로 아치를 세우고 테이블 위도 화려한 촛대와 꽃으로 장식하려고 하면 꽃 장식만 일단 300만 원이 훨씬 넘었다. 하객이 많이 오기라도 하면 주차안내, 서빙 등 진행요원들 인건비도 어마어마했다. 그래서 대부분의 커플은 현실의 벽에 부딪혀 평범한 결혼식을 택할 수밖에 없었고, 이 벽을 넘어서 특별한 결혼식을 강행한 커플들은 "주차가 불편하다." "서빙이 느리다." "화장실이 모자라다." 등 불만을 털어놓았다.

결혼에 대한 인식 변화

하지만 예전에 비해 요즘은 하우스웨딩, 스몰웨딩을 더 편하게 즐길 수 있게 되었다. 하객 수가 7~8년 전보다 (최소 250~300명) 150명 정도로 훨씬 줄었기 때문이다. 하객이 줄어들면 당연히 진행요원들도 줄어들어 인건비를 아낄 수 있다는 장점이 있다. 또한 정말 내가 아끼는 가족, 친구, 진실한 내 편만 초대하기 때문에 결혼식이 조금 어설퍼도 모두가 웃어넘길 수 있다.

꽃 장식 업체가 더 많아지면서 금액대도 다양해졌다. 서비스가 좋고 금액도 저렴한 신생업체들이 많이 생겨난 것이다. 또한 업체의 힘을 빌리지 않고도, 친구들과 소박하게 직접 꽃 장식을 하는 커플들도 점점 늘어나고 있다.

이런 추세에 따라 누구나 특별한 결혼식을 꿈꿔도 좋은 시대가 되었다. 마음만 먹으면, 영화에서만 보던 결혼식을 우리 모두가 할 수 있게 된 것이다. 하객 수가 많아도 꼼꼼하게 대비한다면 얼마든지 결혼식을 잘 마칠 수 있다.

다른 장소, 다른 의미

회사에 속해 있을 때 나는 일반적이지 않은 결혼식을

담당했었다. '스페셜웨딩'이란 팀이었다. 내가 진행한 결혼식들은 정말이지 다양한 장소에서 이루어졌다. 극장, 갤러리, 카페, 레스토랑, 작은 사무실 같은 공간 등 커플마다 다른 의미와 이유, 다른 스타일을 담아 특별한 결혼식을 만들었다. 결혼하는 커플, 그들의 가족, 친구들은 모두 형식적으로 후다닥 해치워야 하는 예식장 결혼식보다 더 여유 있는 시간을 보낼 수 있었다.

결혼식은 언제, 어디서든 올릴 수 있다

결혼식은 의외로 어디에서나 올릴 수 있다. 공간, 식사, 식에 필요한 장식 및 집기, 이 세 가지만 충족된다면 말이다.

공간 정하기

당연한 이야기지만 초대한 하객이 적으면 작은 공간, 초대한 하객이 많으면 큰 공간이 필요하다. 공간이 크든 작든 지켜야 할 원칙이 있다. 하객들이 신랑, 신부 두 사람을 봐야하는 결혼식 특성상 넓게 트인 공간이면 좋겠다. 중간에 커다란 기둥 여러 개가 시야를 가리는 그런 곳 말고, 공간이 실내라면 상관없지만, 야외라면 우천 시 대비책까지 고려하여 장소를 골라야 한다. 전기를 쉽게 사용할 수 있어야 하며, 음악과 하객 목소리 등 시끄러울 수밖에 없으므로 소음에 제약이 없는 공간이어야 한다. 만약 주택가 한복판이라거나 바로 옆에 고시원이 있다면, 진행이 어렵다. 민원 받고 출동한 경찰 때문에 결혼식을 중단해야 할 수도 있으니, 결혼식 장소 근처에 공사 현장이 있다거나 소음이 많아도 좋지 않다. 따라서 중심가에서 조금 떨어진 한적한 공간이

좋겠다. 학교나 회사의 강당, 극장, 공원, 갤러리, 마당이 넓은 펜션, 심지어는 오토캠핑장도 가능하다.

셀프웨딩 공간 정할 때 유의점
1. 초대한 하객 수에 맞는 크기인가?
2. 전기를 쓸 수 있는가?
3. 조용하고 한적한 공간인가?

공간 구역 나누기

공간을 찾았다면, 이제 구역을 나눠보자. 신부가 입장할 때는 입구로 들어와 공간의 앞쪽으로 걸어 들어가야 한다. 따라서 입구의 반대편으로 단상을 두어야 한다. 버진로드(신부가 입장해 걸어가는 길) 양 옆에 부모님이 앉을 의자를 놓고, 뒤쪽으로는 하객들이 앉을 의자를 놓으면 된다. 만약 공간에 여유가 있다면, 왼쪽에 사회자 단상을 놓으면 더 완벽하다.

식사 준비

결혼식이란 사실 예비부부 두 사람이 잘 살겠다고 하객 앞에 맹세하고, 축하인사를 나누며 감사의 마음을 담아 밥 한 끼 나누어 먹는 행사나 다름없다. 따라서 하객들을 대접하는 음식이 그 무엇보다도 중요하다. '케이터링', '결혼식 뷔페' 등으로 인터넷에 검색하면 숱하게 많은 업체들이 나온다. 각각 홈페이지에 들어가서 메뉴를 살펴보고 직접 통화해보자. 4만 원 이하의 가격대가 가장 많고, 하객 수가 기준선 이상이면 폐백음식 집기, 단상, 마이크, 앰프 등의 소품을 무료제공하기도 한다.

꽃, 조명 등 데코레이션

꽃 장식이나 조명 장식 등의 데코레이션은 업체를 통해 할 수도 있고, 직접 할 수도 있다. 만약 직접 하려고 한

다면, 아래의 순서를 따르면 더 쉬울 것이다.

① 이미지 수집(참고 이미지를 많이 볼수록 안목이 생긴다.)
② 시안 결정
③ 비용 책정(꽃 시장, 조명 업체 등에 직접 가서 비용, 운반 방법, 설치 방법 등 논의)
④ 데코레이션을 도와줄 인원 결정(신랑, 신부가 결혼식 당일에 장식을 할 수는 없다. 가족과 친구 중 도와줄 수 있는 사람이 없다면, 어쩌면 직접 데코레이션을 하는 일은 불가능하다.)

꽃 장식을 할 때는 아주 미니멀하게, 단순하게 하는 것이 좋다. 너무 많은 꽃을 장식하려고 하면, 설치하고 운반할 때 문제가 많이 생긴다.

전문가의 도움 받기

당신이 정말 로맨틱하고 완벽한 결혼식을 생각하고 있다면, 이루고자 하는 이상이 뚜렷하다면, 전문가의 도움을 받는 것도 추천한다. 유능한 플로리스트, 웨딩플래너가 많이 있다. 내가 기획까지 하고, 전문가에게 의뢰만 해도 좋다. 강렬하고 특별한 이미지를 구현하고 싶지만, 혼자의 힘으로는 불가능하다면(혹은 배우자가 바쁘다면, 도와주지 않는다면) 기획부터 모두 책임지는 전문업체들도 있으니 참고하자.

배경음악

식장에 좋은 음악이 울려 퍼지면 결혼식 분위기가 더 좋아질 것이다. MR을 틀 것인지, 밴드를 불러 라이브 연주를 할 것인지 결정해야 한다. 야외라면 현악 연주가 좋다. 앰프, 스피커 시설이 훌륭하지 않아도 소리가 풍부하게 잘 들리기 때문이다. 요즘은 사운드의 질이 우수한 MR도 구할 수 있다. 결혼준비할 때 여유가 있다면, 예식 전부터 끝까지 틀 수 있는 음악리스트를 스스로 준비하는 것도 좋다. 캠핑장, 펜션 등 한적한 야외에서 결혼식을 올리는데, 보통의 결혼식장에서는 들을 수 없는 음악들이 계속 흘러나온다면? 그것만으로도 당신의 결혼식은 완벽하게 당신을 위한 시간이 되지 않겠는가?

식순 짜기

요즘은 신부대기실에 앉아 있지 않고, 아예 밖에 가족들과 함께 서서 하객을 맞이하는 신부도 있다. 얼마 전까지는 생소했던 주례 없는 결혼식은 이제는 아주 흔해졌다. 그렇게 결혼식 문화는 시대의 세계관을 반영하면서 계속해서 변화하고 있다. 예전에는 따로 섭외된 연주자, 축가자가 축가를 불렀다면, 요즘 결혼식에서는 친구, 신랑, 신부, 심지어는 부모님이 축가를 부르거나 축사, 덕담을 해주는 경우가 더 많다. 두 사람의 인터뷰와 예전 연애 때 모습을 담은 동영상을 짧게 상영하기도 한다. 결혼식 공간 한쪽에 포토존을 만들어 그곳에서 하객들을 촬영해주기도 하고, 연애하면서 서로 주고받은 선물을 전시하기도 한다. 소박하지만 두 사람만의 추억을 소중히 다룬다는 점에서 의미 있고 뜻깊다. 반짝이는 아이디어가 있다면 얼마든지 활용하고 응용하면 좋겠다. 다만 잊지 말아야 할 점은 결혼식은 부모님 세대와 우리 세대가 함께 어우러져야 한다는 것! 그리고 두 사람이 가족이 되는 시작을 기념하는 의미 있는 순간이라는 점을 잊지 말자.

그 외에 앞에서도 이야기했지만, 가족들끼리만 모여 식사를 하거나 예비부부 둘만의 특별한 이벤트로 결혼식을 대신하는 것도 좋은 방법이다.

우리만의
특별한 웨딩촬영

셀프 웨딩촬영, 혹은 허니문스냅을 어떻게 해야 하는지

에 대해서는 앞서 I 파트(89쪽)에서 상세하게 이야기했다. 그런데 셀프로 하지 않고, 전문 업체에 맡기는 경우에는 '우리 둘만의 사진'을 찍을 수 없게 되는 것일까? 걱정하지 말자. 조금만 준비해도, 특별한 웨딩촬영을 할 수 있다.

부케 준비하기

생화 부케가 아니어도 좋다. 서울의 경우 강남고속터미널 지하상가에 가면 아름다운 조화들을 볼 수 있다. 준비해서 촬영 때 활용해보자. 그리고 버리지 말고, 신혼여행에서 사진 찍을 때 사용하고 신혼집에서도 인테리어 소품으로 사용할 수 있다.

커플룩 준비하기

취향과 성격에 따라 커플룩을 유치하게 생각할 수도 있다. 지나치게 오글거리는 커플룩은 피하도록 하자. 다만, 하얀색 드레스, 검은 턱시도를 입고 찍은 사진은 많으니 검은 정장(원피스 혹은 수트), 하얀색 셔츠와 바지 등의 옷을 입고 사진을 찍으면 세련된 분위기를 연출할 수 있지 않을까? 특히 부부가 공유하는 취미생활이 있다면 더욱 좋다. 예를 들면 야구 유니폼, 배낭여행 복장, 수영복 등을 입을 수도 있고 셀프인테리어를 했다면 그와 관련된 소품들을 활용해보자. 플랜카드 등을 준비하는 것도 좋다. 만약 배경, 소품이 따로 필요하지 않다면, 촬영업체 담당자에게 잘 부탁해보자. 한 컷 정도는 자유롭게 찍을 수 있을 것이다. 하지만 전문 업체는 미리 정해진 스케줄대로 움직이기 때문에, 자유 컷이 많아지면 본 촬영에 지장을 줄 수 있다는 점을 꼭 염두에 두자.

따로 스냅사진 찍기

헤어, 메이크업도 완벽하게 스타일링 한 날! 그러므로 뽕을 뽑아야 한다. 고생스럽지만 웨딩촬영이 끝나고, 친구들과 함께 즐기는 시간동안 다시 사진을 많이 찍어보는 것은 어떨까? 따로 카메라를 준비하는 것도 좋고, 데이트스냅 찍어주는 업체를 찾아서 1~2시간 정도 촬영을 하는 것도 방법이다. 친구들과 함께 드라마 〈응답하라 시리즈〉의 주인공들처럼 콘셉트를 잡고 찍는 것도 재미있다. 삼겹살을 굽고 싸먹는 모습도 사랑스러울 것이다. 무채색, 하늘색, 크림색 중 한 가지 컬러로 입는 드레스 코드 등으로 촬영 콘셉트를 정해보는 것도 좋다. 데이트스냅 업체는 1~2시간 촬영에 20만 원 안팎의 비용이 든다는 점을 참고하자.

우리만의 특별한 허니문

단언컨대, 허니문은 최고다. 모든 여행 중 으뜸이고, 결혼과 관련된 행사 중 가장 행복해야 한다. 바쁘고 힘들더라도 조금 더 고민하고 준비해서, 두 사람만의 특별한 시간을 보낼 수 있으면 좋겠다. 대체적으로 허니문을 준비할 때 고민거리는 목적지, 이동수단, 숙소, 일정(보고 듣고 먹는 일) 정도로 나눌 수 있겠다.

목적지 정하기

앞서 말했듯 하와이, 몰디브, 칸쿤, 발리, 유럽 등이 대세 목적지라고 할 수 있다. 이런 곳들에 가는 것이 꿈이었다면 상관없지만, 아무도 가보지 않은 곳을 우리 둘이서 가보고 싶었다면? 그럼 우리 스스로 〈꽃보다 청춘〉의 PD처럼 새로운 여행지를 찾아보는 것은 어떨까? 원래 나와 남편이 가고 싶었던 곳은 일본이었다. 하지만 당시 방사능 문제 때문에 여행지를 옮겨야 했다. 일

본 다음으로 가고 싶었던 곳은 몬테네그로였다. 시간이 멈춘 듯한 여유로운 도시와 바다가 너무 근사해보였기 때문이다. 그렇지만 아쉽게도 이곳도 여러 가지 이유로 변경할 수밖에 없었다.

결국 우리는 쿠알라룸푸르에서 1박을 하고, 발리로 넘어가서 8박을 하고 돌아왔다. 결혼식 당일 인천에서 1박을 했으니 총 10박 11일. 발리에서 짠디다사라는 곳을 갔는데 가장 기억에 남는다. 발리는 허니문 명소이지만, 그 중에서도 잘 알려지지 않고 공유되지 않은 짠디다사에 다녀오니, 더 특별한 허니문을 다녀온 기분이었다. 지인 중 누군가는 허니문으로 안나푸르나 등반을 했다고 한다. "허니문 사진이 등산복뿐이겠네요!" 하고 말했지만, 정말 멋지다고 생각했다.

우리는 여행이 흔한 시대에 살고 있다. 결혼 후 여건이 된다면 언제, 어디든 떠날 수 있을 것이다. 두 사람이 함께 할 수 있다면 어디를 가도 좋겠지만, 잘 알려지지 않은 곳에서 미지의 장소에서 둘만의 시간을 즐겨보는 것도 좋으리라.

시간이 여유로운 커플이라면 국내를 한 달쯤 돌아보는 것은 어떨까? 개인적으로 내가 너무 해보고 싶은 여행이다. 〈1박2일〉 프로그램처럼 가깝지만 낯선 곳을 찾아서 캠핑카를 타고 여행하는 것. 여름에 결혼하는 커플이라면 '락페스티벌' 허니문도 멋지겠다. 세계 각지의 유수한 락페스티벌이 있으니 말이다. 두 개쯤 정해서 즐기고 오는 것도 좋겠다.

이동수단 정하기

해외여행을 생각한다면 항공편을 찾아야 한다. 이때 항공권 할인을 기억해두면 좋다. 주말에 결혼했어도 월요일, 화요일에 출국한다면 항공권 할인을 많이 받을 수 있기 때문이다.

지역에 따라 캠핑카로 여행지 내를 이동하는 것도 좋다. 또한 크루즈 여행도 아주 특별하다.

숙소 정하기

그야말로 로맨틱의 끝인 프라이빗 비치, 풀빌라, 초특급 호텔 등이 신혼여행 숙소로 각광 받고 있다. 물론 이런 곳들도 좋지만, 긴 여행을 생각하고 있다면 현지인처럼 일반 살림집에서 머물러보는 것은 어떨까? 마음만 먹으면 지금 당장 그런 결정을 할 수 있다. 허니문을 유럽쪽으로 가는 커플들 중에서는 '에어비앤비'로 며칠을 묵는 커플들이 많다. 비용도 훨씬 절약하고, 특별한 허니문을 보낼 수 있다.

셀프 청첩장

독특한 청첩장을 만들고 싶은 마음이 그리 간절하지 않거나 비상한 재주도 갖고 있지 않다면, 청첩장은 전문업체에 맡기는 것이 좋다. 직접 청첩장을 디자인한다고 해서 비용이 많이 절약되는 것도 아니고, 시간과 노력을 배로 들여야 하기 때문이다. 하객들이 청첩장을 간직해주지도 않기 때문에 김이 좀 빠질 수도 있다. 하지만 이런 점들을 감안하더라도, 효율적이지 않더라도 "내 결혼식 청첩장은 내가 만든다!"라는 생각이 강하다면, 오로지 이 이유 하나만으로 모든 번거로움을 감수하겠다면? 아래의 방법들을 참고해서 셀프청첩장을 만들어보자.

이미지 수집하기

엄청나게 뛰어난 디자이너라면 할 말이 없지만, 일반인

이라면 그동안 내가 예쁘다고 생각했던 청첩장 이미지들을 모아보자. 이것은 전문 업체에 맡길 때도 꼭 지켜야 할 과정이다. '아무거나' 하고 싶지 않다면, 미리미리 청첩장 샘플들을 보면서 안목을 키우는 것이 좋다. 그래야 요즘 트렌드도 알 수 있고, '절대 이렇게 하면 안 되겠다!' 싶은 청첩장도 가려낼 수 있다.

디자인 시안 결정하기

만약 일러스트레이터나 포토샵 등의 프로그램을 할 줄 모르는 사람이라면 디자인 시안을 어설프게라도 손으로 그려보자. 그리고 이 시안을 디자인 파일로 옮겨줄 사람, 혹은 업체를 찾으면 된다. 하지만 이 경우 비용이 훨씬 더 올라간다. 가능하다면 고기 한 번 사주면 대신 해줄 수 있는 지인을 찾아보는 것도 좋다.

인쇄하기

디자인이 완성되었다면 인쇄를 해보아야 한다. 청첩장은 웹이 아니라 종이로 직접 보는 것이기 때문에, 꼭 인쇄를 해서 폰트 느낌, 크기, 가독성, 인쇄 후 번짐 여부 등을 살펴야 한다. 시범인쇄 할 때 오타도 발견할 수 있으니, 이 잡듯이 볼 것.

종이 고르고 인쇄하기

종이 종류도 천차만별이다. 종이 샘플을 직접 볼 기회가 있거나, 이 분야의 전문가라면 자기가 하고 싶은 그대로 진행하면 되겠다. 그렇게 하지 못하는 경우에는 직접 인쇄소에 가서 종이를 만져보고 골라보자. 고르는 종이에 따라 비용은 천차만별이다. 하지만 청첩장 전문 업체에 맡기는 것보다 저렴하게 들기는 쉽지 않다는 점을 기억하자.

흙손도 특별한 청첩장을 만들 수 있다

금손은 아니지만, 청첩장을 특별하게 만들고 싶다면? 엄청난 노력이 필요하다. 인터넷에서 샅샅이 검색해보자. 주로 아래와 같은 검색어를 이용하면 디자인 시안, 업체 등을 찾는 데 도움이 된다.

검색어 : 해외청첩장, 맞춤청첩장, 특별한 청첩장, 셀프 청첩장

서로 겹치는 검색 결과들도 많겠지만, 열심히 찾다보면 새로운 업체들을 많이 찾을 수 있을 것이다. '맞춤청첩장'으로 검색할 경우 디자인부터 인쇄까지 모두 해주는

디자인 초보가 셀프청첩장을 만들 때 기억해야 할 것

1. 무료 샘플을 모두 받아보자
청첩장 업체에서는 샘플을 무료로 보내준다. 따라서 꼭 청첩장 샘플들을 여러 곳에서 받아보고 최대한 흔하지 않고 두 사람만의 느낌을 살릴 수 있는 디자인을 고르자.

2. 청첩장 문구를 직접 쓰자
청첩장에 들어가는 문구도 샘플이 있는데, 이 중에서 고르지 말고 커플이 직접 써보자. 이왕이면 실제로 만난 날짜, 장소, 이유 등 개인적인 추억을 담아서 문구를 작성하면 받는 사람들도 재미있고 당사자들에게도 의미 있는 청첩장이 될 것이다.
ex) 05학번으로 함께 대학생이 되어 과제를 하다 만났던 이영과 라온은 이제 아내와 남편이 되려고 합니다.

업체를 많이 볼 수 있는데 디자인 비용, 공임이 있어서 총 비용이 더 많이 든다.

업체 도움 없이 직접 스타일링하기

업체, 플래너 없이 직접 드레스를 찾고 고르는 일은 정말 어렵다. 하지만 셀프웨딩의 길을 걷고자 마음먹은 부부라면, 소신 있게 내가 좋아하는 디자인, 실속 있는 가격의 드레스를 찾아보는 것도 즐거운 준비 과정으로 기억될 수 있다. 내가 그동안 옆에서 지켜본 셀프웨딩 사례들을 모아, 그들의 성공 노하우를 정리해보았다.

오프라인 피팅용 매장 찾기

보통 인터넷 사이트에서 보고 구입하거나 대여하기 때문에 실제로 입어보기가 쉽지 않다. 하지만 드레스라는 옷의 특성상 실제로 입어보는 것이 후회가 없다. 따라서 업체 중에서도 오프라인 피팅용 매장이 구비된 곳을 추천한다.

액세서리 대여하기

드레스를 꾸며줄 액세서리(베일, 티아라 등)를 대여할 때는 대부분 택배로 받게 된다. 따라서 어느 정도까지 대여받을 수 있는지, 손질은 어느 정도 되어 있는지 전화, 메일 등으로 업체에 미리 확인해야 한다. 꼭 해보고 싶은 액세서리, 소품 등이 있는데 업체에서 대여해주지 않는다면, 직접 따로 준비하는 것이 좋다.

드레스 코디하기

드레스에도 유행이 있다. 어떤 시기에는 클래식한 디자인과 소재, 어떤 시기에는 모던하고 심플한 디자인과 소재가 많이 보인다. 유행이라는 것은 너무 많이 벗어나면 흥행에 실패하고 또 너무 따라하면 진부한 법이다. 그러니 스타일링을 특별하게 하고 싶다면 첫 번째로 이미지를 많이 찾아보고 그 흐름을 읽어보자. '요즘은 클래식이 대세구나. 소재는 실크와 레이스가 많구나.' 이런 식으로. 이미지를 많이 보았다면, 이 중 하나를 골라 살짝 내 취향에 맞게 비틀어보는 것은 어떨까? 예를 들어 클래식한 디자인이지만 여기에 실크는 배제하고 가벼운 망사 소재를 넣은 디자인을 찾아보는 것이다.

두 번째, 콘셉트를 잡았다면 이제 많이 입어보자. 직접 입으면서 콘셉트가 완전히 바뀔 수 있으니, 입기 전에는 드레스를 정하지 말아야 한다.

세 번째, 입어보면서 내 체형의 장점을 잘 살려주고 단점을 가려줄 수 있는 라인과 소재를 찾는다. 이 부분은 전문가가 아닌 이상 직접 입어봐야 깨닫게 된다. 내가 생각하는 이상적인 디자인, 유행 등을 고려하는 것도 중요하지만, '나에게 가장 잘 어울리는 스타일, 나를 돋보이게 하는 드레스'를 찾아야 한다.

신부에게 사랑 받는
부케숍

엘리제 플라워

엘리제플라워는 독특하고 세련된 부케를 들고 싶어하는 신부들에게 추천하는 숍이다. 배용준, 박수진 부부의 부케를 만들어 화제가 된 플라워숍.

- 위치 : 서울시 강남구 청담동 17-2번지 2층
- 문의 : elyseeflower.com/ 02-545-5501

어반정글 플라워

유럽 영화의 한 장면처럼 들판의 꽃들을 마구 꺾어 부케로 쓰고 싶은 신부라면 어반정글 플라워를 주목해보자. 무심한 듯하면서도 자유롭고 예술적인 감각의 플라워숍을 찾는다면 바로 이곳이다.

● 위치 : 서울시 용산구 동빙고동 262-6
● 문의 : www.urbanjungle-seoul.com

직접 입어보고
구매, 대여할 수 있는
드레스숍

라 포레 블랑쉐

● 피팅비 : 1만 원(13만 원 이상 구매 및 대여 시 반환)
● 위치 : 서울시 용산구 한강로2가 114-2 2층 202호
● 문의 : www.laforetblanche.kr / 070-8239-4428

메리앤마리

- 피팅비 : 5벌당 2만 원(구매 및 대여 시 반환)
- 위치 : 서울시 마포구 성산동 103-20 2층
- 문의 : www.marrynmari.co.kr / 070-8243-5876

Party! Big day!

드디어 결혼식 날이 왔다

우여곡절 끝에 결혼식 날이 되었다. 그동안 많은 어려움을 겪었을 두 사람에게 진심 어린 위로와 축하를 보내고 싶다. 결혼하려고 마음먹은 두 사람이 결혼식 날까지 온 것은 당연하지만, 쉬운 일만은 아니니 축하를 받아야 마땅하다. 많은 것을 결정하느라, 서로에게 서운한 점을 참아내느라(혹은 싸워대느라), 낯선 배우자의 부모님께 놀라느라, 얄밉게 구는 주변 사람들 때문에 지치느라 고생이 참 많았다. 이 파트에서는 그동안 준비 과정의 결정체, 결혼식을 멋지게 마무리할 방법들을 소개하겠다.

우리 결혼했어요

연애하는 동안 헤어질 때마다 마음 고생한 두 사람. 이제 헤어지지 않아도 되고, 데이트 계획 짜느라 고생하지 않아도 된다. 이제 몇 시간만 넘기면 두 사람 앞에는 새로운 인생이 열리게 될 것이다.

결혼식 날 일정, 이렇게 진행된다

토요일 오후 1시 30분에 결혼하는 신부의 본식 일정을 소개하겠다. 결혼식 시간 중 가장 인기가 많고 바쁜 시간이니 만큼, 가장 안정적이고 보편적인 일정으로 진행했으므로 참고하자.

예식이 끝나면 헬퍼와 함께 빨리 이동해서 하객들에게 인사할 때 입는 한복, 혹은 드레스로 갈아입어야 한다. 그 전에 폐백을 먼저 하게 되면, 하객들이 집에 가버리는 경우가 많기 때문에 일단 인사를 돌고 나서 폐백실로 이동하는 것이 좋다.

인사할 때는 신랑, 신부 중 누구의 가족에게 먼저 하는 것인지 헷갈릴 수 있다. 양가 부모님, 신랑, 신부가 함께 이동하면서 다 같이 인사하면 실수를 줄일 수 있다. 아니면 '신랑 집 먼저, 신부 집은 그 다음, 친구들은 마지막' 이런 식으로 순서를 정해놓으면 혼란을 줄일 수 있다.

시간	일정	준비 사항
오전 6시	· 기상 후 간단하게 샤워함 · 메이크업숍 출발	· 소화가 잘 되는 죽으로 식사 · 숍에서 입고 벗기 편한 옷 입기
오전 7시 30분	· 메이크업숍 도착 · 짐 보관 → 가운 착용 → 피부 수분팩 → 헤어 열 세팅 → 얼굴 기본 메이크업(윤곽 및 속눈썹) → 헤어 기본 스타일링 · 신부 : 메이크업, 피팅 3시간 소요 · 신랑 : 메이크업, 피팅 1시간 소요	메이크업, 피팅을 먼저 마친 신랑은 대여용 한복, 웨딩촬영 스튜디오에서 미처 픽업하지 못한 액자들을 찾아와야 한다.
오전 9시 (메이크업숍 아웃 1시간 반 전)	· 메이크업숍에 헬퍼 도착 · 드레스 피팅 · 피팅 후 다시 메이크업, 헤어 스타일링	헬퍼는 드레스숍에서 드레스 및 액세서리를 제공하는 역할을 한다.
오전 10시 30분	· 메이크업, 헤어 스타일링 마무리 · 예식장으로 출발	혼주 메이크업(양가 부모님들도 같은 숍에서 한 경우 주의사항 ① 커플, 부모님 모두 예식장으로 함께 이동해야 한다. ② 아웃 시간을 서로 맞춰야 한다. ③ 이동 차량을 미리 정해야 한다.
오전 11시 30분~오후 1시	· 예식장 도착 · 신부대기실에서 하객들과 사진 촬영	
오후 1시 30분	· 예식홀에서 신랑, 신부 입장하며 결혼식 시작	
오후 2시 30분	· 예식 종료 · 원판 촬영 완료	
오후 3시	폐백 시작	친척 수와 덕담 길이에 따라 폐백 시간은 달라진다. 대부분 10~20분 소요
오후 3시 30분	모든 일정 종료	

결혼식 전 미리 결정해야 할 사항

폐백 음식	· 비용 : 보통 20만 원대 후반 ~ 40만 원대 · 폐백 중에는 술안주로 활용. 폐백 후에는 시부모님께 드린다.
축가	· 축가자 섭외 비용 : 1인당 20만 원 이상(성악, 재즈 등) · 중창단 섭외 비용 : 1인당 15만 원 정도 · 요즘은 신랑, 신부, 가족, 친구의 축가가 더욱 각광받고 있음
혼주 메이크업	· 비용 : 1인당 15만 원 이상 · 신부와 같은 숍에서 할 경우 예약이 모두 끝났거나 비용도 훨씬 고가일 수 있다. 따라서 신부가 있는 숍과 거리가 가까운 숍으로 예약해놓거나 집으로 출장 메이크업을 주문하는 것이 좋다. · 출장 메이크업 비용 : 약 15만 원(아버지들의 헤어+메이크업 비용은 약 5만 원. 요즘은 아버지들도 메이크업을 많이 받는다.)
이동시간	메이크업숍에서 예식장까지 가는 시간은 여유 있게 잡아야 한다. 메이크업숍에서 정한 시간이 빠듯하다고 느껴질 경우, 메이크업을 좀 더 일찍 시작하겠다고 이야기하자.
이동차량 및 인원	· 부모님과 신랑, 신부 모두 메이크업, 의상을 갖춘 상태이기 때문에 운전이 불편할 수 있다. 따라서 큰 차로 한꺼번에 이동하는 것이 편하다. 이때 운전은 누가 맡을지, 차를 빌릴 때 운전기사까지 섭외할지 미리 정한다. · 예식장에 일찍 가고 싶은 혼주들은 신부를 기다리지 않고 먼저 출발해도 좋다. 상황에 따라 대처하되 이동 방법을 미리 의논할 것
주례	· 주례 있는 결혼, 주례 없는 결혼 중 미리 결정해야 한다. · 주례 있는 결혼을 할 거라면 주례 선생님을 미리 섭외해야 하고, 주례 없는 결혼을 할 거라면 식순을 미리 짜놓아야 한다.
사회	· 입장 → 혼인서약 → 성혼선언 → 덕담(주례) → 축가(축사) → 부모님께 인사 → 하객에게 인사 → 행진 · 대부분 위의 순서를 따르기 때문에 결혼식 사회는 어렵지 않다. 고가의 비용을 지불하여 사회자를 섭외해도 좋지만, 미리 대본을 잘 써놓는다면 가까운 친구가 해도 전혀 지장이 없다. · 사회자 섭외 비용 : 20~60만 원
부케 받을 친구	앨범에도 기념사진이 실리므로 부케는 정말 친한 친구가 받도록 한다. 요즘은 미리 정하지 않고 즉흥적으로 던지기도 하는데, 그럴 경우 하객들이 서로 안 받으려고 피하기도 한다.
신부대기실에서 가방 들어줄 친구	축의금을 신부에게 직접 전달하는 친구도 많으니 성격이 꼼꼼하고 낯선 사람을 잘 안내할 수 있는 친구로 정한다.
스냅사진	· 비용 : 50~300만 원 · 경력이 많은 전문업체에 맡겨야 한다.
웨딩동영상	비용 : 50~150만 원
식순 등 웨딩 스타일	주례 없는 결혼식, 축가, 축하공연 등으로 차별화함

결혼식 당일에 잊지 말아야 할 팁

1. 결혼식 전에 소화 잘 되고 기운 나는 음식을 먹고 올 것. 결혼식 끝날 때까지 제대로 식사할 시간이 거의 없다.
2. 갈증이 많이 나더라도 물을 많이 마시지는 말자. 신랑, 신부(는 특히) 화장실을 자주 가게 되면 불편할 수밖에 없다.
3. 당일에 필요한 헬퍼비 등 현금을 미리 챙겨서 꺼내기 쉬운 곳에 따로 보관한다.
4. 하객들의 선물, 축의금, 카드 등을 받아서 보관해줄 친구 한 명을 미리 섭외해놓자.
5. 바로 허니문을 떠나지 못하는 커플이라도 결혼식이 끝나면 가족들을 떠나 두 사람만의 휴식 시간을 갖는 것이 좋다. 1박 2일이라도 가까운 곳으로 여행을 가는 것을 권한다. 특히 결혼준비 기간이 짧았던 커플일수록 갈등이 생기기 쉽다. 두 사람의 의기 투합을 위한 휴식 시간을 갖도록 하자.
6. 결혼식을 끝내고 공항으로 가는 차 안에서 하객들에게 감사 전화를 따로 하면 좋다. "직접 찾아 뵙고 싶었지만 여행 직후 시간이 빨리 나지 않을 것 같아서 전화했다."고 하면 진심을 알아줄 것이다. 내 경험상 공항 도착 후 본격적인 허니문이 시작되면 아무것도 하고 싶지 않아지기 때문에, 결혼식 직후 공항으로 가는 1~2시간 동안 감사 전화를 한다면 효율적이다.
7. 마음에 여유를 가지고 편안하게 생각하자. 결혼식 날은 쓸 데 없이 긴장이 많이 되는 날이다. 어느 정도 실수가 있어도 웃어 넘기도록 노력하자.
8. 쉴 새 없이 스냅 사진, 동영상을 찍기 때문에 표정과 자세에 신경을 쓰자. 입 꼬리를 약간 올리면서 웃는 표정을 유지하고 허리를 세워 자세를 예쁘게 하자.
9. 결혼식이 끝난 후에도 남아 있는 가족, 친구들이 꽤 있다. 편하면서도 멋지고 세련된 스타일링을 유지하자.

주례 없는 결혼 식순 및 멘트

순서	내용	멘트자	멘트
1	예식 준비	사회자	내빈 여러분. 대단히 감사합니다. 지금부터 OOO 군과 OOO 양의 결혼식을 거행하겠습니다. 축복된 예식을 위하여 예식 진행 중에는 조용한 분위기와 경건한 마음으로 예식에 함께 동참해주시기 바랍니다.
2	예식 시작 안내	사회자	(하객들 자리에 앉으면) 오늘의 예식은 특별하게 주례가 없는 예식으로 진행될 예정입니다. 신랑, 신부가 주인공으로서 서로의 뜻을 전하고, 새 인생에 대한 약속을 양가 어르신, 친구들의 축복 속에 맹세하는 자리인 만큼, 끝까지 자리를 함께하시어 새롭게 시작하는 두 사람을 축복해주시길 부탁드립니다.
3	사회자 인사	사회자	안녕하세요. 사회를 맡은 OOO입니다. 먼저 많은 친구들 대신해서 두 사람의 결혼을 진심으로 축하합니다.
4	어머님 입장	사회자	이제 오늘의 성스러운 예식을 위하여 양가 모친께서 하객 분들께 인사드리겠습니다. 양가 모친께서는 입장하여 주시기 바랍니다. (양가 어머님 입장 후 맞절. 내빈들에게 인사한 후 자리에 착석)
5	동영상 상영 (생략 가능)	사회자	신랑, 신부 입장에 앞서 알콩달콩한 사랑이야기가 담긴 동영상 상영이 있겠습니다. 하객 여러분. 두 사람의 사랑이야기를 한번 들어보시겠어요? (동영상 상영)
6	신랑 입장	사회자	(신랑 입장 대기를 확인한 후) 이제 신랑 입장 순서입니다. 그 어느 누구보다도 늠름하고 멋지지만, 오늘은 많이 떨릴 겁니다. 긴장도 풀고 멋있게 입장하라고 여러분의 큰 박수 부탁드리겠습니다. 신랑, 입장!("입장"을 더 강한 억양으로 말해야 함)
7	신부 입장	사회자	(신부 입장 대기를 확인한 후) 다음은 오늘의 주인공, 신부의 입장이 있겠습니다. 제가 좀 전에 신부를 잠깐 봤는데, 얼마나 이쁜지 눈이 부셔서 잘 못 알아봤습니다. 오늘의 주인공 신부를 위해서 내빈 여러분의 뜨거운 박수와 환호 부탁드립니다. 신부, 입장!("입장"을 더 강한 억양으로 말해야 함)
8	신랑, 신부 맞절	사회자	(신랑, 신부 단상 위에 올라선 후) 두 사람이 입장을 마치고 내빈 여러분 앞에 섰습니다. 이제 성인의 예를 드리는 맞절의 순서가 있겠습니다. 신랑, 신부는 마주 보고 서주시기 바랍니다. 신랑, 신부의 양가 부모님과 일가친척, 친구들, 그리고 내빈 여러분을 모신 가운데 서로를 존중하는 마음으로 맞절을 하겠습니다. 신랑, 신부, 맞절 박수 부탁드립니다!
9	혼인서약	사회자	이어서 신랑, 신부의 혼인서약이 있겠습니다. 천년의 약속을 하는 두 사람의 마음가짐을 함께 귀 기울여 들어주시고, 오늘 결혼의 증인이 되어주시길 바랍니다.
		신랑, 신부	• 신부 : 따뜻한 눈빛을 가진 당신을 만난 이후 생각했습니다. 　　　　당신과 같은 주소를 가지고, 당신과 같은 곳을 바라보며, 그렇게 즐겁고 행복하게 살고 싶습니다.

			• 신랑 : 당신과 같은 열쇠를 사용하면, 하루의 끝에 당신의 팔 베고 당신의 숨소리 들으며 잠들 수 있다면, 세상에서 가장 행복할 것 같습니다. • 신랑, 신부 : 우리가 서로의 세계에 속한 것들을 인정하고 아껴주는 것, 삶이 주는 무게감을 포용하는 것, 함께하는 이 길을 선택한 것은 바로 당신을 사랑하기 때문입니다. • 신랑 : 나 OOO은 신부 OOO을 아내로 맞아, 항상 지금처럼 사랑하고 존중하며, 같이 있을 때 더욱 자유로워질 수 있도록 노력하고, 한 사람의 남편으로서의 도리를 다할 것을 서약합니다. • 신부 : 나 OOO은 신랑 OOO을 남편으로 맞아, 어떠한 경우라도 항상 사랑하고 존중하며, 같이 있을 때 더욱 자유로워질 수 있도록 노력하고, 한 사람의 아내로서의 도리를 다할 것을 서약합니다.
		사회자	신랑 OOO 군과 신부 OOO 양이 여러분 앞에 서로 부부됨을 엄숙히 맹세하였습니다. 여러분, 뜨거운 박수로 축하해주십시오.
10	성혼선언	사회자	혼인서약에 이어서 두 사람이 하나 되었음을 알리는 성혼선언문을 신랑 아버님께서 낭독해주시겠습니다.
		신랑 아버지	이제 신랑 OOO 군과 신부 OOO 양은 내빈 여러분을 모신 자리에서 일생동안 고락을 함께 할 부부가 되기를 굳게 맹세하였습니다. 이에 이 혼인이 원만하게 이루어진 것을 여러분 앞에 엄숙히 선포합니다.
11	축가 및 이벤트	사회자	오늘 멋진 음악이 빠지면 안 되겠죠? 신랑, 신부를 축복하는 축가(축주)가 있겠습니다. 멋진 축가(축주)를 준비해주신 OOO 씨를 박수로 맞이하겠습니다.
12	부모님께 인사	사회자	다음은 양가 부모님에 대한 신랑, 신부의 인사가 이어지겠습니다. 신랑과 신부는 감사의 마음을 담아 먼저 신부 부모님께 인사를 올리도록 하겠습니다. 신랑, 신부, 인사! 이번에는 신랑 부모님께 인사를 드리도록 하겠습니다. 신랑, 신부 인사! 부모님 은혜에 항상 감사하며, 지금보다 더 든든하고 믿음직한 아들, 더 예쁘고 현명한 며느리가 되겠다는 신랑, 신부의 감사인사였습니다.
13	내빈 인사	사회자	이번 순서는 신랑, 신부가 내빈 여러분께 행복한 가정을 이루어나갈 것을 맹세하며 인사를 드리겠습니다. 신랑, 신부, 인사!
14	행진	사회자	이제 오늘 하나가 된 신랑, 신부가 신혼의 꿈을 안고 세상을 향해 첫걸음을 내딛겠습니다. 새로운 첫 출발을 잘할 수 있도록 큰 박수와 격려로 축복해주시면 감사하겠습니다. 신랑, 신부, 행진!
15	폐회식	사회자	이상으로 신랑 OOO 군과 신부 OOO 양의 결혼식을 마치겠습니다. 두 사람의 복된 새 가정을 위하여 축복해주시기 바랍니다.
16	피로연 안내	사회자	피로연은 OOO에 준비되어 있사오니, 한 분도 빠짐없이 참석하셔서 두 사람의 결혼을 더욱 빛내주시기 바랍니다.

Question

결혼준비에 대한 Q&A

웨딩플래너로서 예비부부를 만나는 첫날,
나는 그들의 엄청난 질문 공세와 고민에 놀라고는 한다.
대부분의 커플들이 웨딩플래너에게 묻는 결혼에 대한
질문 몇 가지를 정리해보았다.

Q. 결혼준비 비용을 각각 어떻게 분담해야 하나요?

돈 문제는 아주 민감한 부분이다. 7, 8년 전까지만 해도 웨딩패키지(스드메)는 신부가 내고, 허니문은 신랑이 내는 것이 대부분이었다. 그런데 점점 스드메에 대한 신랑들의 관심이 높아지고, 허니문 금액은 스드메보다 훨씬 더 고가로 올라가게 되었다. 그래서 이제는 모든 비용을 딱 잘라서 정확히 50%씩 계산하는 경우가 많아졌다. 언젠가 어떤 철없는 신부는 웨딩플래너인 나에게 "스드메 금액이 400만 원이라고 신랑한테 이야기해주세요."라고 부탁한 적이 있다. 신랑에게 스드메 비용을 받을 때 실제 비용보다 100만 원 더 높은 금액을 말한 것이다. 그 신부, 지금은 철이 들었을까? 가끔 궁금하다.

Q. 결혼준비, 돈이 얼마나 들어요?

정말 많이 물어보는 질문 중 하나다. 하지만 드레스도 60만 원부터 600만 원까지 편차가 심하고, 식대도 35,000원에서 8만 원까지 다양하다. 꽃 장식을 무료로 해주는 곳도 있지만, 1,000만 원 이상을 내야 하는 곳도 있다. 따라서 전체 결혼준비에 얼마의 돈이 들어가냐고 물어보면, 정말 대답하기 그렇게 어려울 수가 없다. 결혼식은 1,000만 원으로도 할 수 있고 5,000만 원으로도 모자랄 수 있기 때문이다. 자세한 내용은 155~161쪽을 읽어보길 바란다. 가장 보통의 기준을 제시한다면 결혼식 300만 원, 허니문 600만 원, 그 외 혼수는 2,000만 원에서 시작한다.

Q. 언제부터 준비해야 할지 모르겠어요.

최근 예약 문화가 발달하면서 8개월 전부터 결혼준비를 시작하는 경우가 많아졌다. 앞서 말했듯 일찍 예약하면 항공 비용도 저렴하고, 스드메 예약도 훨씬 쉬워진다. 그러나 4~6월 토요일 점심, 9~11월 토요일 점심에 결혼식을 꼭 하지 않아도 된다면, 6개월 전부터 준비를 해도 늦지 않다. 비수기에 결혼하거나, 웨딩촬영을 생략한다면 6개월보다 더 짧아도 크게 지장은 없다. 3개월을 마지노선으로 보면 되겠다. 사실 한 달 만에 결혼하는 커플도 있기는 하지만, 3개월 만에 결혼해본 경험자로서 그보다는 시간이 많은 것을 권한다. 결혼준비가 시작되면 결정해야 할 것, 알아봐야 할 것이 너무나 많고, 꼼꼼하게 준비하지 못한 결혼식은 시간이 지나면 아무래도 후회가 남기 마련이다.

Q. 드레스투어 할 때 노하우를 알려주세요.

드레스투어란 정확히 얘기하자면 '드레스숍 피팅투어'라고 할 수 있다. 내 평생 가장 예쁘게 보이고 싶을 때 입는 옷, 바로 웨딩드레스이다. 그런데 태어나 처음 입어보는 옷 또한 웨딩드레스이다. 그래서 인터넷, 잡지에서 화보만 보고는 드레스를 고르기가 쉽지 않다. 화보는 사실적이지 않을 뿐 더러 보통 서양인 모델을 많이 쓰기 때문에 우리 체형과 많이 다르다. 따라서 자기가 입고 싶었던 스타일과는 완전히 다른 드레스를 입고 결혼하는 경우가 허다하다.

드레스를 잘 고르기 위해서는 인터넷, 잡지 등으로 수많은 이미지를 미리 참고해두면 좋다. 본인의 감이 좋지 않다고 여긴다면 플래너에게 숍을 추천 받은 후, 직접 방문해서 입어보면 도움이 된다.

드레스투어를 할 때는 보통 세 군데의 숍을 방문하게 되며, 한 업체당 다양하게 3~4벌의 드레스를 직접 입어보게 된다. 보통 숍 직원 2명이 1시간 동안 옆에서 드레스 입는 것을 도와준다. 피팅비는 숍당 3만 원이 소요되며 수입드레스일 경우 5만 원을 받기도 한다.

좋은 드레스를 고르는 요령으로 첫 번째, 인터넷, 잡지에 있는 화보를 살펴보고 전문가(드레스숍 실장, 원장 등)에게 추천을 받는 것. 두 번째, 드레스숍 직원들과 화기애애한 분위기를 유지하는 것. 드레스가 마음에 들지 않더라도 직원들을 칭찬하고 좋은 피팅 분위기를 만들면, 직원들은 더 예쁘고 가장 신상인 드레스를 계속 보여주려고 할 것이다.

Q. 전문가가 알아서 해주면 좋겠어요.

웨딩플래너로서 예비부부들을 도와주다보면 가장 많이 듣는 이야기가 "전문가니까 골라주세요."이다. 물론 내가 예비부부들과 동행하는 이유 중 하나가 그들이 현명한 선택을 하도록 돕기 위한 것도 있다. 드레스숍에서는 웨딩플래너가 오면 더 신경 써서 좋은 드레스, 새 드레스 위주로 보여줄 수밖에 없다. 웨딩플래너와 함께 오지 않는 신부에게는 성의 없이 옷을 골라주는 경우도 있다고 한다.

이렇듯 웨딩플래너는 진행 과정과 숍에서의 대우 측면에 있어서 도움을 주는 사람이다. 하지만 모든 것을 선택해주는 사람은 아니라는 점을 기억해야 한다. 웨딩드레스는 개인 만족을 위한 옷이다. 본인이 좋아하는 옷을 골라야 후회가 없다. 웨딩플래너에게는 '어떤 드레스를 입었을 때 체형이 어떻게 보였다.' 와 같은 객관적인 조언만 구하고, 결정은 본인이 내리도록 하자.

Q. 워킹, 플래너, 예식장 패키지 중 어떤 것을 해야 할지 모르겠어요.

2000년대 초반부터 지금까지 많이들 묻는 질문이다. 나는 20년차 웨딩플래너로서 자신 있게 말할 수 있다. 만족도 순으로 나열하자면 '플래너 〉 워킹 〉 예식장 패키지'이다. 예식장 패키지는 거의 없어졌고, 앞으로도 계속 없어질 것이다. 만족도에 있어서도 가장 낮다.

Q. 해외에 살지만 결혼식은 한국에서 하려고 하는데 어떻게 준비할까요?

메일과 카카오톡 같은 메신저를 통해 얼마든지 소통할 수 있다. 처음 상담 받을 때는 전화 통화를 하는 것을 추천한다. 내 경우에는 보통 신부에게 인적사항, 신체 사이즈, 커플 사진, 취향을 알 수 있는 드레스 사진 등을 보내달라고 한다. 신부에게 메일이 오면, 나는 그녀에게 맞는 업체 리스트를 정리해서 보내고, 신부는 그중에서 몇 군데를 골라 나에게 알려준다. 그럼 나는 신부가 결혼을 하러 들어오는 입국 시기에 맞추어 업체들을 예약한다. 지방에서 거주하는 커플이 서울로 결혼식을 하러 올 때도, 혹은 웨딩촬영만 서울에서 할 때도 이런 방식으로 진행한다. 반대로 서울에 거주하는데 지방에서 결혼식을 올리는 경우는 다른 경우와 똑같이 진행하다가, 본식 때만 출장비가 추가된다.

보통 결혼식을 위해 입국하면 2주~2개월 정도를 한국에서 지내며 결혼준비를 하게 된다. 이 시간 동안 양가 부모님과 시간을 보내면서 동시에 결혼준비까지 하다

보면 스트레스 받을 일도 많고 마음도 지친다. 그러므로 두 사람은 서로의 컨디션을 신경 써주고 각자 부모님으로부터 나의 짝꿍을 보호해주는 센스를 발휘해야 할 것이다.

Q. 드레스숍, 메이크업숍 예약만 해도 될까요?

물론 가능하다. 웨딩촬영을 생략하는 커플들이 요즘 자주 하는 질문이다. 웨딩상품, 즉 스튜디오, 드레스, 메이크업은 패키지로 묶어야만 이용할 수 있는 것이 아니다. 드레스와 메이크업만 따로 할 수 있고, 드레스만 할 수도 있다.

Q. 예식장 예약, 꼭 플래너를 거쳐서 해야 할까요?

컨설팅 업체에 속한 플래너에게 예식장 섭외를 요청하는 것이 편한 이유는 금액을 '잘 깎아주기' 때문이다. 특히 가격 흥정을 잘 못하고 이것저것 챙겨달라고 요청하지 못하는 성격의 신랑, 신부라면 더욱 플래너가 필요하다. 플래너 차원에서 할인을 더 받아주는 것은 분명 사실이다. 그리고 경력이 많은 플래너를 만나면 예식장 예약할 때 어떻게 하면 가격 협상을 더 잘할지에 대해 지도도 받을 수 있다.

Q. 드레스 입고 화장실 갈 수 있어요?

물론 가능하다. 헬퍼에게 이야기해서 함께 화장실로 이동하면 된다. 부끄럽게 생각하지 말고 꼭 도움을 받아야 한다. 그날 갑자기 생리가 시작되어 곤란해 하는 신부들도 많다. 이런 경우에도 헬퍼에게 솔직하게 이야기하고, 속옷을 신경 써서 준비하면 큰 문제 없이 결혼식을 마칠 수 있다. 어떤 돌발 상황이 생길지 모르므로 신부는 반드시 헬퍼와 함께 있어야 한다.

Q. 임신 중에 헤어 스타일링(파마, 염색)을 해도 될까요?

두피에 많은 자극을 주는 스타일링은 피하는 것이 좋다. 따라서 모발 중간부터 하는 파마를 권한다. 단, 모발 손상이 더 심하므로 임신 전보다 파마가 잘 안 될 수도 있다는 점을 염두에 두자. 또한 염색약에는 파라벤(머리카락의 색소성분을 변화시키는 물질)이 포함되어 있기 때문에 염색은 좋지 않다. 파라벤은 기형유발 독성물질 중 하나이기 때문이다. 두피염색이 아니라고 해도, 머리카락이 빨리 손상되고 원하는 색깔도 잘 나오지 않으므로 염색은 출산 후로 미루도록 하자.

Q. 임신 중에 신부 마사지를 받아도 될까요?

마사지 같은 경우에는 자칫 잘못하면 자궁수축이 유발된다. 따라서 전문 업체를 찾아야 하고, 담당자에게 임신 중임을 반드시 알려야 한다. 임신 초기의 신부라면 아로마 제품의 향이 잘 맞지 않아 속이 메슥메슥할 수 있으므로 주의하자. 임신 중기의 신부는 장시간 마사지를 받다 보면 호흡곤란이 올 수 있으므로 30분 내외에 끝나는 마사지를 선택하자.

Relationship

가깝고도 먼 사이, 부부관계

완벽한 스펙, 송중기나 송혜교 같은 외모를 가진 남편, 아내를 만났다고 해도, 행복한 결혼 생활을 할 수 있을지는 아직 미지수이다. 돈 쓰는 재미, 얼굴 보는 재미로 살 수 있을 것 같지만, 절대 그렇지 않다. 인간의 욕구는 그렇게 간단한 것이 아니기 때문이다. 인간은 수면욕, 식욕, 생리적인 욕구, 성욕뿐만이 아니라 정서적인 안식처를 채우고 싶고 위로받고 싶어하는 욕구 또한 강한 동물이다. 사회적 동물인 인간은 사랑하는 사람에게 매일매일 인정받고 싶고 안정감을 얻고 싶어 한다. 남편과 아내에게 꾸준히 인정받고 사랑받아야 지속적으로 몸과 마음이 건강한 생활을 할 수 있다.

지금, 사랑하는 사람과 살고 있습니까?

정말 사랑해서, 혹은 직업도 괜찮고 성격도 잘 맞으니까, 집안이 비슷하니까, 연봉이 높으니까 등등 여러 가지 이유로 결혼을 했다고 치자. 어떤 이유에서 결혼을 했든 이제 당신은 배우자에게 매일매일 정서적으로 공감해주고 인정해주고 위로해주지 않으면 안 된다. 이것이 당신의 부부생활을 건강하게 유지시켜줄 절대적인 방법인 것이다.

책임은 부부에게 있다

심리적 안정 욕구가 채워지면 바깥일도, 집안일도 더 잘하게 된다. 배우자에게 얻는 심리적 안정 욕구는 사회적 성취욕도 자연스럽게 생기게 한다. 가정에서 충분히 사랑받고 인정받는 것을 통해 평온하고 온화한 마음의 상태를 이뤄내야 그밖에 다른 일들을 할 기운이 생긴다는 것이다.

모든 인간은 관계 안에서 좌절하고 관계 안에서 성장한다. 결혼 전까지는 부모님의 내리사랑 속에서 무한한 사랑과 보호만 받아왔다면, 결혼을 통해 맺어진 부부관계의 책임은 바로 당사자인 당신과 배우자에게 있다. 이 글을 읽는 당신이 남자든 여자든 성별은 중요하지 않다. 부부관계가 안정적일 때 행복한 사람도 당신이며, 이 관계가 틀어졌을 때 고통 받을 사람도 바로 당신이다.

상대의 잘못만 따지지 마라

관계의 원인을 상대에게 찾으면 답이 없다. 어떤 사람도 상대를 자기 입맛에 맞춰 바꿀 수는 없다는 것을 명심해야 한다. 불화에 시달리는 부부들의 공통점은 기를 쓰고 상대의 잘못을 찾아낸다는 점이다. 커플 모임이라도 할 경우 누워서 침 뱉기인 줄도 모르고 상대의 허물을 폭로하기도 한다. "난 잘하는데, 이 사람의 나쁜 점 때문에 우리가 이렇게 된 것이다!" 하고 외치는 꼴이다. 이건 사실이 아니다. 현명한 방법도 아니다. 관계를 망치는 지름길이다. 보너스로 망신살까지 뻗친다.

물론, 나도 해봤다. 열렬히 목청껏! 그리고 합리적으로 이야기하는 척하면서도 "나는 피해자고 범인은 이 사람이다!" 이렇게 외쳐봤다. 그러나 그 얘기를 듣는 누구도 해결해줄 수 없다. 두 사람이 해결해야 하고 내가 바뀌어야 한다.

연애할 때야 이렇게 범인찾기 하다가 헤어지면 그만이지만, 부부관계는 그렇지 않다. 물론 결혼 후에도 헤어질 수 있다. 하지만 가족이 얽혀 있고 이 결혼을 위해 인생에 있어서 아주 큰 결정을 하지 않았는가. 그러므로 부부관계에 최선을 다해야 할 의무가 있다. 헤어질 때 헤어지더라도 말이다.

우리 부부, 어떻게 살아야 할까?

연인 사이에서 더 많이 좋아하는 사람이 약자라고들 말한다. 연애를 해봤다면 누구나 공감하는 이야기일 것이다. 더 좋아하는 사람이 더 신경 쓰고, 더 몰입하고, 더 배려하고, 헤어짐을 더 두려워하기 때문이다. 하지만 이제 결혼을 하기로 마음먹었다면, 이러한 힘의 분배가 최대한 균등해지기를 바란다. 이상적인 결혼생활을 위해서는 애정이 한쪽으로 쏠리지 않는 부부관계를 만들어야 한다.

정서적인 커뮤니케이션이 필요하다

그러면 어떻게 한쪽으로 쏠리지 않는 부부관계를 만들까? 커뮤니케이션이 최고의 해답이다. 언어적인 커뮤니케이션이라기보다는 정서적인 커뮤니케이션이 필요하다.

보통은 여자가 커뮤니케이션에 능하다고 하지만 요새는 꼭 그렇지도 않다. 대화 잘하고 공감 잘하는 남자들도 많아졌다. '우리 두 사람 중 커뮤니케이션에 능한 건 난다!'라고 생각하는 사람이 주도하여 두 사람의 대화, 소통을 끌어가도록 하자.

참지 말고 싸우자

부부생활에 있어서, 우선 내 마음이 편해야 한다. 내 마음의 평화가 없이 두 사람 사이의 평화란 있을 수 없고, 부부의 평화가 배제된 가족 간의 평화란 더욱더 있을 수 없다. 불편한 부분, 거슬리는 부분이 있다면 참지 말고 이야기하자. 싸움이 될 수도 있겠지만 그래도 할 이야기는 해야 한다. 다만, 상대가 느끼기에 싸움, 아니 시비를 거는 것 같지 않도록 조심해야 한다. 최대한 조심했지만 상대가 시비로 느껴 싸움으로 번진다면? 그럼 어쩔 수 없다. 참지 말고 솔직하게 자신의 마음을 표현하자.

상처 주는 말을 하지 말자

싸우는 것은 좋지만, 깊은 상처를 주는 말, 인신공격적인 발언, 가족 이야기는 절대로 하지 말자. 싸울 때에도 우리는 잊지 말아야 한다. 우리가 싸우는 이유는 이 사람과 잘 살아보기 위함이다. 이기려고 싸우는 것이 절대 아니다. 이 사람과 알콩달콩 살고 싶어서 싸우는 것이다.

부부관계를 망치는 말, 말, 말!
1. 네가 그렇지 뭐.
2. 뭘 이해를 해야 대화를 하든가 말든가 하지.
3. 너나 잘해.
4. 니네 집에서는 그렇게 배웠냐?
5. XXX! (욕설)

마음에 오래 담아 두지 말자

싸우면서 한 이야기를 마음속에 담아 두지 말자. "헤어져! 끝내!" "너 좋아서 결혼한 거 아니야!" 이런 말들. 결혼 후 느낀 책임자로서의 부담감, 어른의 생활을 몸소 체험하게 되면 누구나 정신줄을 놓을 수 있다. 또한 둘 중 한 사람은 아직 마음이 핑크빛인데, 다른 한 사람은 이미 생활밀착형 인간이 되어 신경이 곤두서 있을 수 있다. 특히 후자는 싸울 때 더 거친 말을 할 가능성이 크다. 하지만 이미 해버린 말을 어쩌겠는가? 헤어질 것이 아니라면, 잊어버리자. 다만 그런 말을 한 상대의 마음이 편하지 않구나 정도는 기억할 것.

빨리 화해하자

다시 말하지만, 우리가 싸운 이유는 승리를 거두기 위함이 아니다. 우리가 다정한 부부가 된다면 부부싸움을 하던 시간과 감정은 모두 부질없어진다. 그러므로 서로 진 빼지 말고 최대한 빨리 화해하자. 누군가 슬쩍 화해의 손을 내밀면 바로 잡고, 아니면 내가 먼저 화해를 청해보자.

> **부부싸움 후 빨리 화해하는 방법**
> 1. 아무 말 없이 상대가 좋아하는 음식을 만들어보자.
> 2. TV를 보고 있는 중이라면 평소에 나는 싫어하고 배우자는 좋아하던 채널로 살짝 돌려보자.
> 3. 너무 화가 나서 아무것도 하기 싫다면, 그냥 한숨 푹 자자. 자고 일어나면 별일 아닌 일로 느껴질 수 있다.
> 4. 잠도 안 오는 사람이라면 자기가 좋아하는 것을 하며 기분을 바꿔보자. 쇼핑도 좋다. 돈이 없다면 다이소라도 가서 뭔가를 잔뜩 사보자.

서로의 감정을 느끼고 집중하자

싸움의 해결책은 따로 없다. 그저 서로의 감정에 집중해서 상대의 마음을 느끼고 위로하는 것이 가장 중요하다. 부부 문제의 원인은 한 두 개가 아니다. 청소를 안 해서, 돈이 없어서, 매일 늦게 들어와서 등등 싸움에는 여러 가지 이유가 있다. 지금 당장 해결하지 못해도 시간은 흐르고, 지나고 나면 자연스럽게 극복하고 잊혀지는 일들이 다반사이다. 형사처럼 범인을 찾고 해결책을 찾으려 하지 말고, '아 내가 이래서 이 사람에게 화를 냈구나. 이 사람은 이렇게 힘들었구나. 외로웠구나, 쓸쓸했구나.' 같은 생각을 하며 상대방의 말을 들어주고 공감해주면 부부 문제는 대부분 해결된다. 실제로 배우자에게 충분한 애정을 느끼지 못할 때 괜히 다른 이유를 들어 거친 말을 하게 된다. 싸움의 원인은 만 가지도 넘겠지만, 서로의 이야기를 들어주고 아낌없이 사랑해주는 것으로 모두 해결할 수 있다. "그럼 어쩌라고?"가 아니라 "아, 네가 그런 마음이었구나."라고 말해보자.

적극적으로 애정을 표현하자

부부 사이에 동료처럼 굴지 말고, 서로에게 적극적으로 애정을 표현하자. 철없이 돈도 펑펑 쓰고 분수에 맞지 않는 생활을 하는 부부도 문제지만, 신혼 때부터 너무 딱딱하게 동료처럼 사는 부부들도 '결혼은 장기전'이라는 맥락으로 봤을 때 위험하다. 특히 현실 감각이 더 날카로운 사람이 다른 사람을 몰아세우는 경우가 있다. "몇 시까지 일어나." "주말에는 운동을 하고 마트에서 나와 장 보고 공부해." "친구 만나지마. 만나도 돈 쓰지 마." "하루에 얼마만 써." 이런 식으로 숨도 못 쉬게 몰아붙인다. 절대 이렇게 행동하지 말자. "이제 당신은 가장이다." "내가 당신을 어떻게 믿고 사냐." 이런 식의 말도 하지 말자. 특히 아직 신혼의 단꿈만 꾸고 있는 배우자에게 이렇게 몰아붙이면 부작용이 생기기 쉽다. 결혼 후 6개월~1년 정도는 서로에게 적응하는 기간이다. 둘이 더 많이 놀고, 사랑하자. 다시 돌아오지 않는 신혼이니까 말이다.

소소한 부분을 세심하게 공략하자

마음속 깊은 곳에 커다란 애정이 있다 해도, 표현하지 않으면 상대방은 모른다. 행동으로 하는 대화가 필요하다. 소소하지만 상대가 애정을 확인할 수 있는 행동들을 남발하자. 인간적인 신뢰를 바탕으로 "진짜 이 사람은 내 편!"이라는 믿음을 서로에게 강하게 주어야 한다. 상대방에 대한 애정이 확신이 있고, 사랑하기 때문에 결혼한 것 아닌가? 그 마음 묵혀두고 썩히지 말고, 자주 꺼내서 내 남편, 내 아내의 마음을 공감하고 안아주자.

은근한 애정 표현, 이렇게 하자
1. 둘 중 한 사람만 출퇴근하는 경우, 출근할 때는 현관까지 가서 잘 다녀오라고 응원해주자. 만약 늦잠 때문에 도저히 못 일어나겠다면, 퇴근할 때라도 "이제 왔어? 고생했어!" 하고 안아주자.
2. 맛있는 반찬이 있으면 숟가락에 살짝 올려주거나, 반찬을 상대방 가까이에 밀어준다.
3. 내가 TV보고 있을 때 남편, 혹은 아내가 설거지를 하고 있다면, 가끔은 백허그를 해주자. 그리고 빨래, 청소라도 하면서 가사를 분담하자.
4. 함께 장을 보러 가면 나 말고 상대가 좋아하는 것을 고르며 "자기, 이거 좋아하잖아."라고 해본다. 비록 천 원짜리 과자라도 상대방은 감동받을 것이다.
5. 상대방이 아프다고 말하면 약간 오버해서 걱정해주자. 남자, 여자 불문하고 배우자가 자기를 걱정해주면 '결혼하니 좋구나.'라고 푸근함을 느끼게 된다.

이제 남녀를 넘어 부부라는 새로운 관계가 되는 것이다. 인간적인 신뢰를 바탕으로 진짜 이 사람은 내 편! 이라는 믿음을 강하게 줘야한다. 마음속에 상대에 대한 애정에 부족함이 없어 결혼했을 것이다. 그 마음 묵혀뒀다 썩히지말고 꺼내서 맞장구쳐주고 안아주고 말해주자.

사위, 며느리라는 새로운 이름

부모와 자식 관계지만, 결혼 후에는 각자 다른 팀이 된 것이다. 고부 갈등 등 결혼 후 가족 안에서 겪는 갈등은 결국 영역 침범과 성급함 때문에 벌어진다. 양쪽 모두 잘 지내보려고 하는 의욕이 넘칠수록 오해와 문제가 생긴다. 의욕이 지나치면 영역을 넘어 간섭을 할 수밖에 없다.

이래라 저래라 하지 말자
가끔 어떤 부모님들은 신혼부부가 내릴 결정들을 자신들이 직접 하려고 한다. 반대로 사위나 며느리가 친정, 시댁의 비효율적인 문제들을 직접 고치려고 나서는 경우도 있다. 부모님이 연락도 없이 집에 불쑥 찾아오거나, 특정 종교 생활을 강요하거나, 살림은 이렇게 하라고 지시하는 것 모두 '지나친 간섭'이고 '실례'이다. 사위와 며느리도 마찬가지다. "운동을 해라." "연금을 들어라." "사업을 해라." "옷은 이렇게 입어라." "식생활을 이렇게 바꿔라." 등 좋은 의도라고 해도 기분이 나쁜 말을 해서는 안 된다.

부모님, 사위와 며느리 모두 이제는 각자 독립된 팀이라는 것을 인정해야 한다. 결정은 각 팀에서 알아서 하는 것이다. 서로의 결정을 인정해주고 기다려주는 영역 존중. 더 잘하고 싶은 의욕이 넘치더라도, 한 호흡 쉬고 천천히 서로에게 다가가는 여유가 '새로운 가족'에게는 반드시 필요하다.

상대방의 가족에 대해 비판하지 말자
가족에 대한 비판은 절대로 해서는 안 된다. 자칫하면 평생 동안 잊을 수 없는 상처를 줄 수 있다. 하지만 의외로 이런 실수를 하는 사람들이 많다. 완전히 다른 방식으로 각자의 집에서 살아와서, 상대방 부모가 도대체 왜 그러는지 이해하기 힘들기 때문이다. 해석하려고 하

지 말고, 이해하려고 하지 말자. 그냥 받아들이고, 못 받아들이겠으면 그대로 내버려두자. 애쓰지 말자. 시간이 필요한 법이다.

성급하게 판단하지 말자

처음 신혼집 살림을 준비할 때, 신랑과 나는 앞으로 천천히 채워나가자고 논의했다. 괜히 일찍 샀다가 나중에 후회하는 일이 생길 것 같았기 때문이다. 그래서 세탁기, 식탁, 냉장고 등 필수품만 장만하고, 나머지 것들은 천천히 준비하려고 했다. 그릇, 냄비도 내 취향에 맞추어 내가 직접 사고 싶었다. 그런데 시어머님께서는 내가 아직 서툴러서 살림살이를 장만하지 못한다고 생각하신 모양이다. 답답하셨는지 그릇을 모두 채워 넣어주셨다. "그릇은 친정 엄마가 챙겨주시는 건데, 아무리 바빠셔도 딸네 집 챙겨주는 게 먼저지."라고 말씀하시면서. 그 말을 들은 나는 무척 서운했다. 우리 엄마를 나쁘게 이야기하는 것 같았기 때문이다. 사실, 시어머님이 그런 의도로 말씀하신 것은 아니었다. 내가 예민하게 받아들인 것이었다. 독립적인 분위기의 우리 집과 좀 더 다정한 신랑의 집 분위기가 서로 다른 것을 생각하면 충분히 이해할 수 있는 일이었다. '아, 그렇게 생각하실 수도 있구나.' 하고 말이다. 시어머님께서 하나라도 더 도와주고 챙겨주고 싶은 마음으로 하신 말씀이기 때문이다. 신혼 시절은 이런 자잘한 일들이 금방 금방 생기는 시기다. 다시 한 번 더 생각하면 별것도 아닌 일을 성급하게 판단하고 기분 나빠하지 말자.

돈 문제, 정확하게 선을 긋자

돈 문제는 정말 예민하다. 인터넷 커뮤니티에서 본 사연인데, 빌라를 만들어 분양하는 시댁을 둔 어떤 며느리는 새 빌라를 지을 때마다 명의를 빌려 가는 시부모님 때문에 엄청난 스트레스를 받는다고 했다. 이 시부모님의 문제는 딸, 아들, 사위의 명의는 건드리지 않고 오로지 며느리의 명의만 빌린다는 점이었다. 유명 운동선수 A의 어머니는 아들을 담보로 어마어마한 돈을 빌려 쓰다가 탈이 났다고 한다. 또 부부 사이에는 전혀 문제가 없었는데, 시아버지 사업 자금을 계속 마련해주다가 부부 갈등이 깊어지고, 결국 이혼하게 된 어떤 며느리의 이야기도 들었다. 이렇듯 돈 문제는 단순한 문제가 아니다. 돈은 생활과 직결된다. 생활이 흔들리면 부부생활도 유지하기 힘들다. 따라서 돈 문제가 생길 기미가 보이면, 초반에 정확하게 선을 그어야 한다. 어렵고 힘들겠지만, 매정하게, 칼 같이. 그렇지 않으면 어느 순간 돌이킬 수 없는 상황에 이르게 될지 모른다. 물론 극단적인 돈 문제는 일반적인 일은 아니다. 다만, 누구라도 겪을 수 있는 일이다.

중간 역할을 잘하자

부부란 서로를 감싸주어야 한다. 친정과 사위 사이에 문제가 생기면 여자는 엄마를 말리고 중재한 다음 신랑을 달래주어야 한다. 마찬가지로 시댁과 며느리 사이에 문제가 생기면 남자는 엄마를 말리고 아내를 감싸야 한다. 말만 들어도 피곤하고 복잡할 것 같지만, 반드시 해야 하는 일이다. 어쩔 수 없다. 결혼생활이란 한없이 좋고 편안하지기도 하지만, 그만큼 피곤하고 복잡한 문제가 많다. 부부끼리 팀워크가 좋으면 가족 갈등은 잘 해결할 수 있다. 우리 엄마 흉본다고 발끈해서 부부끼리 싸우지 말아야 한다. 서로의 가족이 낯설면 충분히 그럴 수 있다. 문제가 없는 가족은 없고, 새로운 식구인 사위, 며느리 눈에는 그 문제가 더 잘 보일 것이다. 따라서 '네가 우리 가족을 무시했어?'라는 식의 과격한 생각도, 말도 하지 말아야 한다. 부부는 똘똘 뭉쳐서 서로를 지켜야 한다.

결혼을 했다면, 이제 팀은 완전히 바뀐 것이다. 당신과 당신의 배우자가 한 팀이고 다른 사람들은 한 가족이지만 다른 팀이다. 다른 팀 때문에 우리 팀을 깨는 것은 현명하지 않다.

남편들은 아내를 도와주자

부모님 세대는 며느리를 특별한 슈퍼히어로처럼 여기는 경향이 있었다. 부모님 세대에서 부부는 동등한 관계가 아니었다. 남자는 집안의 대소사를 준비할 때 면제될 수 있었지만, 며느리는 모든 일을 나서서 해결해야만 했다. 그런 엄마를 보고 자란 아들, 요즘의 남자들도 무의식적으로 자신은 처가에 소홀하면서 아내에게 시댁의 일까지 모두 다 하라고 요구하는 경우가 많다. 지금이 50~60년대인가? 아내는 엄마와 다르다는 점을 잊지 말자. 시댁의 일을 아내가 많이 돕기를 바란다면, 남자가 먼저 처가에 사위로서 최선을 다하고 아내에게 신경을 쓰면 두 사람의 애정에도 이상이 없을 것이다. 또한 아내는 남편에 대한 강한 신뢰를 가지게 될 것이다.

Schedule

허니문 다녀온 후 해야 할 일

결혼 후 몇 달은 휘몰아치며 사라진다. 정신없이 시간이 흐른다. 대개의 경우가 그렇다. 부모님 그늘 아래에서만 살아왔다면, 직접 살림을 해본 적이 없다면 더욱 바쁠 것이다. 본식이 끝나고 허니문까지 다녀온 지금, 신혼부부로서 놓치지 않고 반드시 해야 하는 일들은 무엇일까?

부부로서 해야 할
첫 번째 스케줄

양가 부모님께 인사드리기
허니문을 다녀와서 가장 먼저 해야 할 일은 양가 부모님께 인사를 드리는 일이다. 예전에는 신혼여행에서 돌아온 날 친정에서 하룻밤 자고 시댁으로 가기도 했다. 하지만 요즘은 허니문 기간도 길어졌고, 다음 날 바로 출근해야 하는 경우도 많기 때문에 친정 부모님과 인사 겸 식사, 그리고 시부모님과 인사 겸 식사하는 순으로 시간을 보낸다.

주례 선생님께 인사드리기
주례 있는 결혼을 했다면 주례 선생님께도 인사를 드려야 한다. 특별히 격식을 차려야 하는 관계라면 직접 찾아 뵙고 인사를 드리는 것이 좋다. 사회자, 축가자도 마찬가지이다. 시간이 정 안 된다면 전화 통화라도 꼭 하고 작은 선물이라도 준비하도록 하자. 그 외에 결혼식을 도와준 친구라면 집들이할 때 초대하거나, 따로 만나서 감사의 마음을 정한다. 결혼을 한다고 하면 주변에서 발 벗고 도와주는 경우가 많다. 그런 사람들은 나중에 반대로 자신들이 결혼할 때 도움을 요청하기도 한다. 물론 결혼식이 끝나면 정말 정신이 하나도 없다. 하지만 그렇다고 도움을 준 친구들에게 식사 대접 한 번 하지 않는다면, 결혼은 성공했으나 친구는 잃을 수도 있다는 것을 명심해야 한다. 가까운 관계일수록 서운하지 않도록 신경 써야 한다. 특히 본인 의지와 상관없이 인연을 만나지 못하고 있는 친구들에게는 더 신경 쓰자.

전입신고와 혼인신고
동사무소에서 전입신고, 혼인신고를 하고 고지서 등에 있는 개인정보도 변경해야 한다. 간혹 전입신고만 하고 혼인신고를 늦게 하는 경우가 있다. 이때 직장인이라면 직장에서 의료보험이 처리되어 상관없지만, 그렇지 않다면 건강보험료 등을 엄청 많이 내야 할 수도 있다. 직장인이 아니면 본가의 부모님 아래에서 의료보험 처리가 되는데, 전입신고를 하게 되면 나 혼자 세대주가 되기 때문에 의료보험이 단독으로 나오기 때문이다. 직장인이 아니라면 차라리 일찍 혼인신고하는 것이 더 좋겠다. 혹은 6개월이라도 살아보고 난 다음에 혼인신고를 하고 싶은 사람이라면, 전입신고를 천천히 하는 것도 해결책이 될 수 있다.

신혼집으로 짐 옮기기
결혼 전에 신혼집을 얻고 인테리어 및 이사까지 모두 마무리했다면 상관없겠지만, 아직 본가에 짐이 그대로 남아있는 경우라면 허니문 후 바로 해야 한다. 계속해서 일정을 미루면 놓치는 것들이 생기기 마련이다. 두세 번에 걸쳐 짐을 옮기더라도, 반드시 결혼 초반에 모든 짐을 빠짐없이 옮겨야 한다.

살림살이 마련하기
살람살이는 분명 중간에 안 쓰는 것들, 바꾸고 싶은 것들, 더 사야할 것들이 눈에 보이게 된다. 따라서 결혼 초반에 이것저것 시도해보면서 우리 집과 맞지 않는 것은 바로 교환하고, 더 필요한 것이 없나 부지런히 알아보고 구입해야 한다. 예를 들어 선물 받은 냄비가 전기레인지 전용인데, 우리 집에 있는 것은 가스레인지일 수도 있다. 이 사실을 빨리 알아야 교환이 가능하다. 비싸게 주고 산 가구가 우리 집 공간과 사이즈가 맞지 않는다거나, 식탁과 의자를 따로 구입했는데 서로 사이즈가 맞지 않는 일들은 비일비재하다.

동네 주변 살피기

동네 주변을 다니면서 어느 마트에 다닐지, 갑자기 아프면 어느 병원으로 갈지 등을 확인해두면 급한 일이 생겼을 때 요긴하다. 싱크대를 수납장으로만 쓰며 외식만 하는 것이 아니라, 직접 요리도 할 거라면 집 근처 마트 2~3군데에 멤버쉽 가입을 해서 아침마다 할인상품을 문자로 받아보는 것도 좋겠다. 할인상품이 실속 없을 것 같지만, 동네장사를 해야 하는 동네마트에서는 의외로 알찬 구성을 선보일 때가 많다. 게다가 그 문자를 잘 보면 제철 생선, 제철 채소가 무엇인지 자연스럽게 알게 된다.

양가 기념일 계획 세우기

양가 부모님 생신 정도는 알아둬야 한다. 결혼기념일을 따로 챙기는 부모님이 계시다면 결혼기념일까지 기억해놓자. 조부모님까지 계시면 조부모님 생신도 함께 기억해야 한다. 그리고 행사 때마다 쓸 돈을 미리 조금씩 모으면 어떨지, 얼마나 모으면 좋을지 생각해보고 양가 경조사를 위한 통장을 만드는 것도 좋다.

서로의 마음 챙겨주기

지금까지 열거한 스케줄보다 가장 중요한 것은 결혼준비 때문에 지친 서로의 마음을 보듬어주는 것이다. 결

혼준비 때문에, 결혼 후 어른들에게 인사드리느라 바빠서 두 사람의 마음은 피폐해졌을 수도 있다. 우리 집 가풍과 습관이 배우자를 피곤하게 하거나 몰아붙이고 있지는 않은지도 물어보고, 배우자의 마음을 이해하려고 해보자. 그러면서 앞으로 저축은 어떻게 하고 소비는 어떻게 할 것인지, 아이는 언제쯤 낳을지, 전세 계약이 끝나면 어떻게 할지 상의하며, 가급적 두 사람만의 시간을 보내는 것이 좋다.

편하게 생각하기

결혼 초기라는 이유로 서로에게 너무 피곤하게 굴지는 말자. '부부는 이래야 해.' '마트는 반드시 둘이 가야 해.' 등의 지나친 의욕은 '불편한 신혼집'을 만들 수 있다. 오히려 관찰자의 마음으로 조금은 기운을 빼는 것이 좋다. 함께 휴일을 게으르게 보내기도 하고, 훌쩍 당일치기 여행을 떠나기도 하고, 트레이닝복만 입고 심야 영화를 보거나 자정에 치맥을 먹으며 편하게 지내는 것이다.

비정상적으로 달콤하거나 비정상적으로 다투게 되는 것이 신혼 초, 결혼 직후의 시간들이다. 부부의 첫 단추를 잘 꿰는 일은 '어떤 일을 잘하는 것'보다 '두 사람이 서로 돈독해지는 것'임을 잊지 말아야 한다.

Team play

이제 우리는
한 팀, 한 주머니

데이트할 때, 친구들 만날 때 돈 잘 쓰던 남자, 여자는 이제 좋은 세월 다 갔다. 결혼 후에는 내가 버는 돈이 모두 내 것이 아니기 때문이다. 이제 배우자와 팀 플레이를 해야 한다. 내 돈, 네 돈 따질 때가 아니다. 살림이 익숙하지 않아 신혼 한두 달은 공과금이 연체되기도 하고, 생각보다 많은 돈을 쓰게 될 수도 있다. 먹여주고 재워주던 부모님의 그늘과는 완전히 다르다. 돈 문제, 가사 분담 등 새로운 규칙들을 만들어야 할 때가 온 것이다. 같은 집에 살게 된 이후부터 우리 두 사람이 해결해야 하는 과제들이 꼬리를 물고 생겨난다. 어떻게 하면 부부가 수많은 갈등을 이겨내고 최고의 한 팀이 될 수 있을까?

신혼부부 돈 관리, 어떻게 할까?

신혼부부들이 고민하는 것 중 하나가 바로 생활비 문제다. 가족행사, 생활용품, 공과금 등에 돈을 쓰고 나니, 마이너스가 금방이다. 우리 부부도 각자의 재정 문제에 대해서 일찌감치 상의하지 못해 꽤 고생했다. 서로의 재정을 완전히 밝히고 한 사람이 맡아 관리해야 돈을 금방 모은다고 결혼선배들에게 들었지만, 선뜻 나서지 못하고 있었다. 어느 날 남편이 먼저 "나는 집 대출금을 맡을게. 자기는 생활비를 맡아."라고 제안했다. 그 이후 1년 반 정도를 각각 다른 분야의 재정을 담당하고 살았다. 한 주머니를 꾸리지 못하고 각자 다른 주머니를 책임진 셈이다. 지금에 와서 가장 후회되는 부분이다. 우리는 왜 좀 더 일찍 서로에게 자신의 재정에 대해 솔직히 말하고, 함께 모으지 않았을까?

신혼부부는 결혼과 동시에, 아니 결혼준비와 동시에 재정 관리를 시작해야 한다. 미리 대비해야 결혼 후 재정 관련 장애물을 만나도 당황하지 않을 수 있다.

전세살이라면, 항상 이사 준비를 하자

전세로 살고 있다면, 2년 후 이사를 해야 한다는 사실을 자각해야 한다. 첫 이사는 어떤 신혼부부에게도 쉬운 문제가 아니다. 미리 대비하지 않으면 현명하게 대처하기 어렵다. 특히 신혼 2년은 눈 깜짝할 사이에 지나간다. 결혼준비 기간에 두 사람은 서로의 재정 상태를 공개하고, 어떻게 모으고 갚을지 충분히 상의해야 한다. 주택 대출이 커서 저축하기 힘들다 하더라도, 2년 후에는 이사를 가야 한다. 이 사실을 계속 상기시키는 것만으로도 큰 준비가 된다. 우리 부부는 뒤늦게 서로의 주머니를 합친 후로 자주 '재정 회의'를 열었다. 회의를 하고 결정을 해도 자꾸 상황이 바뀌고 실수도 저질렀기 때문에 속 시원한 해결책을 얻기 힘들었다. 또한 나와 남편 둘 다 자영업을 하는 입장이라 시간, 수입이 모두 불규칙적이어서 가계부를 쓰는 것도 사실상 불가능했다.

수많은 시행착오 끝에 우리는 몇 가지 규칙을 정할 수 있게 되었다.

① 한 달 생활비를 월초에 모두 현금으로 찾는다.
② 현금을 각자 한 달 용돈, 식대, 장 보는 비용 등으로 세세히 분류해서 나눈다.
③ 생활비는 최소화하되, 갑자기 써야 할 돈, 쇼핑거리가 생기면 둘이 상의해서 카드를 사용한다.

이렇게 원칙을 세우니, 혼란은 줄어들었다. 정해놓은 금액 이외의 수입이 생기면 반드시 저축을 하고, 집 대출금을 갚았다.

부부 사이에 일방적인 과실은 없다

매주, 매달, 매년 100% 합리적인 재정 관리를 실천하지 못한다 하더라도 배우자를 탓하지 말자. 경제적 난관이 찾아오면 배우자가 원망스럽기도 하겠지만, 부부가 겪는 모든 문제에는 일방적인 과실은 없다. 둘 다 미숙해서 제대로 하지 못했던 것이다. 부부로서 살아가는 동안 경제적인 문제들은 계속 지뢰처럼 드문드문 터질 것이다. 만약 경제적인 습관이 너무 나쁜데 고칠 수가 없거나, 심한 과소비나 도박 등을 하는 사람이라면 어쩔 수 없이 결혼생활을 정리할 수도 있다. 하지만 사소한 이유 때문에, 지금 당장 힘들다고 해서 두 사람의 귀한 인연을 단순히 돈 때문에 끊어서는 안 된다. 인생에 있어서 후회할 일을 하나 더 만드는 것이 될 수 있다.

남편, 아내를 믿어주자

이번 달 재정 관리를 망쳤다고 해서, 배우자를 의심하면 절대 안 된다. 서로 토닥이고 안아주고 다음 달에는 잘하자고 격려해주어야 한다. 무슨 일이 있어도 흔들리지 않는 내 편이 든든하게 버티고 있으면 "더 잘할 수 있다."는 자신감이 생긴다. 아무리 재정 관리를 잘해도 우리가 한 팀이라는 마음, 상대를 믿어주고 응원해주는 마음이 없다면, 두 사람은 결혼이라는 긴 여정을 함께 떠날 수 없다. 잘하는 것도 중요하지만, 잘하지 못할 때 서로 격려해주고 아껴주는 것이 더 중요하다.

재정전문가가 말하는 신혼부부 재정 관리 규칙

1. '1+1 = 2'가 아니다.
대부분의 부부는 두 소득이 합쳐지면, 저축액도 2배로 늘어날 것이라고 생각한다. 정말 그럴까? 전셋집 마련하면 다시 집을 사야 하고, 평수 넓혀야 하고, 아이 생기면 학원비 들고, 가끔 철없는 남편이 차 사달라고 조르고, 저축은 다 쓰고 남은 돈으로 하는 것이 아니다. 저축하고 남은 돈으로 소비를 하자.

2. 결혼하기 전에 건강 검진부터 받자.
배우자가 아프거나 세상을 떠나면, 남은 사람에게는 큰 짐이 될 수 있다. 결혼은 생활이다. 결혼 전에 종합 검진을 반드시 받고, 서로의 건강 상태를 체크하는 일이 필요하다.

3. 서로에 대해 얼마나 잘 아는가?
서로의 경제관, 육아관, 교육관 등을 미리 상호 체크하며 맞출 수 있음 맞추고 포기해야 할 부분은 기꺼이 포기하여 혼선을 막는 것도 지혜로운 방법이다.

4. '신용 6등급'은 집 살 생각도 하지마라.
대부분의 대한민국 부부들은 집을 살 때 대출을 생각한다. 신용 6등급은 대출이 잘 되지 않으며 금리 우대는 상상도 할 수 없고 높은 금리를 써야 한다. 신용도를 높일 수 있는 평소 작은 습관 하나가 인생을 좌우한다. 상습적인 카드론 대출, 소액 대출, 휴대폰 연체, 내 명의로 타인이 카드값을 연체하는 일 등을 아무렇지도 않게 생각하는 젊은 부부들이 많다. 현대 사회에서 신용은 곧 인격이다. 신용도 올리는 방법도 그리 어렵지 않으니, 신용 관리는 철저하게 하자.

5. 결혼과 동시에 노후 준비
결혼 후 내 집 마련, 자녀 사교육비 등이 부부의 당면 과제. 이제 100세 시대라는데, 회사는 언제까지 다닐 수 있을까? 20년 일하고 90세 이상까지 백수로 살게 될지도 모른다. 노후 준비는 결혼과 동시에 하자.

6. 가계부 쓰기.
평균 부부 연봉 6,300만 원. 평균 부부 근속 25년. 그럼 두 부부가 일하는 동안 벌 수 있는 돈은 15억 내외이다. 여기에 큼직한 돈을 뺀다면? 집 한 채 4억, 교육비 2억, 생활비 7억, 노후 자금 최소 5억. 남는 게 없다. 규모 있는 씀씀이가 최고의 재테크다. 가계부를 쓰면 지출 내역을 한 눈에 볼 수 있어 도움이 된다.

7. BMW를 타자?

BMW란 자전거(Bicycle), 지하철(Metro), 걷기(Walking)를 의미한다. 차를 사는 순간, 부자가 되기는 틀렸다고 생각하자. 차량 할부 월 50만 원, 기름값 20~30만 원, 보험료 연간 100만 원. 따지고 보면 매달 70~80만 원을 소모성 자산에 투자하는 것이다. 정말 차가 필요하다면 중고차를 사는 것을 권한다.

8. 부모님 노후대책을 미리 준비하자.

양가 부모님의 경제적 자립도가 떨어진다면, 보험을 하나 들자. 부모님 병원비는 모두 자녀들의 몫. 실비 보험이라도 미리 챙겨 놓으면, 부모님이 더 편하게 건강관리를 할 수 있고 부부의 부담도 줄어든다. 부부 보험 가입은 기본이다. 재무 독립이 오기 전, 의료비 지출은 적금과 예금을 깨버리는 첫 번째 원인이라는 사실을 잊지 말자. 한 살이라도 어리고 건강할 때 가입하는 것이 가장 저렴하다.

신혼부부 필수 보험

* 나쁜 보험은 따로 없다. 내 상황에 안 맞으면 나쁜 보험이다.
* 소득, 소득의 유지 기간을 감안하여 설계할 것

가정에서 보험 드는 순서

가장(60%) > 주부(30%) > 아이들(10%)

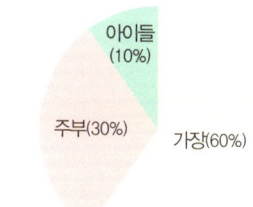

1. 실손보험
- 가장 기본적으로 가입해야 할 상품
- 갱신이 많이 되는 상품으로 단독 실비를 추천한다.

2. 암보험
- 암이나 중대질병 발병 시 병원비는 실비보험으로 처리하고, 중병에 따라오는 소득 상실에 대한 보장을 살펴본다.
- 암 진단비는 연봉의 1.5배 정도로 하고, 암으로 인한 실직 기간 중 생활비를 대체해야 한다.

3. 태아보험
- 출산 시 미숙아 및 선천 질병에 대비하여 가입하는 아기실비보험
- 실비 특약과 입원 특약, 신생아 특약을 기본으로 하며, 경제적 여유가 있다면 암 특약 및 2대 질병 특약을 추가한다.
- 발병률이 낮아 가격이 저렴하다. 어차피 훗날 할 거라면 미리 신청하는 것도 나쁘지 않다.
- 단, 신혼부부 입장에서는 아이 보험보다는 생계를 유지해야 하는 부모의 보험이 더 중요하다.

4. 부모님 보험
- 실비가 가능하면 꼭 해드리고, 연세나 건강이 허락되지 않아 가입이 안 되면 암보험이라도 꼭 신청한다.
- 갱신 보험이 나쁘다는 평가가 많은데, 부모님의 연세가 높아 갱신이 가능하고 저렴한 가격대의 보험을 선택하는 것도 좋다.
- 보험은 저축이 아니기 때문에 저렴한 가격대를 우선으로 한다.

김동욱(재정전문가)
- 현재 AIA생명 제일지점 Executive master planner이며 개인 및 여러 회사의 재정 자문을 맡고 있다. 신혼부부 재정 설계의 필요성과 중요함을 설파 중이다.
- 문의 : cafe.naver.com/aig0001

U're not single

가사 분담 기싸움에서 탈출하는 방법

집은 두 사람 모두에게 편안한 공간이어야 한다. 집이 너무 안락해서 얼른 들어가고 싶어져야 하는데, 만약 그렇지 않다면? 두 사람 모두 집이 불편하거나, 한 사람만 편안해 하고 있다면? 그럼 싸움이 끊이지 않는 집이 될 것이다. 편안하고 화목한 집을 만들기 위해서는 가사 분담 규칙이 반드시 필요하다. 이 규칙을 만들어 지키지 않으면 계속해서 같은 일로 싸우고 서로의 애정도 떨어지게 될 것이다.

가사 분담 요령

좀 더 자고 싶어서 이불 속에서 꿈틀거릴 때, 똑똑똑 도마 소리가 들리면 한없이 평화로웠다. 보글보글 찌개 끓는 소리가 귓가에 들리고, 구수한 향을 맡으면 기지개가 저절로 펴졌다. 세상에서 가장 안락한 평화의 알람이 아닐까? 엄마가 아침밥 하는 소리와 냄새.

첫 번째 이상형을 엄마, 아빠 같은 사람으로 생각했던 사람들은 결혼 후에도 자기 자신에게 가사 분담을 요구하지 않는 엄마 같은 아내, 남편을 꿈꿀지도 모르겠다. 아침밥을 차리고 나를 깨우고, 퇴근 후에는 저녁밥, 과일까지 대령하며 빨래, 청소 등 모든 집안일을 척척해내는 우리들의 엄마.

가풍에 따라 자녀들을 전혀 가사에 참여시키지 않는 집이 있고 각자의 역할을 주는 집도 있지만, 대체적으로 자녀들은 부모님과 함께 살 때 가사에 대한 의무를 갖지는 않는다. 따라서 결혼 후 가사노동에 대해 미리 생각해보는 커플이 많지 않을 것이다.

내가 하기 싫으면 상대방도 하기 싫다

집안일이란 시간과 공이 많이 들고, 잘하면 티가 안 나고, 못하면 티가 아주 많이 나는 '아주 귀찮은 것'이다. 내 집, 내 부엌이 생기면 처음에는 집안일에 의욕을 보이지만, 시간이 지나 시들해지면 아무것도 하기 싫어진다. 집안일은 근본적으로 '하기 싫은 일'이다. 게다가 힘이 많이 든다. 맞벌이 부부라면 더 그렇다. 전쟁 같은 출근, 파김치가 되어 돌아오는 퇴근길. 이건 누구에게나 예외가 없다. 내가 집안일이 하기 싫다면 배우자도 하기 싫을 것이다.

만약 남편, 아내 둘 중 한 명이 살림을 너무 좋아한다면, 가사 분담은 문제가 되지 않는다. 하지만 내가 그런 사람이 되지 못한다면, 혹은 그런 사람을 만나지 못했다면? 지금부터 두 사람만의 규칙을 정해야 한다.

두 사람만의 규칙을 정하자

집이 편안하고 자꾸 들어가고 싶고 안락해야 하는데, 두 사람 모두 불편하거나 한 사람만 편안해서는 절대 안 된다. 가사 분담 규칙을 만들어 지키지 않으면, 아침에 눈 뜨면서 화가 부르르, 밥 먹다가 부르르, 화장실 들어갔다가 부르르 할지 모른다. 조절할 수 있는 싸움은 덜 하는 게 좋다. 신혼 때 싸울 일은 정말 차고 넘치니까 말이다.

초반에 공들이기

시작하기 전에 습관을 들일 수 있도록 초반에 공을 들여야 한다. 가사를 전혀 하지 않고 집에서 손 하나 까닥하지 않는 사람(남자일 수도, 여자일 수도)도 만약 군대, 상사의 집 등 불편한 곳에서 합숙 한 달만 한다면 주변 정리를 칼 같이 할지 모른다. 처음부터 상대방이 다 해줄 것이라는 생각을 아예 못하게 막아야 한다. 결혼 후 시간이 한참 지나서 상대방을 바꾸려고 하면, 시간도 오래 걸리고 엄청난 출혈이 뒤따른다. 초반에는 아래의 규칙만 잘 지켜보자.

① 방금 벗은 옷은 빨래바구니에 넣는다.
② 내가 식사를 준비하지 않는다고 해도, 식사 시간에는 숟가락, 젓가락, 반찬 등을 꺼내놓는다.
③ 혼자 식사했을 때 설거지는 본인이 알아서 한다.
④ 자고 일어나면 반드시 이불을 정리한다.
⑤ 벗은 옷을 바닥에 던져놓지 않는다.
⑥ 남편, 아내가 일하면 혼자 놀지 말고 청소기를 돌린다.

아주 기본적인 사항들이지만 지키지 않고 싸우는 부부들이 많다고 한다. 위 사항이라도 반드시 지킬 수 있도록 우리는 노력해야 한다. 처음에는 너그러운 마음으로 참다가, 나중에 도와달라고 하면 오히려 상대방은 "나를 왜 이렇게 길들였어? 처음부터 가사 분담을 했어야지!" 하고 난리칠지도 모르는 일이다.

나는 당신의 엄마, 아빠가 아니야

결혼 초반에 집에만 들어가면 해야 할 일이 눈에 보이고, 일을 다 하고 돌아서면 또 할 일이 튀어나오는 통에 몇 개월 동안은 쉬는 날도 잠이 안 오고 불편하게 지냈던 것이 생각난다. 집은 편하게 쉬는 곳 아닌가? 나에게도, 상대에게도.

가사 분담이 안 된다고 배우자를 질책할 필요는 없다. 내가 그렇듯, 상대도 그렇게 자랐기 때문이다. 다만, 미리 내 생각에 대해 이야기하고 상대를 이해시켜서, 내 마음에 동조하도록 해야 한다. "나는 당신의 아빠, 엄마가 아니야. 하나하나 다 해주길 바란다면 아빠, 엄마랑 살도록 해."라고 말이다. 깨질 환상이라면 빨리 깨져야 한다.

말하지 않아도 아름답게 살림을 도와주는 알콩달콩한 부부 이야기 같은 것은 그냥 잊어버리자. 부러워한다고 해서 내 것이 되지는 않는다.

가사 분담은 감정의 문제

만약 당신이 모처럼 선한 마음으로 남편, 아내를 위해 한 상 차렸다면, 상대방도 좋아하고 당신도 뿌듯할 것이다. 하지만 매일 반복된다고 생각해보자. 둘 다 똑같이 일하고 들어왔는데, 나만 집안일하고 배우자는 누워서 음식 투정만 한다면? 화가 난다기보다는 쓸쓸하고 외로울 것이다. 나 혼자 땀을 뻘뻘 흘리며 냄비를 닦고 있는데, 그러거나 말거나 남편, 혹은 아내가 TV를 보며 깔깔 웃고 있다면? 당연히 서운한 마음이 든다. 부부라면 반드시 상대방을 외롭게 만들어서는 안 된다. 혼자

허겁지겁 식사를 준비하고 있을 때 옆에 다가와서 수저라도 놓으며 "오늘은 뭐야? 맛있겠다."라고 말해주면 위안이 될 것이다.

이것은 습관의 문제다. 둘 사이의 새로운 습관을 만들기 위해 노력해야 한다. 부모님 세대와는 달리 요즘은 남자들이 가사를 도맡아 하는 경우도 많다. 어느 쪽이든 한쪽이 집안일을 더 많이 할 수는 있지만, 그 정도가 너무 지나쳐서는 안 된다. 가사 분담에 대해서는 결혼 전부터 대화를 많이 하고 서로를 이해해주며 앞으로 어떻게 할지 정해보도록 하자.

신혼 초에는 눈에 콩깍지가 씌어서 지금 당장 모든 집안일을 해줄 수 있을 것 같았다. 하지만 알다시피 콩깍지는 금방 벗겨진다. 비단길만 걸을 수 없는 것이 우리의 인생 아닌가? 콩깍지가 벗겨져도 '함께 살기 좋은 사람'으로 배우자에게 보여야 한다. 힘들게 일하고 집에 들어왔는데, 설거지와 빨래가 쌓여있는 것을 본다면 참담한 기분이 들지도 모른다. "자기가 하면 안 돼?"라고 말하지 말고, 현명하게 가사 분담을 하여 배우자에게 '함께 살고 싶은 사람'이 되면 좋겠다..

가사 분담의 착한 예

두 사람의 성향에 따라 담당 분야를 나누어보자. 상대방이 집안일을 잘 못하더라도 "그냥 내가 할게."라고 말하지 말자. 인내심을 갖고 기다리자. 아래와 같이 가사 분담을 하면 좋다.

> 배우자 A : 요리 등 부엌일
> 배우자 B : 설거지, 빨래, 세탁실 정리
> 둘이 함께 할 일 : 대청소
> 각자 스스로 할 일 : 주변 정리하기

부부 대화의 중요성

부부는 한 팀이다. 팀플레이를 훌륭하게 해내려면, 팀워크가 가장 중요하다. 살아가면서 여러 가지 장애물을 만나겠지만, 모두 우리가 함께 풀어나가야 할 숙제다. 팀워크가 유난히 좋은 팀의 비결은 바로 커뮤니케이션이다. 커뮤니케이션이 잘 되는 팀은 단합이 잘 된다. 팀워크를 단련시키기 위해서는 '대화의 기술'을 배우고 훈련해야 한다. 만약 따로 훈련하지 않고도 편하게 소통하고 싸우지 않는 커플이 존재한다면, 지금 어느 한쪽이 참아주고 맞춰주고 있기 때문일 것이다. 장담한다.

커뮤니케이션이 없는 노년은 쓸쓸하다

우리 부모님 세대는 엄마, 아내, 며느리의 희생으로 가정의 평화를 유지했다고 해도 과언이 아니다. 시대가 그렇게 강요해왔다. 현실을 불평하는 엄마, 아내, 며느리는 낮게 평가하고, 가타부타 말을 하지 않고 스스로 참고 견디는 엄마, 아내, 며느리는 현모양처라 평가 받았다. 여자들의 희생이 당연하게 여겨졌던 것이다. 아빠, 남편, 사위는 어떤가? 남자라는 이유로, 쑥스러워서 원래 그런 거 못한다는 이유로 소통에 대해 무관심했다. 묵묵하게 참고 견디는 엄마와 이 모든 것을 당연하게 생각하는 아빠가 꾸린 가정은 어떤 모습인가?

황혼이혼이 점점 늘어나고 있는 이유가 바로 여기에 있다. 나이가 들어 여성 호르몬이 늘어난 아빠들은 그제서야 집안일에 이것저것 간섭하려고 한다. 하지만 지금까지 아빠, 남편과 소통해본 적 없는 아내와 자식들은 이런 변화가 낯설기만 하다. 자기 생이 급급한 자녀들은 아빠와 시간을 보내기가 힘들다. 자기 이야기만 주장해온 사람들은 언제나 자기가 옳다고만 생각한다. 반대 의견을 듣지 않고 지적 당해보지 못한 사람들은 타인을 이해하기 쉽지 않다. 아무리 가족이라도 말이다. 가족 커뮤니케이션이 원활하지 않은 노년은 더욱 쓸쓸해진다.

가족 소통의 첫 단추, 부부 대화

인간은 누구나 혼자다. 정도의 차이는 있지만, 인간은 누구나 외롭다. 하지만 아직 기운이 쌩쌩할 때 서로 소통하려고 노력한다면, 그래서 이야기를 나누기 쉬워진다면, 덜 외로워질 수 있다. 이를 위해 유지하는 것이 바로 가족이다. 가족 소통의 첫 단추는 바로 '부부 대화'다. 남편과 아내는 서로의 이야기를 듣고 오해 없이 속

마음을 털어놓을 수 있어야 한다. 행복한 노후를 위해서라도 말이다.

부부 대화, 어떻게 해야 할까?

정답은 없다. 정답이 없다는 것이 정답일지 모르겠다. 지금은 정답이라고 생각한 것이 나중에 생각하면 완전 엉터리일 수 있다. 그러므로 부부의 사사로운 일에 맞다, 틀리다를 따지지 말자. 무의미한 일이다. 물론 이 말에는 외도, 보증 등의 명백한 잘못은 포함되지 않는다. 우리가 일상에서 매일 부딪히는 문제들을 말하는 것이다. 예를 들어 함께 마트에 가서 "이걸 사? 말어?"의 문제, 냉장고 정리의 문제, 부모님 용돈의 문제, 이번 주말에 무엇을 할 것인가에 대한 문제 등등.

"부부는 이래야 해!"라고 정답을 정하지 말고, 무조건 대화로 풀어나가자. 나만 혼자 집안일 하는데 소파에 누워 TV만 보고 있는 남편이 밉다면, 지금 당장 그에게 서운하다고 말해야 한다. 어제 이야기했는데 오늘 또 이야기하는 것이 지겨워도, 포기해서는 안 된다. 서운한 마음을 묻어두지 말고 표현하자. 지금 표현하지 않으면 두 사람 모두 편할지 모르겠지만, 억지로 참는 것은 언제 폭발할지 모른다. 무덤까지 참을 수 있는 일이 아니라면 신혼 때 표현해야 한다.

대화할 때 지켜야 할 마음가짐

내 이야기를 예로 들어보겠다. 어느 날 시어머님이 아프셔서 국을 끓여드린 적이 있었다. 그때는 여름이어서 자칫하면 국이 상할 수도 있었다. 시어머님께서는 딱 한 번 먹을 분량만 끓여달라고 부탁하셨다. 나는 땀을 뻘뻘 흘리며 육개장을 끓였고 남편에게 "이 정도면 괜찮을까?"라고 물어보았다. 남편은 보지도 않고 대충 "어~ 어~" 하고 대답을 했다. 나는 남편에게 가서 "이

부부 대화의 기본 정신
1. 나는 당신이 싫어서, 당신을 지적하기 위해 말하는 것이 아니다.
2. 나는 당신을 사랑하지만 우리가 오래 살기 위해서는 이 이야기를 꼭 해야 한다.
3. 나는 당신의 엄마, 아빠가 아니므로 나의 불편함, 서운함을 들어주었으면 좋겠다.
4. 사랑하는 사이에도 조율이 필요하다.
5. 나는 이 일만으로 당신을 평가하지 않는다.
6. 아내는 남편에게 정답을 듣기 위해 물어보는 것이 아니다.
7. 배우자가 의논을 했을 때 잘 모르겠다면, 그냥 모른다고 해도 된다.
8. 질문을 받았을 때 지적받는다고 생각하지 말자.

병에 가져가려고, 괜찮을까?"라고 다시 물어보았다. 그러자 남편은 화를 내며 "내가 그걸 어떻게 알아! 그걸 왜 나한테 물어?"라고 소리를 질렀다. 자기가 저울이냐고도 했다.

황당했다. 나는 칼 같이 정확한 대답을 듣기 위해 물어본 것이 아니었다. 어떻게 해야 할지 고민하는 상황이었고 집안에는 남편과 나 둘밖에 없어서 그에게 의견을 물어본 것뿐이었다. 시부모님께 음식을 해드리는 것은 며느리, 특히 초보 며느리에게는 긴장되는 일이 아닐 수 없다. 그냥 그런 의도였을 뿐인데, 아주 우울한 상황이 벌어진 것이다. 남편이 그냥 "나도 잘 모르겠어."라고만 했어도 서운하지 않았을 것이다. 하지만 남편은 내가 자기에게 정확한 대답을 요구하는 것처럼 느꼈던 것 같다.

배우자가 나에게 의논을 했을 때, 정답을 잘 모르겠다면 그냥 모른다고 해도 된다. 정말 몰라서 질문하는 것일뿐, 당신을 지적하는 것이 아니기 때문이다. 특히 남편들이 더 그렇다. 남편들은 정답을 찾아 대답해야 한다고 스트레스 받고는 한다. 하지만 여기서 중요한 점은 정답이 아니라, 아내의 감정을 중요하게 여기고 있는지에 대한 피드백이다. 아내 역시도 자신이 원하는 대답을 듣지 못했어도 서운해하지 말고 다그치지 않는 여유로운 태도를 갖길 바란다. 남편은 아내의 걱정과 질문에 대해서는 몇 초라도 관심을 갖고 피드백을 해주려고 노력하자. 아내는 남편에게 깊은 애정을 표현하고 두터운 신뢰를 느끼도록 해주는 것이 좋다.

행복한 가정을 만들기 위한 7가지 행동

집안에서 위로받지 못하면, 정상적으로 살아가지 못할 수도 있다. 크고 작은 위로, 두터운 신뢰를 바탕으로 살아간다면 노후에도 서로 꾸준히 소통할 수 있다. 이를 위해서는 부부 사이에 7가지 행동을 매일매일 실천해야 한다.

1. 더 많이 사랑하고 그 사랑을 표현하자.
2. 수시로 쓰다듬고 만져주고 안아주자.
3. 매일 잠들기 전에 사랑한다고 고백하자.
4. 수다를 좋아하는 배우자라면 그의 말을 귀 기울여 들어주자.
5. 혼자 있는 것을 좋아하는 배우자라면 그의 시간을 존중해주자.
6. 일주일에 한두 번 이상은 차나 술을 마시면서 소소한 일상을 이야기하자.
7. 부부가 함께 시간을 보내고 대화를 할 수 있는 공동 화제를 찾자.

Value proposition

결혼 후 인생관 설계

스스로가 자신의 삶을 채점할 수 있을까? 잘 살았는지, 못 살았는지 말이다. 채점이라는 말이 우습지만, 굳이 따져보자면 죽기 직전, 정말 모든 삶이 끝나기 직전에 자신의 인생을 돌아볼 수 있지 않을까? 삶의 마무리를 잘하기 위해서는 '올바른 독립'이 필요하다. 여기서 말하는 독립이란 감정적으로도, 경제적으로도, 자신의 힘으로 우뚝 서서 흔들리지 않는 자아를 형성하는 것을 말한다.

결혼도 일종의 독립이다. 부모님 그늘 아래에서 빠져나와 독립한 것이다. 내가 사랑하는 사람과 가정을 꾸리게 되었다면, 이제 그 안에서 일어나는 문제들을 스스로 해결해야 한다. 그래야 좋은 남편, 좋은 아내, 좋은 부모님, 좋은 자식이 될 수 있다. 이제 독립된 가정을 만든 두 사람, 앞으로 어떻게 살아야 할까? 결혼 후 인생관 설계는 '부부의 행복'과 직결되는 문제이기 때문에 치열하게 고민할 필요가 있다.

독립,
일찍 할수록 좋다

학교, 직장 때문에 따로 독립한 것이 아니라면, 우리나라 대부분의 젊은이들은 부모님과 함께 산다. 그러므로 집안의 공과금은 어떻게 내는지, 살림은 어떻게 하는지 잘 모르는 것이 당연하다. 이렇게 말하는 나도 결혼하기 전에(30대 중반이었다.) 2개월 정도 잠깐 독립하여 살아본 것이 전부다. 회사 근처에서 자취를 시작했는데, 회사가 본가에서 가까운 곳으로 이전하여 다시 본가로 들어간 것이다. 결혼한 지금, 돌이켜보면 조금 후회가 된다. 하루라도 더 빨리 부모님으로부터 독립을 했다면, 독립적인 인간으로 성장하기 위해 노력했다면 '진짜 내 인생'에만 집중할 수 있지 않았을까?

하루라도 더 빨리 독립하자

나는 긴 인생에서 하루라도 더 빨리 독립된 인간으로 성장하고 싶다면, 20세 이후 부모님으로부터 독립을 하는 것을 추천한다. 부모님과 동거를 청산하고 자신의 인생에 집중하는 것은 풍요로운 인생을 사는 좋은 방법이 될 수 있다. 평생 부모님 그늘 아래에서 부모님이 해주는 밥 먹고, 집안 살림과 공과금의 세계를 모르며 살고 싶다고? 그럼 할 수 없다. 하지만 그만큼 진짜 어른의 세계를 깨닫지 못하게 될 것이다.

만약 사랑하는 사람이 있다면, 각자 부모님 아래에서 편하게 생활하며 연애만 하지 말고 어서 결혼하는 것을 권한다. 결혼하고 싶은 사람이라면, 함께 독립해서 진짜 내 인생을 시작해보는 것이 어떤가? 두렵겠지만 어른이 되는 통과의례라고 할 수 있다. 과장을 조금 보태서 말이다.

내가 직접 설계하는 내 인생

결혼 후 독립을 한 당신은, 혹은 애인과 동거를 시작한 당신은 이제 스스로 집을 장만해야 한다. 월세, 전세, 매매 등 집 장만에는 다양한 방법이 있다. 월세나 전세라면 2년 후 계약이 끝난 다음 계획도 세워놓아야 한다. 이사는 어떻게 할지, 어디로 갈지, 돈은 얼마나 필요한지 등등 직접 생활을 꾸려나가야 한다. 물론 힘들겠지만, 내 인생에 내가 직접 숨을 불어 넣는 일이므로 뭔가 쌓여나가는 성취감이 든다. 부모님 그늘이라면 상상도 할 수 없는 인생의 진도가 확 나가게 되는 것이다.

지금 진지하게 만나는 애인이 있고, 독립 결심이 생겼다면 결혼준비를 시작하자. 결혼을 해서 '진짜 내 인생'을 쌓아나가는 삶을 계획해보자. 인생을 길게 봤을 때, 절대 손해 볼 일 없다.

결혼 후에 찾아온
삶의 변화

나는 30대 중반을 훌쩍 넘길 때까지 싱글로 살았다. 그때 내 주변에는 기혼인 친구들보다 싱글인 친구들이 더 많았다. 당시 나는 유난히 철이 없기도 했지만, 기혼인 친구들에 비해 인생 계획이 앞으로 쭉쭉 추진되지는 못했다. 물론 미혼인 친구들도 마찬가지였다. '결혼하면 해야지.' '일단 결혼할 때까지는 이렇게 살아야지.'라고 단서를 달고 살았다고나 할까? 정말 결혼을 아예 안 할 생각이 아니라면, 사실 인생의 나머지 계획에 대해서는 오히려 결혼 후에 정하는 것이 더 맞는 방법일 수 있다. 내가 어떤 사람과 결혼해서 어떤 인생관으로 살게 될지 아무도 모르기 때문이다.

연애, 결혼, 그 다음은?

삶은 여러 개의 단계가 계속 이어지는 게임과도 같다. 1판을 깨야 2판으로 넘어갈 수 있는 게임. 초등학교, 중학교를 졸업해야 고등학교에 들어갈 수 있는 것, 10대를 열심히 겪어야 20대를 겪을 수 있는 것, 취업 과제를 해결해야 재테크 고민도 시작할 수 있는 것과 같은 이치다. 결혼 전까지는 뇌 구조가 '짝짓기, 소개팅, 이상형' 같은 것들로 이루어져 있었다면, 결혼을 결심한 다음에는 '프러포즈, 결혼준비, 집 구하기' 등으로 머릿속이 가득 찬다. 시간이 지나 유부남, 유부녀가 된 다음에는 새로운 고민을 만나게 된다. '10년 뒤 우리 부부는 무엇을 갖고 있어야 하며, 어떻게 살아야 할까?' 자신의 상황에 따라 고민은 계속 변한다. 끝도 없다.

빛의 속도로 흐르는 유부의 시간

결혼 후에는 생활에 휩쓸려 앞날을 제대로 내다보지 못한다. 결혼을 하고, 정신없이 신혼을 보내다가 아이가 생기고, 살림이 익숙해지기도 전에 육아 전쟁을 치르고, 둘째가 태어나고, 전셋값이 올라 이사를 생각하고, 부모님이 아프시고, 회사에 치이고…. 이런 식으로 10년이 빛의 속도로 지나간다. 잠깐 숨 고르고 앞으로 어떻게 살아야 할지, 내가 무엇을 원하는지 스스로 묻고 답할 여유조차 없다. 생활 전선에서 정신없이 살아갈 수밖에 없는 것이 우리의 삶이다.

하지만 이렇게 내 인생에 대해 고민할 틈도 없이 40살, 50살을 훌쩍 넘긴다고 생각해보자. 가슴이 철렁 내려앉지 않는가? 나는 그렇다. 여름 극장가에서 만나는 그 어떤 호러 영화들보다도 무섭다.

불행 중 다행으로 결혼 전 이 책을 손에 쥐어서 읽고 있는 사람이라면, 생각해보기를 바란다. 당신들 부부가 10년 뒤 어떤 모습이기를 바라는지, 아니 당신이 10년 뒤 무엇을 꼭 갖고 있기를 바라는지, 20년 뒤 무엇만은 꼭 지키고 있기를 바라는지 말이다.

이것은 몇 년 후에 집을 사고, 차는 어떤 것을 사고, 재산은 얼마나 모아야 한다는 계획과는 다르다. 소유에 대한 이야기가 아닌, 각자의 인생관, 세계관에 대한 이야기이다. 어떻게 하면 10~20년 뒤에도 내가 황폐해지지 않을까 하고 고민하며 서로를 지키며 함께 늙어갈 계획을 세우는 것이다. 모든 계획은 혼자보다는 둘이 있을 때 지키기 쉽다.

경제적 소유에 많은 가치를 두는 부부라면

10년 후 집 구입을 목표로 한 부부라면 지금부터 월급의 반 이상을 저축해야 한다. 그리고 3년 후에는 재테크를 제대로 해서 모아둔 돈을 불리면 좋겠다. 재테크 계획을 세울 때 '어느 지역의 어떤 집을 구입하겠다.' 하고 구체적으로 계획을 세우면 도움이 된다.

현재 직업이 불만족스러운 부부라면

만약 현재 직업이 불만족스러운 부부라면, '몇 년 후까지 지금 직장을 다니면서 얼마를 저축하고, 퇴직금으로 새로운 도전을 하는 것'으로 계획을 세울 수 있겠다. 또한 지금 더 많은 것을 경험하지 못하고 나이만 먹는 것이 끔찍한 부부라면 '한 달에 얼마씩 모아서 1년에 한 번씩 여행을 가는 것'을 계획해도 멋지겠다.

만약 이 책을 읽는 당신이 연애의 판, 결혼식의 판, 집 구하기 판도 깨고, 신혼부부로서 레벨업도 했다면, 이제 미래에 대한 계획 세우기 판을 시작해야 한다. 앞으로 신혼 때만큼 한가한 시절은 없을 수도 있다. 지금 당장 배우자를 위해 맛있는 차를 끓이고 함께 마시자. 그리고 미래에 대해 함께 이야기를 나눠보기를 바란다.

멀리 내다보는 인생관을 갖고 살기

노희경 작가의 드라마 〈디어 마이 프렌즈〉는 70대 노인들의 사랑, 우정에 대한 이야기이다. 우리 집 이야기, 옆집 이야기, 진짜 내 친구 엄마 이야기 같은 드라마다. 마당 있는 한옥에서 함께 웃으며 사는 3대 대가족 이야기가 아닌, 나이가 들수록 점점 쓸쓸해지는 인생을 견디는 70대 노인들의 현실적인 이야기.

드라마가 중반으로 접어들면서 갈등은 고조된다. 조희자(김혜자)는 치매에 걸리고 장난희(고두심)는 자신이 간암 말기임을 알게 된다. 오충남(윤여정)은 70세가 넘어서 잘해보려고 다시 만난 오빠, 이성재(주현)를 조희자에게 빼앗긴다. 극 중 인물들은 모두 돈에 쫓기고, 자식에게 짐이 될까 두려워하고, 남편에게 구박 받고, 학

벌 콤플렉스에 시달린다. 아마도 내가, 내 친구들이, 혹은 우리 남편이 도달하게 될 70대, 혹은 80대의 삶이 정말 이렇지 않을까 싶을 정도로 생생하고 현실적인 드라마였다.

서로에게 트라우마로 남지 말자

드라마 이야기를 좀 더 하자면 치매가 온 조희자나 황혼이혼을 결심한 문정아(나문희)는 공통적으로 가슴 속에 트라우마가 하나 있었다. 둘 다 아이를 잃은 경험이 있었던 것이다. 특히 문정아의 폭언 남편 김석균(신구)는 젊은 시절 임신한 아내가 배가 아프다고 찾아왔을 때 핀잔만 주고 모른 체 했다. 시간이 흘러 70대가 된 김석균은 그제서야 "잊고 있었는데 생각이 난다. 늦었지만 사과하고 싶다."고 말하며 후회한다.

드라마지만 사실 너무 무서운 일이다. 지금 내가 대충 참고 넘겨 버린 일들이 평생 나를 얼마나 갉아먹고 망가뜨릴지 아무도 모른다. 드라마이기 때문에 극적인 효과를 주기 위해 자식의 죽음을 소재로 삼았지만, 이 정도로 끔찍한 일이 아니어도 죽을 때까지 평생 나를 괴롭히는 트라우마는 많다. 인생에서 슬픔이나 상처가 많으면 많았지, 설마 기쁨이 더 많을까?

이제 치매도 고칠 수 있는 시대가 왔는데, 우리 세대는 어쩌면 늙어서 한가해지고 쓸쓸해졌을 때 꼼짝없이 자신의 트라우마를 또렷하게 마주봐야 할지 모르겠다. 부부로서 우리가 함께 늙어갈 것을 생각해보면, 이 무서운 세상 속에서 어떻게 서로의 정신 건강을 지켜줄지에 대해서 열심히 집중해야 하지 않을까? 세상은 쾌속으로 바뀌고 있다. 로봇, 인공지능이 점점 그 영역을 넓히고 있고, 향후 몇 년 안에 없어지는 직업도 몇몇 개가 될 것이라고 예측한다. 지금은 당연하다고 생각했던 것들이 언제 어떻게 없어질지 모르는 일이다.

그렇다면 지금 우리는 어떻게 살아야 할까? 한 살이라도 젊을 때 하고 싶은 것들을 이루기 위해 노력하지 않고, 허리띠만 졸라매고 아끼고 모으며 살아야 할까? 배우자에게 잔소리와 비하의 말만 퍼부으며 살아야 할까? 젊은 시절 서로에게 남긴 상처들이 나이 들어서도 머릿속과 가슴속을 떠돌며 우리를 아프게 하지는 않을까? 갑자기 문득 떠올라 나의 노년을 뒤흔들 젊은 시절 상처는 어떤 것일까? 그런 엄청난 상처를 지금 내가 내 배우자에게 남기고 있지는 않을까?

부부는 무조건 한 편이다

남이 되기 전까지는 무조건 한 편인 사람들이 바로 부부다. 두 사람이 손 꼭 잡고 진짜 노후 대책을 세워놓아야 한다. 점점 더 길어지는 우리의 노년을 위해, 지금 당장 더 사랑해주고 상처는 바로바로 치유해주도록 하자. 만약 상처를 받게 되면 배우자에게 어서 빨간 약을 발라달라고 재촉하자. 젊은 부부가 지금 지켜야 하는 것은 두 사람의 건강한 노년, 행복한 노년이다. 내 편인 배우자가 있다면 이미 노후 대책은 시작된 것이다. 시작은 반이다.

Wedding inside

인터넷에도 나오지 않는 결혼준비

내가 직접 예비신랑, 예비신부가 되기 전에는 모르는 정보들이 있다. '드레스투어를 다닐 때 주차는 어떻게 하지?' '얼마나 대기해야 하지?' '어디서 어떻게 옷을 갈아입고 메이크업을 받지?' 등등. 파면 팔수록 끝이 없는 결혼준비의 세계. 이 파트를 유심히 읽으면 그 세계를 먼저 파악하는 데 도움이 될 것이다.

드레스숍에 방문했을 때

직접, 혹은 웨딩플래너를 통해 예약한 드레스숍에 첫 방문할 때는 한 숍당 1시간이 소요되고 그동안 본식드레스 1벌, 촬영용 드레스 3벌, 총 4벌의 드레스를 입어보게 된다. 이때 피팅비가 발생한다. 동선을 따라가보자!

발렛박스 이용

거의 모든 드레스숍은 발렛파킹을 한다. 비용은 대부분 3000원. 예약한 드레스숍에 와서 발렛파킹을 하고 숍으로 들어간다. 차를 가지고 오지 않고 대중교통을 이용했다면 발렛을 이용할 필요가 없다.

드레스숍 입구와 대기 장소

만약 앞 팀이 없어서 기다릴 필요가 없다면, 바로 피팅룸으로 안내가 된다. 앞 팀이 있다면 입구에 잠깐 앉아 있거나 대기실에서 기다리게 된다. 인기 있는 드레스숍에 방문했을 때, 주말에 방문했거나 앞 팀이 일정을 어겼을 때는 오래 기다려야 할 수도 있다. 어떤 숍은 25분 이상 지각할 경우 드레스를 피팅해보지 못할 수 있으니 시간을 엄수하자.

피팅룸

〈우리 결혼했어요〉와 같은 예능프로그램 덕분에 자주 볼 수 있는 드레스 피팅 장면. 커튼 안쪽에서 예비신부는 드레스를 입고, 커튼을 열어 일행에게 공개한다. 처음 피팅룸에 들어오면 숍 직원과 간단히 신부의 취향을 파악하는 이야기를 나눈다. 그리고 커튼 안쪽으로 안내해서 신부의 머리를 올려주고 속옷을 준비해준다. 드레스숍에서 준 가운을 입고 기다리고 있으면 직원이 신부가 원하는 드레스, 혹은 신부에게 어울리리 것 같은 드레스를 가지고 와서 입혀준다. 다 입고 나면 커튼을 열어 일행에게 드레스 입은 모습을 보여준다. 이런 식으로 총 4벌을 입어보고, 그중 신부가 가장 마음에 들었던 드레스를 이야기하면 해당 숍에서의 일정은 끝난다. 그러고 나서 다음 숍으로 이동하면 된다.

드레스투어 후

드레스 피팅 투어가 끝난 다음에는 가장 마음에 드는 숍에서 웨딩촬영과 본식에 필요한 드레스를 입게 된다. 따라서 웨딩촬영 전, 본식 전 각각 두 번에 걸쳐 숍에 다

대기 장소

피팅룸

– 출처 : 황정아 부티크(114쪽 참고)

시 방문하게 된다. 촬영 시 필요한 드레스, 본식 때 필요한 드레스를 다시 입어볼 수 있으며 그때 새로 나온 신상 중에서도 다시 고를 수 있다.

드레스 피팅 시 기억할 것
1. 대부분 촬영 금지다. 점점 더 촬영을 금지하는 쪽으로 바뀌고 있다.
2. 본식드레스는 신상품 위주로, 촬영드레스는 신상이 아니더라도 변형, 연출이 용이한 드레스들로 제공된다.

스튜디오에 방문했을 때

스튜디오는 발렉박스, 대기 장소, 피팅룸이 있다는 점이 드레스숍과 비슷하다. 다만 사진을 촬영하는 곳이므로 세트장이 있다는 것만 다르다.

발렛박스 이용
스튜디오 역시 거의 발렛파킹이 가능하다. 비용은 대부분 3000원. 차 안에는 드레스, 한복, 본인 소장품 등 짐이 한가득 들어있기 때문에 스튜디오 직원이 먼저 나와 안내를 해준다.

대기 장소와 피팅룸
드레스숍과 마찬가지로 인기가 많은 스튜디오라면 굉장히 붐빌 것이다. 도착하자마자 촬영을 하는 일은 없다. 대기 장소에 앉아 있으면 예비부부에게 배정된 피팅룸으로 짐들이 각각 옮겨진다. 피팅룸 정리가 끝나면 직원들은 예비부부를 피팅룸으로 안내한다. 시간적 여유가 있다면 피팅룸에서 간단한 간식을 먹어도 좋다. 그렇게 5~10분 정도 앉아 있으면 담당 사진작가가 와서 사진 찍을 때 유의사항, 당부사항 등에 대해 알려준다. 이때 본인이 신경 쓰고 있는 콤플렉스 등이 있다면

세트장

세트장

세트장

셀렉룸

피팅룸

- 출처 : 스튜디오롤(blog.naver.com/st_roll / 02-514-7655)

따로 말하는 것이 좋다. 샘플이나 앨범 중에서 더 찍고 싶거나, 널 찍고 싶은 것들에 대해서도 자세히 말하자.

본격 세트장
본격 세트장은 생각보다 크지 않다. 계속 형태를 바꿀 수 있는 세트장에서 사진을 찍게 된다. 보통은 '이 배경에는 슬림한 드레스' '이 배경에는 풍성한 드레스'와 같이 각각 스타일이 정해져 있다. 촬영 시간은 4~6시간 정도. 촬영이 끝나면 담당 작가와 예비부부는 그 다음 일정을 잡는다. 오늘 찍은 사진들 중 어떤 사진으로 앨범을 만들지, 사진 선택은 언제 할지 등에 대해서 말이다. 대부분 촬영 2주 후에 사진을 고르는 것으로 일정을 잡는다.

셀렉팅룸
바쁜 시간대에 스튜디오에 방문하면, 어쩔 수 없이 작은 방에서 모니터를 보며 사진을 골라야 한다. 주말에는 스튜디오에 사람이 많으므로 평일에 가도록 하자. 훨씬 쾌적한 환경에서 사진을 고를 수 있다.

입구 안내
본식 당일에 액자를 찾는 경우에는 입구에서 받으면 된다. 입구에서 바로 받을 수 있도록 업체에 미리 연락해 놓는다.

보관함 이용
귀중품 보관함을 갖춘 스튜디오들이 많으니, 미리 확인하고 분실 위험을 줄인다.

소품 소개
웨딩슈즈 및 부케 등 스튜디오에 따로 구비된 소품들이 있다. 미리 물어보고 촬영 시 사용하면 좋겠다.

메이크업숍에 방문했을 때

메이크업숍은 편한 복장으로 방문하는 것이 좋다. 머리부터 발끝까지 나를 변신시키는 공간이기 때문이다. 그만큼 드레스숍, 스튜디오보다 더 복잡한 동선이 펼쳐진다.

발렛박스
역시 주차는 거의 발렛파킹이다.

입구 안내데스크
신부의 이름을 이야기하면 바로 안내를 받을 수 있다.

락커룸
겉옷을 벗고 가방을 맡기면 스태프가 와서 가운을 입혀준다. 메이크업은 보통 상체까지 하고, 메이크업을 한 후에 드레스로 갈아입기 때문에 단추가 없는 티셔츠, 터틀넥 같이 꽉 막힌 옷은 절대로 입지 말자. 단추로 열고 닫을 수 있는 셔츠, 지퍼를 내려 벗을 수 있는 원피스 등이 적당하다.

메이크업실
기본 베이스 메이크업을 한 다음, 본격 메이크업을 하게 된다. 이곳에는 집으로 그대로 옮겨오고 싶은 메이크업 도구들이 즐비하다. 메이크업 상태를 잘 확인할 수 있도록 환한 조명이 설치되어 있다.

대기장소

락커룸

메이크업존

피팅룸

– 출처 : 김활란뮤제네프(www.museeneuf.com) / 02-518-0332)

헤어존
담당 아티스트가 와서 안내해주고, 자리에 앉으면 기본 헤어 스타일링을 시작한다.

기본 헤어 스타일링 후
기본 헤어 스타일링이 끝나면 드레스를 입는다

헤어, 메이크업 수정
드레스를 입고 나면 헤어와 메이크업을 다시 수정한다. 이때 수정을 많이 하기도 하고, 때에 따라서는 스타일을 바꾸기도 한다. 처음 메이크업을 받아보는 신부라면, 드레스를 입기 전까지 섣부른 판단은 금물이다. 헤어 스타일링, 메이크업 수정이 끝났을 때 어색한 부분이 있다고 느껴진다면, 바로 수정하지 말고 드레스를 입은 다음 다시 생각해보자. 드레스를 입은 다음에도 이상하고 어색하다면, 그때 마지막 수정을 요청하는 것이 좋다.

피팅룸
드레스를 입는 곳이다. 신부가 메이크업, 헤어 스타일링을 1차로 하고 있는 동안에 헬퍼는 피팅룸 근처에서 대기한다. 시간이 되면, 헬퍼는 신부가 드레스를 입기 좋게 미리 세팅을 해놓는다. 헬퍼는 신부가 메이크업을 마치기 1시간 반 전에 메이크업숍으로 와야 한다.

네일존
보통의 메이크업숍에는 네일케어를 받을 수 있는 공간이 따로 있으므로 참고할 것.

메이크업숍에 갈 때 예비신랑이 챙겨야 할 준비물
메이크업은 신부가 먼저 할 수도 있고 신랑이 먼저 할 수도 있다. 다만 신부는 3시간 정도 메이크업을 받지만, 신랑은 1시간이면 끝나기 때문에 대기 시간이 길다. 책, 게임기 등을 가지고 오면 짜증이 덜 날 것이다. 휴대전화 배터리는 반드시 100% 채워서 올 것

예복, 한복 맞출 때

요즘 남자들은 예복을 아무렇게나 맞추지 않는다. 결혼식 이후에도 입을 수 있도록 자기 몸에 잘 맞고 어울리는 사이즈, 디자인을 고르기 위해 노력한다. 한복도 마찬가지다. 대여가 아닌 맞춤의 길을 택했다면, 사이즈를 재고 디자인을 고를 때 더욱 신중하고 꼼꼼해질 필요가 있다.

예복 맞추는 순서

① 샘플소재북을 보며 옷감과 색상을 고른다. 이때 기성복 가게에서 여러 색상의 옷을 미리 입어보고 가면 도움이 된다.
② 심사숙고 끝에 디자인을 고른다. 자기가 원하는 옷의 사진을 가져가도 좋다.
③ 사이즈를 잰다.
④ 1차 가봉을 한다. 패턴이 나와 있다.
⑤ 2차 가봉을 한다. 세세한 부분까지 수정하고 나면 완성이다.

한복 맞추는 순서

① 한복감을 색깔별로 얼굴에 맞춰보면서 나와 어울리는 색깔을 먼저 찾는다.
② 샘플 저고리, 화보를 보면서 디자인을 정한다.
③ 사이즈를 잰다.
④ 완성품이 나오면 최종 피팅을 해본 후, 고칠 부분이 있으면 수선한다.
⑤ 고칠 부분이 없으면 수령한다.
⑥ 웨딩촬영 때 입는 한복드레스 등을 입어보고 고른다.

한복 배색 테스트

– 출처 : 한복휘랑(136쪽 참고)

XOXO
"Hugs and Kisses"

우리의 밤은
당신의 낮보다 아름답다

대학만 가면 바로 살 빠지고 애인 생기는 게 아닌 것처럼, 결혼했다고 해서 바로 풍요로운 섹스 라이프가 열리는 것은 절대로 아니다. 물론 커플에 따라서 연애할 때보다 훨씬 더 뜨거울 수도 있고, 미지근할 수도 있고, 한없이 차가울 수도 있다. 결혼 후 섹스가 미지근해질까봐, 얼음처럼 차가워질까봐 고민이라고? NO! 너무 심각해지지 말자. 초반부터 미리미리 준비하면 되니까.

원더풀 섹스라이프는 저절로 생기지 않는다

대부분의 인간 수명을 따른다면, 지금 배우자와 50년 정도 함께 살게 된다. 헉, 쓰고 나니 갑자기 숨이 턱 막혀온다. 단명한다고 해도 이혼하지 않는다면, 30년 정도는 살게 될 텐데 말이다. 이토록 길고 긴 시간을 살아야 하는데, 결혼 초반에 부부의 섹스라이프에 대해 속단하는 것은 무척 이르다. 결혼 초반이라면 아직 시작도 안 한 것이다. 물론 그 정도로 이미 끝난 부부도 아예 없지는 않겠지만.

섹스, 즐겁게 하고 계십니까?

우리의 섹스라이프는 모든 영화, 드라마가 다 망쳐놓았다. "우리의 섹스는 정말 만족스러워!"라고 진심으로 말하는 부부가 몇 쌍이나 있을까? 한 달에 한 번도 관계를 하지 않는 부부를 일컫는 '섹스리스(sexless) 부부'뿐만 아니라, 일주일에 몇 번씩 사랑을 나누는 부부라고 해도 상대방에게 불만이나 바라는 점은 있기 마련이다. 그래서 내가 이 파트에서 크게 외치는 것이다. 우리의 섹스는 절대로 공유, 전도연 같지 않아!(영화 〈남과 여〉를 보고 하는 소리다.)

섹스 앞에서 항상 기가 죽는 당신 잘못이 아니다. 섹스에 대한 환상을 심어준 미디어 때문이다. 영화 속 주인공들이 실제로 우리 집 조명 아래에서, 구겨진 이불 위에서 함께 누워있다면…. 베드신이 영화만큼 아름답지는 않았을 것이다.

부부의 섹스는 익숙함을 기반으로 한다. 당연히 설레는 마음이 생기기 어렵다. 하지만 설레지 않는다고 해서 우리의 섹스를 무시하고 "가족끼리 무슨 짓이냐!"라고 말해서는 안 된다. 특1급 호텔의 초특급 레스토랑에서 즐기는 와인과 스테이크도 좋지만, 그것도 하루 이틀이다. 날짜 지난 신문지 툭 깔아놓고 먹는 새벽의 라면은 어떤가? 기분에 따라 더 황홀할 수 있지 않은가?

화려하지 않아도 괜찮아

연애할 때의 촉감을 기억하는가? 살짝만 닿아도 전기가 오고, 그 손에 닿지 못해서 안달이 났던 기억. 그런 기억이 다들 있을 것이다. 그런 달뜬 손길은 떠올리기만 해도 두근거리는 추억이지만, 매일 매일 평생을 그렇게 살자고 하면? 그것도 못할 노릇이다.

연애 때의 스킨십과 결혼 후의 스킨십은 느낌이 확연히 다르다. 결혼 후에 하는 스킨십은 서로를 안심하게 만들어주는 손길이다. 자다가도 배우자의 배 위에 손가락이라도 하나 올려놓고 싶어지는 든든함이다. 연애 때 즐기던 섹스는 서툴고 낯설어서 더 두근거렸지만, 결혼 후 섹스는 몸에 좋고 질리지 않는 집밥 같은 것이다. 자극은 덜 하지만 오래 안 먹으면 계속 생각나는 집밥 같은 섹스. 부부의 섹스는 그런 것이어야 한다. 그러니까 설레지 않아도 떨리지 않아도 괜찮다. 시큰둥해졌다고 생각하지 말고 어른으로서 집밥 같은 부부의 섹스라이

프를 어떻게 건강하고 성숙하게 즐길 것인가에 대해 고민하고, 시도하고, 누려야 한다. 어느 집 집밥은 정말 먹을 게 못되지만, 어느 집 집밥은 그 어떤 외식에 견주어도 부족함이 없다. 집밥은 누가 어떻게 만드는지에 따라 메뉴가 달라지고, 어떻게 즐기느냐에 따라 감상이 달라질 수 있다. 한 마디로, 집밥 같은 섹스는 한계가 없다.

노력은 쓰지만, 섹스는 달다

그럼 어떻게 해야 할까? 사실, 나조차도 건강하고 풍요로운 부부 섹스라이프를 실천하지 못하고 있다. 우리 부부는 만성피로에 시달리고 있다. 남편은 남편대로 소극적이고, 나는 나대로 귀찮아한다. 아마 혈기왕성한 나이를 살짝 지난 부부들 대부분이 그럴 것이다. 그러나 장담하건대, 어느 부부나 건강하고 친밀한 섹스를 즐기고 싶어 한다. 그렇다면 우리는 노력해야 한다. 노력 없이 얻어지는 것은 세상 어디에도 없다. 노력은 쓰지만 그 열매는 단 법이다.

섹스도 물론 감정의 문제

최근에는 남자들의 이상형이 '모르는 여자'라던데, 얼마 전까지는 이상형으로 "낮에는 요조숙녀, 밤에는 요부."를 꼽는 남자들이 꽤 있었다. 그렇게 말한다면 여자들 입장에서는 "낮에는 유시진 대위님(드라마 〈태양의 후예〉에서 송중기가 맡은 역할), 밤에도 유시진 대위님."

이라고 허황된 이상형으로 응수할 수 있다. 남편 입장에서 아내가 '낮에는 얌전하고 살림 잘하다가, 밤에는 섹스에도 적극적이면 좋겠다'고 바란다면, 아내는 '낮에도 밤에도 우리 남편이 완벽하게 능력 있고 다정하면 좋겠다'고 바란다. 그러므로 이상형 따위는 서로 집어치우자. 이미 우린 혼인신고서에 도장 다 찍었고 그 도장은 충분히 말랐다.

서로의 능력을 발휘할 수 있도록 도와주자

사실 섹스 문제를 떠나서 회사에서 일할 때와 밤에 친구들과 맥주 한 잔 할 때 모습이 같은 사람이 있을까? 낮과 밤이 같기를 바라는 것이 더 어려운 일일지도 모른다. 대부분의 여자와 남자는, 아니 사람은 낮과 밤, 공과 사가 다를 수밖에 없다. 또 낮과 밤의 모습이 다르지만, 밤에 적극적으로 부부생활을 하는 모습은 아직 세상 밖으로 발휘되지 못했을 수도 있다. 그러므로 우리는 배우자의 내면 깊숙이 숨어 있는 매력남, 매력녀를 꺼내주는 노력을 해야 한다. 이것은 서로에게 좋은 일이다. 세상에 많고 많은 어려운 일 중에 그래도 이 노력은 할 만한 노력이지 않을까?

사소한 것까지 공유하자

섹스란 지극히 감정의 문제다. 예민하고 조심스러운. 상대의 자존심을 무심하게 건들기 쉽고 다치게 하기 쉽다. 나의 실수가 배우자가 가진 매력남, 매력녀를 영영 사라지게 만들기 쉽다. 부부란 재정계획, 노후계획, 가족관리 등 거대한 문제뿐만이 아니라 생활의 밑바닥, 사소한 생리적인 문제까지 공유해야 하는 사이다. 민감하고 세밀한 감정까지 공유하게 된다면 탄탄한 섹스라이프를 즐길 수 있게 될 것이다.

낮져밤이를 얻고자 한다면

대한민국 보통의 가정에서 자란 남자와 여자에게 결혼과 동시에 밤에 야성남, 야성녀가 되기를 바라는 것은 무리다. 나의 남편, 아내가 '낮져밤이'가 되기를 원한다면, 공부와 대화가 필요하다. 서로 무엇을 좋아하는지 털어놓고, 배우자가 자신의 욕망을 솔직하게 표현할 수 있도록 대화로 이끌어야 한다. 두 사람이 함께 섹스의 즐거움과 황홀함에 대해 공부해야 하는 것이다. 언제, 어떻게 섹스했을 때가 더 좋은지에 대해 햇살 좋은 날 카페에 앉아 차 한 잔 하며 천천히 물어보는 것도 좋겠다. "그럼 다음번에 이렇게 해볼까?"라고 공약을 내세우기도 하고, 기대감을 갖도록 해보자. 남편들은 "어디서 보니까 여자들은 이렇게 할 때 좋다던데?"라고 아내에게 물어보고, 모든 여자들은 당연히 성욕이 있으므로 당신도 섹스를 즐길 수 있으면 좋겠다고 이야기해보자.

거절할 수도 있고, 거절당할 수도 있다

남자라는 동물은 대체적으로 거절을 두려워하고, 특히 섹스하자고 할 때 거절을 당하면 모멸감을 느낀다고 한다. 하지만 남편이 원한다고 해서 아내가 언제, 어디서나 무조건 섹스에 응해야 하는 것은 절대로 아니다. 거절을 할 수밖에 없는 아내의 사정도 있을 수 있다는 것을 남편들은 미리 알아야 한다.

반대로 정말 어렵게 마음을 표현한 아내가 거절당할 때는 남편이 느끼는 모멸감보다 훨씬 더 부끄러울 수도 있다는 것을 알아주면 좋겠다. 대한민국 여자들 대부분은 성적 문제에 있어서 소극적인 태도만 취해야 한다고 무의식적으로 억압받으며 살아왔다고 해도 과언이 아니기 때문이다. 이것은 사회적으로 개선되어야 할 문제이기도 하다.

남자든, 여자든 먼저 거절할 수도 있고 거절당할 수도

있다. 다만 여기서 잊지 말아야 할 것은 우리는 부부이고, 언제든 두 사람이 다시 마음을 먹으면 좋은 시간을 마련할 수 있다는 믿음이다. 그러므로 거절을 두려워하지 말자.

대화로 하는 섹스

몸으로 하는 섹스도 중요하지만 그 전에 자주 대화로 섹스를 하는 것이 좋겠다. 부끄러워하지 말고 서로의 욕구와 불만, 로망을 이야기하고 실현해나간다면 훌륭한 집밥 같은 어른의 섹스를 건강하게 즐길 수 있을 것이다. 그럼 분명 삶의 질도 달라진다. 이것은 돈을 더 모아서 빨리 집 장만을 하는 일보다 훨씬 중요한 일이라고 믿어 의심치 않는다.

섹스보다 중요한 일상의 스킨십

일상에서 숨 쉬는 것이 당연한 것처럼, 남편과 아내를 만져주자. 걸을 때는 항상 손을 잡고 팔짱을 끼자. 아침에 일어나면 서로를 안아주고, 퇴근 후에도 안아주자. 자다가 새벽에 깨서 화장실에 갈 때도 잠든 배우자의 이마를 한번 쓸어주고, TV를 볼 때도 이유 없이 손을 잡아주고 강아지처럼 다가가자. 따뜻한 체온을 타고 서로에게 마음이 전해질 것이다. 과학적으로도 스킨십을 자주 하면 심장도 튼튼해지고 면역력도 높아진다는 연구 결과가 있다. 일상의 스킨십은 두 사람의 애정도 탄탄하게 만들어줄 것이다.

더없이 아름다운 우리의 밤을 위해

살 빼는 법을 잘 아는 사람만 다이어트에 성공하는 것은 아니다. 공부 비법을 모두 꿰고 있다고 해서 하버드에 합격하는 것도 아니다. 머리로만 아는 것은 아무짝에도 쓸모가 없다. 이 글을 읽는 당신, 바로 오늘 사랑하는 남편, 아내에게 진심을 전해보자. "부끄럽지만, 난 결혼하고 나서 이런 섹스라이프를 즐기고 싶어." "나는 당신이 이렇게 할 때가 좋았어." "이렇게 할 때는 좀 부담스러웠어." 등등 솔직한 마음을 이야기하고 난 다음에는 서로의 손을 잡고 천천히 산책이라도 해보자. 싱글들의 낮보다 더 아름다운 부부의 밤을 위해서, 조금씩 발을 내디뎌보자.

You raise me up

나를 다시 일어서게 하는 당신

특별한 결혼식이든 평범한 결혼식이든, 모든 결혼식은 어렵다. 혼자서 결혼식을 준비할 수 있는 사람은 이 세상 어디에도 없다. 예비신랑, 예비신부에게는 당연히 낯설고 어렵기만 한 결혼식. 이런 힘든 결혼식을 소박하지만 예쁘게, 자신들만의 색깔을 담아 치러낸 실제 부부의 이야기를 들어보았다.

특별한
스몰웨딩 스토리

남들이 인정하지 않는다 해도, 내 결혼식을 감동으로 채워주고 결혼준비에 지친 나를 일으켜 주는 사람은 바로 '평생 함께 하기로 한 내 짝꿍'이다. 다음 이야기는 세상의 기준보다 내 짝꿍에게 귀 기울이고 결혼식을 준비한 이승신, 황정아 부부를 인터뷰한 후, 재구성한 내용이다.

우리 결혼식은 특별해야 해

보통 결혼식을 살펴보면 하객들이 신랑, 신부에 집중하지 않고 2시간 정도 잠깐 머무르다 서둘러 식사만 하고 돌아간다. 이승신, 황정아 부부는 그런 결혼식이 죽어도 하기 싫었다고 한다. 하지만 부모님의 반대가 심했다. 부모님은 친척이 운영하는 지방 예식장에서 결혼식을 올리자고, 다른 사람들처럼 평범하게 식을 올리자고 이 부부를 설득했다.

하지만 신부 황정아 씨는 친오빠의 결혼식을 직접 기획하고 장소까지 섭외할 정도로 자신의 결혼식 취향이 뚜렷한 사람이었다. 그런 그녀가 사랑하는 남자를 만나 평생에 한 번뿐인 결혼식을 올리려고 하는데, '평범하게?' 그건 애초에 불가능한 일이었다.

부모님들의 의지도 완고했다. 그동안 경조사를 챙겨온 지인들을 모두 결혼식에 초대해야 했고, 친척이 운영하는 예식장을 외면하기도 난감한 상황이었다. 부모님에게는 이들 부부의 주장이 너무나 가혹했을지도 모른다. 각자의 의견이 강하게 충돌했고 타협의 여지가 없었다. 그래서 결혼식을 준비하면서도 다툼이 끊이지 않았다고 한다. 부모님들은 두 사람이 하고 싶은 '스몰웨딩'을

이해할 수가 없었다.

무조건 내 짝을 믿고 따르기

결국 신랑이 먼저 포기했다. 그리고 신부를 설득하기 시작했다.
"어른들 입장도 있잖아. 시방에 가서 몇 시간만 결혼식을 진행한 다음, 친구들이랑 웨딩파티를 따로 열자."
하지만 신부는 '평생 단 한 번뿐인 나의 결혼식'을 이런 식으로 올리고 싶지 않았다. 결혼식인지, 뒤풀이인지, 피로연인지 구분이 안 되는 웨딩파티도 못마땅했다. 웨딩파티에 더 가치를 둔다면 사랑하는 가족과 친구들도 초대해야 하는 것 아닌가? 이런저런 생각들도 머리가 복잡했다. 절대 간단한 문제가 아니었다.

신랑은 고민 끝에 신부를 무조건 이해하기로 마음먹었다. 전체적인 스타일, 세부적인 준비는 신부가 맡고, 자신은 그것에 전적으로 따라주기로 입장을 전했다. 그 과정까지만 해도 얼마나 힘들었을까? 결혼준비 스트레스를 누구보다 잘 이해하는 나는 신랑, 신부가 무척이나 안쓰러웠다. 어쨌든 신랑의 입장정리로 두 사람은 스몰웨딩을 하기로 결심했다. 결혼식장도 두 사람이 꾸미기로 결정했다.

우리 너무 달라

두 사람은 우선 파주 헤이리에 있는 공간을 예약한 다음. 차근차근 결혼식 준비를 해나갔다. 이제 두 사람의 앞날에는 꽃길만 남은 것일까? 하지만 알고 보니 두 사람 모두 마음속 상처가 아직 아물지 않고 남아 있었다. 부모님 뜻을 따르자고 주장한 신랑, 결혼식 로망을 이루고 싶은 신부. 둘 다 한참 다툴 때 생긴 서운한 마음이 한 가득이었지만 결혼준비 기간 동안 티를 내지 않으려 애썼던 것이다. 선택의 연속인 결혼준비 과정 속에서 두 사람 모두 불만이 쌓여만 갔다.

그때쯤이었다. 이 결혼식을 멈춰야겠다고 두 사람이 결론 내린 때는. 밤에 차 안에서 시작된 토론은 큰 싸움으로 번져 동이 틀 때까지 계속 되었다. 두 사람은 모든 결혼준비를 원점으로 돌리고 결혼식장도 모두 취소하기로 했다.

결국 진심은 같다

그럼에도 불구하고 '우리 둘만의 특별한 결혼식'을 올리고 싶은 마음은 두 사람 모두 같았다. 결혼식 잠깐 보고, 하객들끼리 서로 안부 묻다가 바로 식당으로 가는 보통의 한국 결혼식. 이승신, 황정아 부부는 자신들의 결혼식을 그렇게 만들고 싶지 않았다고 한다. 신부가 원하는 것은 큰돈을 들이지 않더라도 부부가 직접 준비하고 부부의 개성을 담은 결혼식, 가족과 친구 모두가 서로 눈 마주치고 행복해지는 결혼식이었다. 신랑 역시 평생 동안 추억해도 웃음이 번지는, 작지만 의미 있는 결혼식을 하고 싶어 했다. 이토록 똑같은 마음을 가지고 있는데, 당시 두 사람은 서로를 제대로 이해하지 못했다.

두 사람만의 갈등 극복법

이 부부는 갈등을 어떻게 극복했을까? 그들은 결혼준비를 완전히 멈춘 채 1년 반 정도는 결혼에 대해 완전히 생각하지 않는 것으로 상처를 치유했다고 한다. '파혼'은 절대로 아니었다. 두 사람은 결혼준비만 하지 않을 뿐, 서로를 아끼고 사랑하는 마음은 계속 이어갔다고 한다. 이들을 지켜보는 양가 부모님만 속이 탈 뿐. 두 사람은 서로의 진심을 오히려 결혼준비를 하지 않을 때 더 많이 깨달았다고 한다. 이 부부의 이야기를 들은 다른 사람들은 "도대체 2시간 결혼식이 뭐가 그렇게 중요해?" "양가 어른들게 인사도 다 드렸는데, 결혼식 때문에 결혼준비를 멈춘다고?"라고 말하며 고개를 절래절래 저었다. 나는 그들의 이야기를 들으며 생각했다.

'나의 삶 중 가장 중요한 행사인 결혼식, 나는 이 부부만큼 내 결혼식을 진지하게 생각해본 적이 있는가?'

이 질문은 계속해서 내 가슴 속 화두로 남아있었다.

꿈은 이루어진다

결국 양가 부모님들은 두 사람의 '대답 없는 투쟁'에 두 손, 두 발 다 들었다. "졌다, 졌어." 하는 마음으로 스몰웨딩을 허락했다. 한 번의 상처를 겪은 다음이었기 때문에 두 사람은 신중하고 조심스러웠다. 일일이 상대방의 허락을 구했고, 상대방의 의견을 존중해주었다.

그렇게 많은 길을 돌고 돌아온 두 사랑의 결혼식은 이태원의 마당이 있는 작은 카페에서 이루어졌다. 콘셉트부터 드레스코드, 사회자, 축사, 식순에 이르기까지 두 사람의 손길이 닿지 않은 것이 없었다. 신랑은 신부의 취향을 존중해주었고, 신부는 그런 신랑에게 고마워했다. 결국 두 사람은 '적당히 해치우는 뻔한 결혼식'이 아닌, '두 사람만의 특별한 스몰웨딩'의 꿈을 이루게 되었다.

소박하지만
예쁜 웨딩사진

이승신, 황정아 부부는 웨딩사진 역시 남들과 똑같이 찍고 싶지 않았다. 가장 편안하고 자연스러운 모습을 담기 위해 실내 스튜디오보다는 자연환경을 배경으로 하여 사진을 찍기로 마음먹었다. 사진 찍는 것도 서툴고, 짐도 많아 힘들었지만 그 누구보다 행복했다.

1분 1초 빠짐없이
행복했던 결혼식

두 사람은 결혼식 콘셉트를 '오렌지'와 '블루'로 정했다. 오렌지 모양으로 꽃 장식을 하고 스테이셔너리(식순, 메뉴 등의 안내가 적힌 종이)는 파란색으로 꾸몄다. 두 사람의 모습을 담은 그림, 사진을 곳곳에 걸어놓기도 했다. 친한 친구들은 두 사람의 결혼식을 축복하며 재미있는 소품을 만들어서 진열해주었다. 하객들은 결혼식이 아니라 파티, 축제에 온 느낌을 받았다고 했다.

'진짜 내 사람'을 발견하다

하객들에게도 드레스코드를 '블루'로 공지했다. 부부가 직접 고른 음악을 식장에 계속 틀어놓아 흥겨운 분위기를 연출했고, 친한 친구들을 들러리, 사회자로 섭외하여 하객들을 친절하게 안내해달라고 부탁했다. 두 사람은 결혼식 때 친한 친구들의 도움을 너무 많이 받았다며, '진짜 내 사람'을 발견한 것 같아 지금 생각해도 너무 고맙다고 말했다.

(신랑, 신부)

신랑 이승신 군과 신부 황정아 양은
사랑하는 가족, 친구들과
여러 하객들이 모인 자리에서
일생 동안 기쁨과 슬픔을 함께할
부부가 되기를 굳게 서약하였습니다.

(하객 다 함께)

이제 우리는 이 혼인의 증인 중 한 사람으로서
이 두 사람이 부부가 되었음을 엄숙히 선언합니다.

최고의 하이라이트, 성혼선언

그날의 하이라이트는 성혼선언이었다. 어른, 아이, 친구, 친척 등 하객 모두가 성혼선언문을 함께 낭독해주었기 때문이다. 하객들은 두 사람이 부부가 되었음을 한 목소리로 선언해주었다.

세심한 배려,
자리배치도

이승신, 황정아 부부는 그동안 하객들이 우르르 몰려와 자리 때문에 불편함을 겪는 결혼식을 많이 보아왔다. 절대로 그런 결혼식을 만들지 말자고 다짐한 두 사람은 별도의 '자리배치도'를 만들어서 하객들에게 '진짜 초대받은 느낌'을 주고자 했다. 우선 결혼식 전에 미리 자리배치도를 만들고, 각 테이블에 번호와 답례품을 올려놓았다. 덕분에 하객들은 편안하게 결혼식을 즐길 수 있었고, 한 사람 한 사람 배려해준 이승신, 황정아 부부의 마음 씀씀이에 감동받았다. 두 사람과 가장 가까운 가족, 친척, 친구들만 초대한 결혼식이었기 때문에 가능한 일이었다.

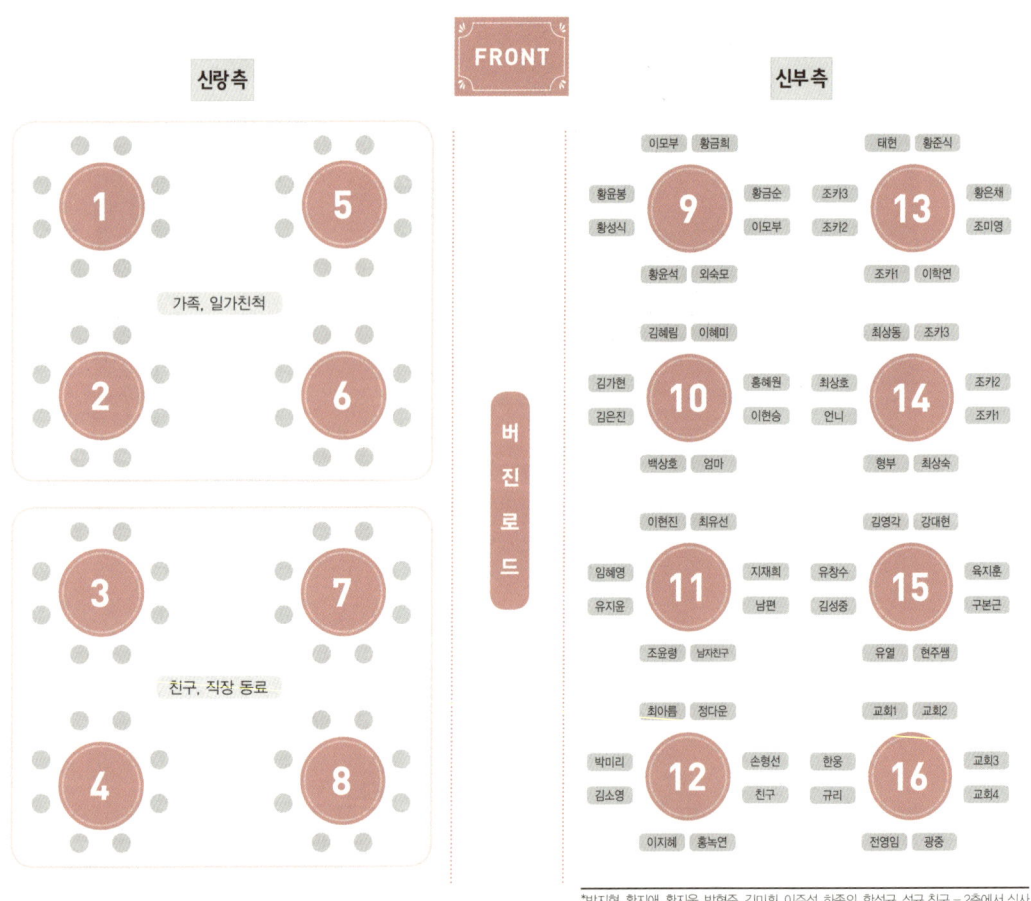

*박지현, 황지애, 황지웅, 박현준, 김미희, 이주성, 하중의, 한성규, 성규 친구 – 2층에서 식사

*신랑 측 하객 중 나이 드신 어른들이 많은 신랑 측은 따로 자리배치도를 만들지 않았다. 오히려 어른들께는 실례가 될 수 있기 때문이다. 현장에서 눈치껏 자리를 안내했다.

* 이승신, 황정아 부부의 행복한 결혼식 영상은 '러브씬필름' 홈페이지(www.lovescenefilm.com)에서 감상할 수 있다.

언제나 해피엔딩

두 사람은 결혼식 이야기를 하면 지금도 소름이 돋는다고 했다. 지금 생각하면 어떻게 그 일을 우리가 다 해냈지 싶단다. 스몰웨딩을 심하게 반대하셨던 양가 부모님께서도 두 부부에게 너무 아름다운 결혼식이었다고, 스몰웨딩이 그냥 멋 부리려고 하는 건가 싶었는데 이렇게 따뜻하고 즐거운 결혼식인지 몰랐다고 말씀하셨다고 한다. 부모님들의 칭찬을 듣자마자 신랑, 신부는 그동안 쌓인 마음속 응어리가 봄눈 녹듯이 다 사라져버렸다고 했다. 정말 두 사람 사이에는 아무런 문제가 없었다. 단지 스몰웨딩을 낯설게 여기는 주변 사람들의 시선이 이 부부를 힘들게 만들었던 것뿐이었다.

나는 이승신, 황정아 부부에게 말했다. 두 사람이 가진 결혼식에 대한 뚝심이, 그렇게 해서 만들어낸 '오직 우리 둘만을 위한 결혼식'이 수많은 사람들에게 감동을 주었을 것이라고, 더 나아가 우리나라 결혼식 문화를 바꾸는 데에 일조할 것이라고 말이다. 중간에 갈등이 극에 달하는 과정이 있었지만, 더할 나위 없는 해피엔딩으로 막을 내렸다. 이승신, 황정아 부부, 두 사람 인생에서 가장 빛나던 그날의 결혼식처럼, 언제나 행복하게 살기를 바란다.

스몰웨딩 공간 보통드로제

보통드로제

사진 출처 : 보통드로제 홈페이지

생일파티, 결혼식, 비즈니스파티 등 소중한 순간을 조용하고 프라이빗하게 즐길 수 있는 공간. 이승신, 황정아 부부는 '우리 집으로 초대하는 파티'의 느낌이 들어 보통드로제를 결혼식 장소로 선택했다고 한다. 셔틀버스 및 발렛 서비스도 가능하다.

- 위치 : 서울특별시 용산구 동빙고동 1-37
- 문의 : www.boutonderose.co.kr / 02-3785-1600

Zero point

부부로서 시작하는 새로운 인생

다시 태어나고 싶다, 인생을 다시 바로잡고 싶다는 생각은 누구나 해보았을 것이다. 나는 결혼이 인생에 있어서 새로운 변화를 줄 수 있는 기회가 될 수 있다고 생각한다. 결혼은 배우자를 내 삶의 한 영역으로 맞이하여 새로운 생활, 새로운 인간관계, 새로운 의사소통 방식을 설계하는 것이기 때문이다. 지금, 당신에게 찾아온 변화를 인지하고 있는가? 이 순간의 의미를 알고 결혼생활을 시작하는 것과, 모르고 시작하는 것은 차원이 다르다.

이제 다시 시작이다

결혼 후 삶은 어떻게든 이전의 삶과 다를 수밖에 없다. 어떤 사람들은 아이를 낳기 전, 낳은 후로 인생이 완전히 바뀐다고도 말하지만, 나는 아직 아이가 없는데도 결혼을 기점으로 인생이 아주 많이 달라져 버렸다.

결혼은 기회다

컴퓨터나 스마트폰을 몇 년간 쓰다 보면 악성바이러스가 생기거나, 어플과 사진, 메모들이 엉켜서 다시 처음부터 깔끔하게 분류하고 세팅하고 싶어지는 마음이 생긴다. 단순히 컴퓨터나 작은 스마트폰 하나 새로 세팅하는 것도 사실 쉽지 않다.

인생을 다시 바로 잡아 새로 세팅하고 싶다는 생각을 한 번쯤 해보지 않은 사람이 있을까? 나는 결혼이 인생을 바꿀 수 있는 기회가 될 수 있다고 생각한다. 생활부터 인간관계, 이제 곧 부부가 될 커플 간의 의사소통 방식 등 하나 하나 차분히 설계를 해나갈 수 있는 기회인 것이다. 지금 이 순간의 의미를 인식하고 결혼생활을 맞이하는 것과 그렇지 않은 것은 차이가 엄청나다. 또한 부부 중 한 사람만 인식하는 것과 두 사람이 같이 대비하여 으쌰으쌰 머리를 맞대는 것 또한 다르다.

결혼은 편안함이다

결혼을 잘하고 싶어서 이렇게 책을 사서 읽는 독자라면 계획과 의욕이 넘칠 것이다. 그래서 파이팅 넘치는 신혼생활을 계획할 수도 있을 것이다. 하지만 신혼집도 집이다. 처음부터 '집=휴식'이라는 부분을 잊지 않고 시작하면 좋겠다. 가사분담, 재정 설계도 해야 하고 살림이라는 것도 해야 하지만, 어쨌든 두 사람만 좋으면 된다. 열심히 하는 것은 좋지만, 남한테 평가 받을 일은 아니기 때문이다. 내 짝꿍에게 편안함을 주고 싶다는 생각을 하는 것이 가장 중요하다. 덧붙여 남편들이 꼭 기억해야 할 점! 어쩔 수 없이 우리나라에서는 사위보다 며느리에게 강요하는 일들이 훨씬 많다. 남편들은 아내의 입장을 더 많이 생각하고 배려해주면 좋겠다.

결혼은 관계다

다시 한 번 강조하지만 결혼생활은 길다. 몇 개월, 1년 살아보고 평가 받는 것이 아니다. 앞으로 30~40년 넘게 남아 있다. 거의 평생 동안 달려야 하는 장거리 마라톤의 출발점에 이제 막 서 있는 것이니만큼, 천천히 여유롭게 시작하되 스스로의 마음, 함께 할 배우자의 마음, 두 사람의 관계에 집중해야 한다. 재정이나 공간 설계는 나중에 다시 할 수 있지만 부부관계는 그럴 수 없기 때문이다.

남들보다는 우리가 중요하다

팁을 하나 주자면 절대로 남의 SNS를 믿지 말자. 부부싸움하고 평평 울면서 그걸 SNS에 올릴 수는 없는 것 아닌가? 남의 SNS 열심히 보고 부러워 할 시간이 있으면, 짝꿍이랑 아주 게으르고 편안하게 낮잠을 한 번 더 자는 게 좋을 수 있다. 출발점에서 괜히 주변 둘러보느라 에너지 낭비하지 말고, 내 운동화끈 한 번 더 꼼꼼하게 묶고 긴장한 근육을 풀어 주는 게 좋다. 그렇게 10년쯤 달리고 나면, 부부에 대한 우리의 생각이 또 얼마나 달라져 있을까?

부부 인생의 가장 큰 실적은 사랑

이제 출발점에 서 있는 앳된(서른이든 마흔이든 결혼 전이면 앳되다. 결혼 세파는 안 맞아 봤으니) 당신들에게 정

말 하고 싶은 말은 부부 인생의 제일 큰 실적은 '우리가 얼마나 서로를 지속적으로 사랑하느냐.' 바로 이것이다. 빨리 집을 장만하고, 아이를 낳고, 좋은 학교에 보내고, 승진을 하고, 재테크를 하는 일도 물론 중요하다. 하지만 한 치 앞도 예측할 수 없는 우리의 인생에서 가장 소중한 가치는 어떤 시련이 오더라도 내 곁에 있어줄 사람과의 유대, 신뢰, 그리고 더욱 깊어지는 사랑일 것이다.

부모가 꿈꾸는 세상, 아이가 원하는 세상

자녀 계획을 세우는 당신, 당신이 부모가 된다면 어떤 세상에서 살고 싶은가? 부모가 꿈꾸는 세상이 어떤 세상이냐에 따라 당신 아이의 인생도 달라질 수 있다. 우리는 지금까지 사회에서 추구하는 가치가 내가 원하는 가치인 것처럼 살아왔다.

초등학교 다음에 중학교, 고등학교, 대학교에 들어가고, 취업하고 돈 모아서 결혼하는 것으로 자연스럽게 이어져왔다. 그리고 아이 낳고 대출 받아서 집 사고 학교, 학원 보내고, 이 순서들이 인생의 전부라고 느끼고 살아오지는 않았는가? 그렇다면 부모가 되기로 마음먹은 지금부터라도 신중하게 생각해보아야 한다. 내 아이가 살아나갈 세상에 대해서 말이다.

부모님 세대와 우리는 달라야 한다

앞으로 태어날 우리 아이는 전쟁, 분단, 개발도상국이라는 격동의 시대를 살아야 했던 우리의 부모님 세대와 그 영향을 받은 우리 세대와는 완전히 다른 세상을 살게 될 것이다. 지금까지 우리가 옳다고 추구해온 가치들이 아이를 불행하게 만들 수도 있다.

상류층이 곧 명예이며, 행복의 기준이라고 생각하는 사람은 중산층으로서 많은 것을 누리고 있어도 상대적 박탈감을 느끼며 불행할 수밖에 없다. 하지만 경제적으로 풍요롭지 않더라도 스스로의 욕망을 정확히 아는 사람은 상류층보다 행복하게 살 수 있다. 좋은 부모가 되기 위해 우리는 어떤 가치가 아이를 행복의 길로 이끌지 완전히 백지 상태에서 생각해볼 필요가 있다. 아이는 부모라는 창문으로 세상을 바라보기 때문이다.

좋은 인간이 좋은 부모가 된다

나이가 들수록 점점 시간은 마치 나를 피해 도망치는 것처럼 흘러간다. 어릴 적 어른들이 20년 전 이야기를 하면서 "얼마 전이야. 20년밖에 안 됐어."라고 말할 때 나는 정말 어처구니가 없었다. 하지만 이제 철저히 공감한다. 정말 20년 전은 얼마 전처럼 느껴지기도 한다. 인터넷, 휴대전화 등으로 우리의 일상은 더욱 신속하고 빨라졌다. 요즘 세상에는 연락이 닿지 않아서 억지로 헤어져야만 하는 커플도 거의 없을 것이다. 세상은 완전히 달라졌다.

알파고가 로봇의 위력을 만천하에 알렸다고 하지만, 역설적이게도 지금 이 시대에 가장 중요한 것은 '좋은 인간'이다. 어떤 상황에서도 함께 일하고 싶고, 함께 생활하고 싶고, 믿을 수 있는 '좋은 사람'이 절실히 필요하다. 부모가 아이에게 줄 수 있는 가장 중요한 가치가 어쩌면 이것일지도 모른다는 생각이 든다. 돈과 명예, 기술이 채울 수 없는 인간성, 인간의 덕목을 잘 알고 있는 좋은 사람. 좋은 사람이 좋은 부모가 되고, 아이를 행복하게 키울 수 있다고 나는 믿는다.

사실 나는 육아를 잘 모른다. 하지만 '좋은 인간이 아닌 좋은 부모'는 이 세상에 없다는 것쯤은 잘 알고 있다. 부모가 되려는 자, 먼저 좋은 인간이 되기를 바란다. 좋은 인간으로 새롭게 태어나 아이의 본보기가 되는 훌륭한 어른이 되어보자. 그럼 더할 나위 없이 멋진 남편, 아내, 아빠, 엄마가 될 것이다.

두 사람,
처음 그 마음
잊지 않기를

이제 결혼을 앞둔 두 사람, 이 책을 잘 보이는 책장에 꽂아 두길 바란다.
곁에 내내 두고 읽기를 바란다.

살아가면서 크고 작은 장애물에 부딪힐 때,
두 사람의 수줍던 첫 만남이 희미해질 때,
이 책을 가끔씩 꺼내 읽으며
초심을 다시 생각해보았으면 좋겠다.

결혼하고 정신없이 살다 보면
결혼을 준비하던 우리가,
그리고 신혼의 우리가
문득 그리울 때가 있다.

청소할 때 먼지를 털어내다가,
거실에서 부부싸움하고 혼자 방으로 들어오다가,
이 책을 보며 부부가 되던 첫날의 마음을
잠시라도 떠올려 보는 것만으로
삶의 위안을 받게 될지 모를 일이다.

결혼대백과 체크리스트

1. 결혼준비 순서도
2. 예식장 상담 시 체크리스트
3. 예식장 비교표
4. 스튜디오 비교표
5. 드레스숍 비교표
6. 메이크업숍 비교표
7. 준비항목별 예산표
8. 업체 및 계약 리스트
9. 신혼여행 계획 짜기
10. 신혼여행 준비 체크리스트
11. 결혼식 전 미리 결정해야 할 사항
12. 허니문 다녀온 후 해야 할 일
13. 신혼부부가 알아야 할 가족호칭표
14. 양가 기념일 및 연락처 리스트

1. 결혼준비 순서도

본식 날짜 :　　년　월　일

순서	항목	세부 사항	적합 시기	확인	비고
0	프러포즈	• 선물 : • 편지 : • 장소 :	결혼 결정 전		
	상견례	• 장소 : • 가격 :	결혼 결정 후 바로		
	플래너 정하기	• 플래너 : • 소속 업체 :			
	스튜디오 예약	• 업체 결정 : • 담당자 : • 가격 :			
1	드레스투어 예약	• 업체 결정 : • 담당자 : • 가격 :	본식 6개월 전		
	메이크업숍 예약	• 업체 결정 : • 담당자 : • 가격 :			
	예식장 예약	• 식장 결정 : • 담당자 : • 대관비 : • 식대 :			
	허니문 예약	• 지역 : • 여행사 : • 예산 :			
2	사용가능금액 한도 정하기	• 만기 남은 적금 : • 신용카드 한도 :	위 사항 정한 후		
3	항목별 예산 정하기	• 예산표 작성하기 :			
4	스킨케어	• 업체 결정 : • 총 횟수 : • 가격 :	본식 3개월 전		
5	예단 준비	• 현금 액수 : • 구성물 준비 :	본식 1.5개월 전		
6	드레스 투어	• 업체 결정 : • 담당자 : • 가격 :	촬영 2개월 전		
7	한복 맞춤	• 업체 결정 : • 담당자 : • 가격 :	촬영 1개월 전		
	예복 맞춤	• 업체 결정 : • 담당자 : • 가격 :			
8	예물 맞춤	• 업체 결정 : • 담당자 : • 가격 :	상시 (혹은 촬영 2주 전)		

9	리허설드레스 가봉	• 신부 드레스 : • 신랑 턱시도 :	촬영 2주 전
	메이크업 상담	• 업체 결정 : • 담당자 : • 가격 :	
10	청첩장 제작	• 업체 결정 : • 총 매수 : • 가격 :	본식 2개월 전 (촬영 2주 전)
11	웨딩촬영	• 촬영 분량 : • 촬영비 외 별도비 :	본식 1.5개월 전
12	본식 세부내용 정하기	• 주례 유무 : • 사회자 : • 식전 영상 유무 :	본식 1.5개월 전 (웨딩촬영 직후)
	폐백 음식 준비	• 음식 준비 :	
	축가 및 축하연주 선정	• 업체 : • 친구 :	
13	청첩장 모임	• 리스트 작성 : • 모임 장소 :	본식 1개월 전 (웨딩촬영 2주 후)
	사진 선택 및 액자 제작	• 사진 수 : • 앨범 권수 및 매수 : • 비용 :	
14	본식드레스 가봉	• 신부 드레스 : • 신랑 드레스 :	본식 2주 전
	본식 때 진열할 액자 수령	• 예식 전날 미리 수령 : • 본식 아침 신랑 수령 :	
	부케 받을 사람 선정	• 친구 :	
15	함	• 내용물 :	본식 일주일 전
16	이바지 음식	• 업체 : • 가격 :	본식 전후 (상황에 따라 다름)
17	허니문 준비	• 환전 : • 예약 확인 : • 여행지 정보 수집 :	본식 전까지 수시로 준비
18	본식	• 메이크업숍 예약 확인 : • 헬퍼 연락 : • 식순 확인 : • 본식스냅 업체 : • 동영상 업체 :	본식 당일
19	허니문	• 준비물 확인 : • 환전 확인 : • 비행시간 확인 : • 선물리스트 작성 :	본식 직후 (혹은 개인 상황별로 다름)
20	앨범, DVD 수령	• 사진 및 동영상 확인 :	본식 2개월 후

2. 예식장 상담 시 체크리스트

항목	확인할 점	확인
주차 및 동선	· 자가용이 있더라도 대중교통을 통한 동선을 체크해야 한다. · 주차장이 만차일 경우 어떻게 하는지, 주차장으로 가는 길이 복잡하다면 안내원 배치는 잘 되어 있는지, 셔틀버스 운행은 자주 하는지 등을 꼼꼼히 확인한다.	
백업 공간 (야외 결혼식일 경우)	· 갑자기 비가 내려 예식이 불가능할 경우, 다른 홀에서 진행을 할 수 있는지 반드시 체크한다.	
지불 보증 하객 수	· 예상보다 하객이 많이 올 경우, 추가적으로 식사를 얼마나 준비할 수 있는지, 방식은 어떤지 미리 확인한다.	
시식	· 예비부부가 직접 시식을 해보고 맛을 평가한다. · 시식은 언제, 어떻게, 몇 인분 진행이 가능한지 되는지 체크한다.	
예식 간격 및 피로연장 이용 시간	· 단독홀이 아닐 경우 예식 간격이 너무 빠듯하면 복잡하고 어수선해질 수 있다. · 폐백실, 신부대기실 사용 시간도 체크해야 한다.	
부대품목 및 별도 비용 확인	· 특수연출 비용 등 예상치 못한 비용이 예식 당일에 발생하여 당황하는 일이 없도록, 금액 안내받을 때 별도 비용에 대해서도 꼼꼼히 체크한다 · 현금 결제 시 공제되거나 할인되는 부분이 있는지도 꼭 체크한다.	
문제 처리 방법	· 불가피한 이유로 예식 진행 시 약속 사항이 변경될 수 있다. 예를 들면 인테리어, 메뉴 등이 조금 바뀌거나 식장에서 제공하는 기자재가 고장이 날 수도 있는 것 그런 일이 있을 때 반드시 미리 공지해줄 것을 요청하고, 불편함 없이 처리해줄 수 있는지 문의한다.	
환불 규정	· 환불을 하게 되면 어떤 방식으로 얼마까지, 언제까지 가능한지 꼼꼼히 체크한다.	

주의사항 : 위 사항을 업체와 상담할 때, 구두로만 듣고 약속하면 안 된다. 반드시 꼼꼼하게 계약서에 작성을 한 후 보관해야 한다.

3. 예식장 비교표

항목	1	2	3
식장명			
주소			
담당자			
전화번호			
가까운 지하철역, 정류장			
주차시설 상태			
예식 가능일			
예식 가능 시간			
예식 진행 시간			
예식홀 수용 인원			
피로연장 수용 인원			
피로연 음식 종류			
피로연 식대(1인당)			
대관비 및 부대시설 이용료			
폐백실 사용료			
옵션 사항			
서비스 사항			
예약금			
잔금 지불 날짜			
특이사항			
총 비용			

4. 스튜디오 비교표

항목	1	2	3
업체명			
주소			
담당자			
전화번호			
주차장 유무			
촬영 가능일			
촬영 방식			
세트장 상태			
촬영 비용			
별도 비용			
소요시간			
옵션 사항			
앨범 권수 및 매수			
앨범, 액자의 스타일			
앨범, 액자 스타일에 따른 가격차			
서비스 사항			
예약금			
잔금 지불 날짜			
기타			
특이사항			
총 비용			

5. 드레스숍 비교표

항목	1	2	3
업체명			
주소			
담당자 / 전화번호			
주차장 유무			
방문일			
본식드레스 디자인 (가장 마음에 드는 드레스 그리기)			
촬영용 드레스 디자인 1 (가장 마음에 드는 드레스 그리기)			
촬영용 드레스 디자인 2 (가장 마음에 드는 드레스 그리기)			
촬영용 드레스 디자인 3 (가장 마음에 드는 드레스 그리기)			
액세서리 상태			
서비스 사항			
헬퍼비 / 피팅비			
대여 및 구매비			
예약금			
잔금 지불 날짜			
특이사항			
총 비용			

6. 메이크업숍 비교표

항목	1	2	3
업체명			
주소			
담당자			
전화번호			
주차장 유무			
식장까지 이동시간			
예약 가능일			
대표 스타일			
아티스트와의 의사소통			
소요시간			
옵션 사항			
서비스 사항			
예약금			
잔금 지불 날짜			
기타			
특이사항			
총 비용			

7. 준비항목별 예산표

항목	예상 금액	실제 금액
프러포즈		
상견례		
예식장(대관료, 식대 등)		
허니문		
스튜디오 촬영, 액자 제작		
드레스 구매 및 대여		
메이크업		
한복 맞춤 및 대여		
예물		
예복 맞춤 및 대여		
청첩장		
스킨케어		
집 구하기		
인테리어		
혼수		
본식 동영상		
본식 스타일링		
본식 전문 사회자 섭외		
전문 축가자 섭외		
폐백		
예단		
함		
이바지		
기타 1		
기타 2		
총 비용		

8. 업체 및 계약 리스트

항목	업체	상담 내용	계약 여부
웨딩플래너			
예식장			
스튜디오			
드레스숍			
메이크업숍			
신혼여행			
한복			
예복			
예물			
예단			
청첩장			
본식 스냅			
본식 동영상			
본식 스타일링			
본식 전문 사회자 및 축가자			
집 구하기			
인테리어			
가전			
침구			
가구			
기타			

9. 신혼여행 계획 짜기

- 날짜 :
- 호텔명 및 위치 :
- 호텔 전화번호 :
- 주요 관광지 :

- 주요 맛집 :

- 여행 루트 :

- 날짜 :
- 호텔명 및 위치 :
- 호텔 전화번호 :
- 주요 관광지 :

- 주요 맛집 :

- 여행 루트 :

- 날짜 :
- 호텔명 및 위치 :
- 호텔 전화번호 :
- 주요 관광지 :

- 주요 맛집 :

- 여행 루트 :

- 날짜 :
- 호텔명 및 위치 :
- 호텔 전화번호 :
- 주요 관광지 :

- 주요 맛집 :

- 여행 루트 :

- 날짜 :
- 호텔명 및 위치 :
- 호텔 전화번호 :
- 주요 관광지 :

- 주요 맛집 :

- 여행 루트 :

- 날짜 :
- 호텔명 및 위치 :
- 호텔 전화번호 :
- 주요 관광지 :

- 주요 맛집 :

- 여행 루트 :

10. 신혼여행 준비 체크리스트

항목	확인	항목	확인
현금(환전)		세면도구	
신용카드		생리용품	
여행 일정표		피임용품	
여권, 비자		카메라	
항공권		구급약	
현지 교통수단 예약		신발	
숙소 예약		잠옷	
비상금		비상 여벌옷	
관광지 해설 자료		보조 배터리 및 충전기	
현지 기후에 맞는 옷		멀티탭	
속옷 및 양말		캐리어	
액세서리		보조가방(크로스백)	
화장품		선물 리스트	
기타		기타	

11. 결혼식 전 미리 결정해야 할 사항

항목	진행 상황	확인
폐백 음식		
혼주 메이크업		
이동시간		
이동차량 및 인원		
주례		
사회자		
신부대기실에서 가방 들어줄 친구		
웨딩동영상		
식순 등 웨딩스타일		
헬퍼		
본식 스타일링		
본식 전문 축가자		
식권 준비		
기타		

12. 허니문 다녀온 후 해야 할 일

항목	진행 상황	확인
축의금 장부 정리하기		
양가 부모님 인사 드리기		
주례 선생님 인사 드리기		
도움준 친구, 가족에게 인사하기		
전입신고		
혼인신고		
각종 공과금 등 명의 변경		
주소 변경 (주민등록증, 신용카드, 보험 등)		
의료보험 신고		
양가 기념일, 연락처 메모하기		
이사하기		
살림살이 구입		
인테리어		
신혼집 주변 편의시설 파악하기		
미래 계획 세우기		
집들이 날짜 정하기		
기타		

13. 신혼부부가 알아야 할 가족호칭표

● 남편의 입장

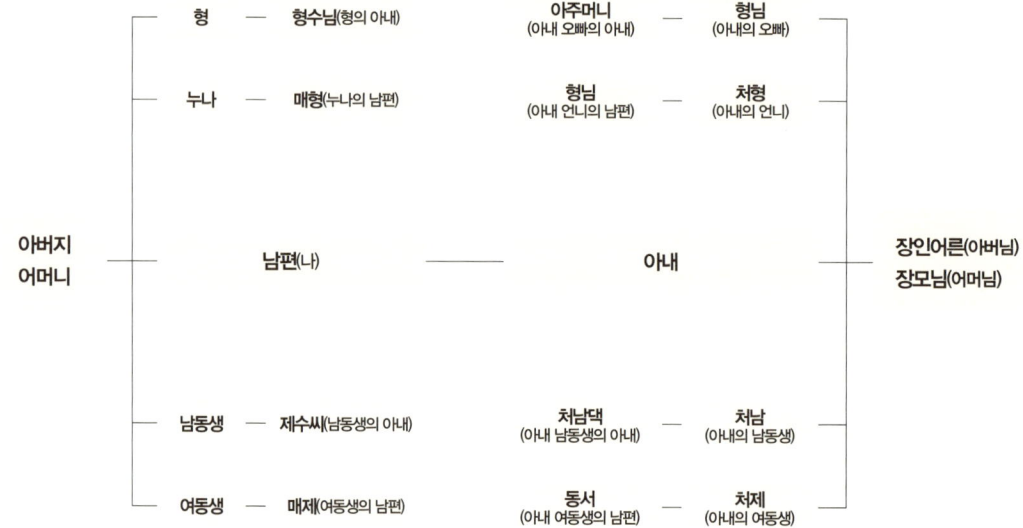

● 아내의 입장

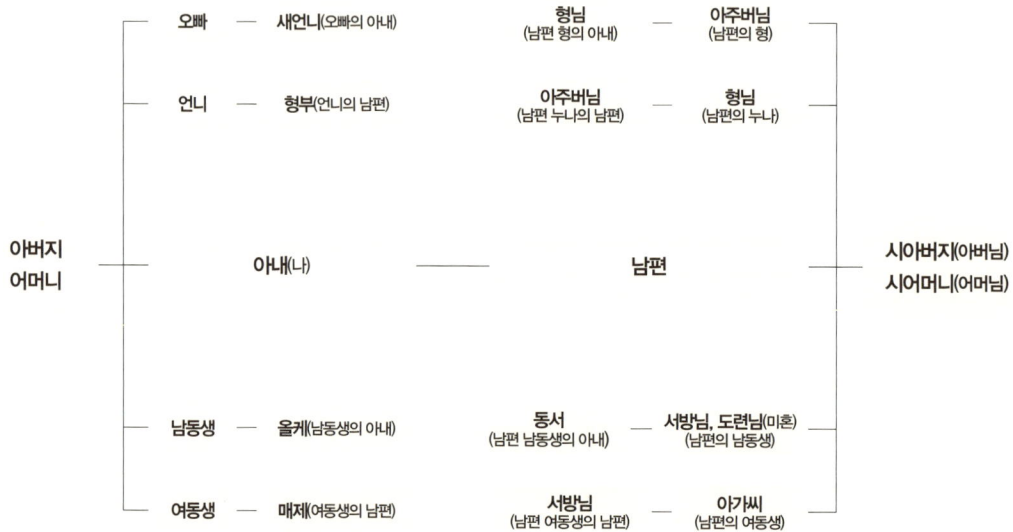

14. 양가 기념일 및 연락처 리스트

● 남편의 입장

호칭	이름	생일(기념일)	연락처
아버지			
어머니			
형			
형수님(형의 아내)			
누나			
매형(누나의 남편)			
남동생			
제수씨(남동생의 아내)			
여동생			
매제(여동생의 남편)			
장인어른			
장모님			
형님(아내의 오빠)			
아주머니(아내 오빠의 아내)			
처형(아내의 언니)			
형님(아내 언니의 남편)			
처남(아내의 남동생)			
처남댁(아내 남동생의 아내)			
처제(아내의 여동생)			
동서(아내 여동생의 남편)			

● 아내의 입장

호칭	이름	생일(기념일)	연락처
아버지			
어머니			
오빠			
새언니(오빠의 아내)			
언니			
형부(언니의 남편)			
남동생			
올케(남동생의 아내)			
여동생			
매제(여동생의 남편)			
시아버님			
시어머님			
아주버님(남편의 형)			
형님(남편 형의 아내)			
형님(남편의 누나)			
아주버님(남편 누나의 남편)			
서방님, 도련님(남편의 남동생)			
동서(남편 남동생의 아내)			
아가씨(남편의 여동생)			
서방님(남편 여동생의 남편)			

결혼대백과

1판 1쇄 발행 2017년 1월 25일
1판 3쇄 발행 2019년 4월 29일

지은이 정주희
펴낸이 고병욱

기획편집실장 김성수　**책임편집** 김소정　**기획편집** 양춘미 이새봄
마케팅 이일권 송만석 현나래 김재욱 김은지 이애주 오정민
디자인 공희 진미나 백은주　**외서기획** 엄정빈
제작 김기창　**관리** 주동은 조재언　**총무** 문준기 노재경 송민진 우근영

펴낸곳 청림출판(주)
등록 제1989-000026호

본사 06048 서울시 강남구 도산대로 38길 11번지(논현동 63)
제2사옥 10881 경기도 파주시 회동길 173(문발동 518-6) 청림아트스페이스
전화 02)546-4341　**팩스** 02)546-8053
홈페이지 www.chungrim.com　**이메일** life@chungrim.com
블로그 cr_life.blog.me　**페이스북** www.facebook.com/chungrimlife

ⓒ정주희, 2017

ISBN 978-89-97195-00-8 (13590)

※ 이 책은 저작권법에 따라 보호를 받는 저작물이므로 무단 전재와 무단 복제를 금합니다.
※ 책값은 뒤표지에 있습니다. 잘못된 책은 구입하신 서점에서 바꾸어 드립니다.
※ 청림Life는 청림출판(주)의 논픽션·실용도서 전문 브랜드입니다.
※ 이 도서의 국립중앙도서관 출판예정도서목록(CIP)은 서지정보유통지원시스템 홈페이지(http://seoji.nl.go.kr)와
　국가자료공동목록시스템(http://www.nl.go.kr/kolisnet)에서 이용하실 수 있습니다.(CIP2016031922)